OEUVRES

COMPLÈTES

DE MASSILLON.

TOME I.

DE L'IMPRIMERIE DE L.-T. CELLOT.

ŒUVRES
COMPLÈTES
DE MASSILLON,

ÉVÊQUE DE CLERMONT.

PETIT CARÊME.

A PARIS,

CHEZ RAYMOND, LIBRAIRE,
RUE DE LA BIBLIOTHÈQUE, N° 4;
ET DALIBON, PALAIS-ROYAL, N° 218.

M. DCCC. XXI.

PRÉFACE

DE L'ÉDITION DE 1745.

Les Sermons de Massillon ont été prêchés vingt ans de suite, à Paris ou à la cour, avec un succès toujours égal. C'est le préjugé le moins équivoque et le plus décisif, en faveur de ce genre d'ouvrages. Un talent médiocre a quelquefois la vogue; et tant qu'il ne sera pas effacé par un talent supérieur, on le verra s'attirer, et se conserver même pour un temps, l'estime et les applaudissements du public. Mais, réunir en sa faveur et fixer constamment les suffrages d'une multitude libre et indépendante, toujours prête à se retirer dès qu'on cesse de l'attacher et de lui plaire, c'est ce qui n'est donné qu'aux génies du premier ordre. Il n'appartient qu'aux Bossuet, aux Bourdaloue et à ceux qui leur ressemblent, d'exercer un empire perpétuel sur les esprits et sur les cœurs.

Nous pouvons donc nous dispenser de faire ici l'éloge des Sermons de Massillon. Qu'ajouterions-nous à l'approbation constante et unanime de toute la France? D'ailleurs le public s'apercevra bientôt que les Sermons que nous lui présentons, sont dans le vrai goût de la chaire; c'est au cœur que parle Massillon; c'est le cœur qu'il affecte et qu'il intéresse : or, quiconque a le secret d'aller au cœur, soit qu'on l'écoute, soit qu'on le lise, est sûr de plaire, et de plaire toujours.

Ce pathétique qui fait la principale force de l'éloquence et le caractère propre de notre orateur, manquoit presque entièrement à la chaire, lorsque le ministère de la parole lui fut confié. On en avoit heureusement banni tous ces traits entassés d'une érudition déplacée, assemblage bizarre du sacré et du profane, propre à imposer au vulgaire ignorant, plus propre encore à révolter l'homme sensé. Mais le commun des prédicateurs ignoroit l'art d'intéresser par le sentiment, quoique de là dépende tout le succès du discours; et combien d'autres défauts n'avoit-on pas encore à leur reprocher? Aussi, lorsque Massillon arriva de la province, le révérend Père de La Tour, général de l'Oratoire, lui demandant ce qu'il pensoit des prédicateurs les plus suivis: *Je leur trouve*, répondit-il, *bien de l'esprit et des talents; mais si je prêche, je ne prêcherai pas comme eux.* Il tint parole, il prêcha, et s'ouvrit une route toute nouvelle.

Qu'on ne le soupçonne pas néanmoins d'avoir confondu Bourdaloue avec les autres orateurs de son temps. Pouvoit-il ne pas applaudir à ce grand homme, duquel il est vrai de dire, comme Quintilien le disoit de Cicéron : *Qu'il faut juger du progrès que l'on a fait dans l'éloquence, par le goût que l'on trouve à la lecture de ses ouvrages ?* Trop connoisseur pour s'y méprendre, à peine eut-il entendu Bourdaloue, qu'il l'admira ; et s'il ne le prit pas en tout pour son modèle, c'est que son talent le portoit vers un autre genre d'éloquence. Or, il étoit fortement persuadé que pour réussir en quelque genre que ce soit, l'on doit étudier son talent, et le suivre ; en un mot, travailler de génie ; que s'attacher servilement à copier la manière d'un autre, quelque parfait qu'il soit, à moins que sa manière ne se trouve assortie aux dispositions que la nature a mises en nous, c'est s'exposer à ne jamais rien faire qui ait un certain feu, et ce tour original qui fait le mérite des bons ouvrages.

Pour la plupart des autres prédicateurs, outre ce défaut d'onction et de sentiment, que Massillon trouvoit à redire dans leurs sermons, il reprochoit à plusieurs d'entrer dans un trop grand détail sur les conditions et sur les mœurs extérieures, moyen infaillible pour ennuyer les trois quarts de son auditoire, toujours composé de personnes qui diffèrent toutes entre elles, ou par l'âge, ou par l'état, ou par la condition. Tandis que vous instruisez le magistrat sur les devoirs de sa charge, devez-vous vous flatter d'attirer l'attention de tout ce qui n'exerce point les fonctions de la magistrature? et tous ceux qui ne sont point engagés dans le commerce, seront-ils curieux d'entendre des vérités qui n'attaquent que les fraudes et l'avarice des négociants? Non, sans doute : l'intérêt que nous avons à ce que l'on dit, peut seul nous y rendre attentifs. Cela étant, toutes les vérités que le prédicateur annonce, et que nous ne pouvons pas nous appliquer personnellement, ne nous intéressant point, ce n'est plus qu'avec ennui et avec dégoût que nous les écoutons; et nous soupirons après la fin d'un discours qui ne s'adresse point à nous.

Le prédicateur doit donc être sobre et réservé dans la peinture des mœurs extérieures et des conditions, s'il désire être écouté attentivement. Veut-il attacher tout son auditoire? Qu'il attaque les passions qui sont les mêmes dans tous les hommes, malgré la différence des objets vers lesquels elles se portent. En peignant d'après nature les mouvements, les ruses, la souplesse des passions, rien de ce que l'on dit ne peut être étranger pour aucun de ceux qui écoutent.

Enfin Massillon n'approuvoit pas que l'on s'arrêtât si long-temps à établir des vérités que personne n'ignore; des maximes générales, dont tout le monde convient : il vouloit que l'on s'appliquât principalement à découvrir ces malheureux prétextes que l'amour-propre trop ingénieux ne manque jamais de suggérer pour secouer le joug de la loi; et qu'après les avoir découverts, l'on en fît sentir avec force toute l'illusion.

Il se fit donc une manière de composer, qu'il ne dut qu'à lui-même; et sans autre guide que son propre génie et ce talent original qu'il avoit reçu de la nature, il sut se garantir des défauts qu'il avoit cru remarquer dans les autres. Chez lui, rien d'inutile et de superflu. Dès la première phrase, supposant les principes, ou les établissant en deux mots, il cherche les raisons sur lesquelles chacun en particulier, sans contester l'existence de la loi, ni la nécessité de lui obéir, se met dans le cas de la dispense : il cherche ces raisons dans le cœur de ceux qui l'écoutent, dans l'attache à ces passions, dont les intérêts nous sont malheureusement plus chers que notre salut; passions auxquelles nous voudrions bien ne pas renoncer, sans être forcés cependant de nous regarder comme infracteurs de la loi. C'est là qu'il découvre la source intarissable de tous ces frivoles prétextes, et de ces tempéraments que l'homme imagine pour allier Dieu et le monde, Jésus-Christ et Bélial. Nous sommes tentés d'accorder à nos passions tout ce qu'elles désirent;

mais nous voudrions en même temps nous mettre à l'abri des remords qui viennent empoisonner nos plaisirs : car pour peu qu'il reste de sentiment de religion dans une âme, le remords est inséparable du vice; et pour calmer les alarmes d'une conscience qui n'est pas encore endurcie, il faut lui persuader qu'elle n'est pas coupable. Que faisons-nous donc ? Nous avons recours à mille subtilités, à des subterfuges, à des exceptions, à des modifications, qui, laissant subsister le précepte en lui-même, anéantissent totalement pour chacun de nous en particulier l'obligation de l'accomplir. Ainsi la conscience est rassurée contre les terreurs de la loi; elle apprend à ne plus redouter ses menaces. Que craindroit-elle en effet? La loi ne punit que les prévaricateurs; or, où la loi cesse d'obliger, il n'y a point de prévarication.

Que fait Massillon? Afin de dissiper ces ténèbres, qui pour être volontaires n'en sont pas moins épaisses, il vous met votre propre cœur sous les yeux, selon l'expression du Prophète : il vous force de vous y voir tel que vous êtes, et tout autre que vous ne croyez être, c'est-à-dire, le jouet déplorable de mille passions qui obscurcissent les lumières de votre esprit, et corrompent la droiture de votre cœur : il vous force de reconnoître que ce n'est pas de ce fonds de lumière et de droiture naturelle que Dieu a mis en vous, encore moins des lumières de l'Évangile, que vous tirez les raisons par lesquelles vous prétendez être dispensé de la loi ; que le langage que vous tenez est le langage des passions, et qu'elles seules vous inspirent. Cessez donc d'être vicieux, et vous cesserez bientôt d'alléguer ces prétextes comme des raisons décisives. Et c'est ici surtout que triomphe l'éloquence de Massillon. Lorsque, après avoir démasqué les ruses et les artifices de l'amour-propre, il en montre dans tout leur jour la misère et la fausseté ; avec quelle force et quelle véhémence ne les combat-il pas !

C'est un torrent impétueux qui renverse tout ce qu'il rencontre ; c'est pour ainsi dire un déluge de raisons toutes convaincantes, toutes intéressantes, qui, à l'appui les unes des autres, viennent coup sur coup confondre et accabler le pécheur. Cependant le pécheur accablé et confondu, n'ayant rien à répliquer, voit avec étonnement que le prédicateur, loin d'être épuisé, a mille traits encore dont il pourroit le percer. Et ce qui forme le caractère distinctif de l'éloquence de Massillon, c'est que tous ses traits portent droit au cœur : c'est de ce côté-là qu'il dirige toujours ses coups ; ce qui est simplement raison et preuve dans les autres, prend dans sa bouche la teinture du sentiment ; non-seulement il convainc, mais il touche, il remue, il attendrit ; il ne se contente pas de vous prouver que le parti de la vertu est le plus raisonnable et le plus digne de l'homme; dans ses discours la vertu vous paroît souverainement aimable; vous n'y trouvez que des douceurs et des consolations; vous voudriez déjà être en possession d'un bien sans lequel vous n'imaginez plus de bonheur. Il ne se borne pas à faire sentir l'injustice et la déraison du vice, il le fait trouver difforme, haïssable; vous ne pouvez plus vous souffrir sous l'empire de ce cruel tyran; vous ne l'envisagez plus que comme l'ennemi juré de votre félicité: entrant dans une sainte indignation contre vous-même, vous vous trouvez si aveugle, si injuste, si malheureux, que vous ne voyez d'autre ressource que de vous jeter entre les bras de la vertu.

Des sermons composés dans ce goût ne pouvoient manquer d'être écoutés avec une extrême attention. Chacun se reconnoît dans ces tableaux vifs et naturels, où le prédicateur peint le cœur humain, et montre les ressorts qui le font mouvoir : chacun s'imagine que c'est à lui que le discours s'adresse, que l'orateur n'en veut qu'à lui: de là l'effet prodigieux de ses instructions. Après l'avoir entendu, on ne s'arrêtoit point à faire l'éloge ou la critique du sermon; l'auditeur se retiroit dans un morne silence, l'air pensif, les yeux baissés, le recueillement sur le visage, emportant l'aiguillon que l'orateur chrétien lui avoit laissé dans le cœur. Ces suffrages muets valent bien les plus grands applaudissements : ceux-ci flattent le ministre et lui prouvent qu'il a su plaire; ceux-là le consolent, et l'assurent qu'il a touché. Aussi, lorsque Massillon eut prêché son premier Avent à Versailles, Louis XIV lui dit ces paroles remarquables : *Mon Père, j'ai entendu plusieurs grands orateurs dans ma chapelle; j'en ai été fort content : pour vous, toutes les fois que je vous ai entendu, j'ai été très-mécontent de moi-même.* Éloge parfait, qui honore également le goût et la piété du monarque, et le talent du prédicateur.

Le style de Massillon, quoique noble et digne de la majesté de la chaire, n'en est pas moins simple et à la portée du peuple. La vivacité de son imagination ne prête à ses expressions que ce qu'il faut d'agrément pour satisfaire l'homme d'esprit, sans que la multitude soit réduite à admirer ce qu'elle n'entend pas.

Ennemi de tout ce qui ressent l'affectation dans le style, il l'étoit encore plus de ces pensées qui n'ont d'autre mérite que le brillant, qui ne font qu'amuser l'esprit et le détourner de l'attention qu'il doit aux vérités importantes qu'on lui annonce. Massillon n'offre partout que des idées grandes et sublimes, qui élèvent l'âme; qui montrent la religion sous ce caractère de noblesse et de majesté qui lui est propre, et qu'elle semble perdre quelquefois, parce qu'on l'a confiée à des mains qui, loin de l'embellir, ne peuvent que la défigurer.

On croira sans doute que des discours si éloquents, dans lesquels il y a d'autant plus d'art qu'il n'y paroît rien que de naturel, étoient le fruit d'un travail long et pénible, et que cette belle et noble simplicité, qui se refuse souvent aux efforts mêmes des plus grands hommes, n'est pas venue se présenter à lui, sans qu'il l'ait long-temps recherchée : point du tout. Ces Sermons ont été composés avec une facilité qui tient du prodige; pas un seul qui ait coûté plus de dix à douze jours. Combien de gens, même du métier, trouveroient que ce temps suffiroit à peine pour en former et pour en bien digérer le plan! En 1704, il parut pour la seconde fois à la cour. Louis XIV, après lui avoir témoigné dans les termes les plus gracieux son extrême satisfaction, ajouta : *Et je veux, mon Père, vous entendre désormais tous les deux ans.* Sur-le-champ Massillon forma le dessein de ne revenir à Versailles qu'avec des sermons nouveaux. Il est fâcheux qu'un tel projet n'ait point eu de suite. A n'en juger que par cette abondance, cette richesse, cette variété qui règne dans tout ce qui est sorti de sa plume, on sent qu'il étoit parfaitement en état de l'exécuter.

PRÉFACE.

En 1718, déjà nommé à l'évêché de Clermont, il fut chargé de prêcher le carême devant le Roi, qui entroit alors dans cet âge, où la raison commence à se développer. Il crut qu'en cette occasion il devoit prêcher pour le prince lui-même, et pour l'instruire des devoirs de la royauté. Mais pour cela il falloit des sermons tout différents de ceux qu'il avoit prêchés jusqu'alors, lesquels, et pour le fonds des choses et pour la manière, ne pouvoient convenir à un jeune prince de neuf ans. Il inventa donc, pour ainsi dire, un nouveau genre d'éloquence; le style, l'instruction, tout fut proportionné à l'âge du jeune monarque. Dans le style, il répandit plus de vivacité, plus d'agréments, plus de fleurs, et même quelque chose d'académique. Les instructions, dépouillées de la sécheresse du raisonnement, furent des maximes sur les devoirs des princes, exprimées en peu de mots, mais présentées de manière à faire une vive impression sur l'esprit et sur le cœur. Ce style et cette façon d'instruire étoient quelque chose de tout nouveau pour Massillon; cependant six semaines suffirent pour composer ces dix sermons si admirés, si vantés, qui renferment en abrégé tout ce qui peut former un prince chéri de Dieu et des hommes, et qui furent souvent interrompus, ou par des applaudissements, ou par les larmes de son auguste auditoire.

A l'égard de l'action, cette partie si essentielle à l'orateur, ce ne fut pas d'abord par cet endroit qu'il se fit admirer. Le goût du temps n'étoit pas le sien. Il ne pouvoit souffrir qu'au lieu de cet air naturel qui porte avec soi la conviction, l'on prît un certain air emprunté, et un ton de déclamateur, qui faisant regarder les ministres de Jésus-Christ comme des gens qui ne montent en chaire que pour jouer un personnage, ôte presque toute la force et toute croyance à leurs discours. Il falloit donc s'attendre que l'auditeur, gâté par ce goût de déclamation presque généralement répandu, se révolteroit d'abord contre la manière de dire de Massillon, dans laquelle aucune des règles qu'on s'étoit faites, ne paroissoit observée. Mais comme il faisoit néanmoins une impression extraordinaire sur les esprits, on se rendit bientôt à l'expérience : on ne s'embarrassa plus de ces prétendues règles que l'orateur paroissoit négliger ; et le public s'élevant au-dessus des préjugés, conclut avec raison qu'il falloit sans doute que sa manière de dire fût bonne, et qu'elle fût même la meilleure, puisque nul autre prédicateur ne faisoit, à beaucoup près, une impression aussi vive.

Au reste, il seroit fort difficile de faire comprendre à ceux qui ne l'ont point entendu, ce que c'étoit que son action. Elle lui étoit tellement propre, qu'on peut assurer que comme il n'eut point de modèle à suivre, il n'a point formé d'élève qui l'ait imité.

On le voyoit arriver dans la chaire comme un homme qui vient de méditer profondément un sujet. Dès qu'il paroît, son air recueilli et pénétré annonce déjà la grandeur et l'importance des vérités dont il va vous entretenir. Il n'a pas ouvert la bouche, et l'auditoire est saisi. Il parle enfin, mais ce n'est pas comme un orateur qui vient débiter avec art un discours dont il a chargé sa mémoire. Tout coule de source. Il parle de l'abondance du cœur, ne pouvant contenir au dedans de lui les vérités dont il est plein. Un feu intérieur le dévore; il faut qu'il lui ouvre une issue, et qu'il le laisse éclater au dehors. Aussi rien en lui qui ne soit animé; tout parle, tout persuade, tout remue, tout attendrit, tout porte dans l'âme la conviction et le sentiment : et cela n'étoit point du tout un effet de l'art dans Massillon; c'étoit un talent naturel qui lui faisoit exprimer et dire les choses avec force et vivacité, parce qu'il les sentoit de même.

Il faisoit donc proprement consister tout le mérite de l'action, à paroître bien pénétré lui-même des vérités dont il vouloit convaincre ses auditeurs. Jamais personne n'a porté ce talent plus loin que Massillon : c'est le témoignage que le public en a rendu, et l'éloge qu'en ont fait toutes les personnes de goût. Seroit-il permis de rapporter à ce sujet un trait remarquable par sa singularité, et qui nous échappe? L'acteur le plus parfait qu'ait eu le théâtre françois voulut l'entendre : il fut frappé du vrai qu'il trouva dans sa manière de prononcer, et dit à un autre acteur qui l'avoit accompagné : *Mon ami, voilà un orateur, et nous, nous ne sommes que des comédiens.*

Il n'est pas besoin d'avertir le public que c'est ici la première édition des Sermons de Massillon. Il est vrai qu'on imprima sous son nom, il y a près de quarante ans, quatre ou cinq petits volumes; mais plus de la moitié des sermons que renferme ce recueil, sont de différents prédicateurs, dont quelques-uns même ont revendiqué publiquement ce qui leur appartenoit, entre autres, feu M. Poncet de la Rivière, évêque d'Angers. L'éditeur du P. Bretonneau vient d'en réclamer trois qu'il a, dit-il, trouvés dans le manuscrit de ce prédicateur, et que nous ne trouvons point en effet dans celui de Massillon. Pour les autres dont les auteurs ne nous sont point connus, en attendant que quelqu'un veuille les adopter, ils ne jouiront pas sans doute plus long-temps de la réputation que leur donnoit une origine supposée.

A l'égard d'une vingtaine de sermons que l'on

pourroit appeler avec un peu plus de fondement, *Sermons de Massillon*, qu'on prenne la peine de les confronter avec l'original que nous donnons aujourd'hui, la différence est palpable; si l'on y trouve quelques traits de ressemblance, c'est celle qui peut se trouver entre un squelette, et un corps vivant plein de suc et d'embonpoint; entre un original de Michel-Ange, et la copie de ce même tableau faite par quelque apprenti sans talent.

On trouve dans ces pièces informes des lambeaux de Massillon, et même dans quelques-unes d'assez longs morceaux de ses véritables sermons. Mais quelle comparaison entre un mauvais assortiment de lambeaux cousus ensemble par un copiste, qui d'ordinaire, pour ne rien dire de pis, n'est pas un homme du métier, et un discours tel qu'il sort des mains d'un si grand maître!

D'ailleurs, notre édition contient près de cent sermons, dont plusieurs même n'ont jamais été prononcés. On y trouve un Avent et un Carême complet, sans compter le petit Carême qu'il composa pour le Roi en 1718. Nous donnons aussi plusieurs Oraisons funèbres, plusieurs Discours et Panégyriques qui n'ont jamais vu le jour, les Conférences ecclésiastiques qu'il fit dans le séminaire Saint-Magloire en arrivant à Paris, celles qu'il a faites à ses curés pendant son épiscopat;

les discours qu'il prononçoit à la tête des synodes qu'il assembloit tous les ans : nous donnons enfin un ouvrage auquel il a consacré pendant quelques années toutes les heures de loisir que lui laissoient les fonctions épiscopales ; ce sont des paraphrases sur une partie des Psaumes. Ce qu'on peut dire de ces différentes pièces, c'est qu'elles sont toutes frappées au coin de l'auteur. Le même goût règne partout. Toujours même élévation et même noblesse, soit dans le style, soit dans les pensées ; toujours ce pathétique qui enlève, toujours ces peintures du cœur humain si vraies et si intéressantes. La cour se souvient encore des applaudissements qu'elle donna au petit Carême. Les Conférences ecclésiastiques commencèrent à faire sa réputation : ses Sermons la portèrent à ce haut degré dans lequel elle s'est soutenue jusqu'à la fin : ses Oraisons synodales ont plus d'une fois attendri ses curés jusques aux larmes : et nous ne craignons point d'assurer que le public regrettera qu'il n'ait pas achevé ce qu'il avoit commencé sur les Psaumes : il n'est peut-être point d'ouvrage où soient mieux développés les mouvements d'un cœur qui gémit sur ses égarements passés, et qui désabusé du monde et des faux biens, reconnoît enfin, que n'ayant été créé que pour Dieu, il ne peut trouver qu'en Dieu sa consolation et son bonheur.

Voici donc un recueil exact et fidèle des ouvrages de Massillon, tels qu'il avoit pris la peine de les revoir, de les corriger, et de les copier une seconde fois de sa propre main. Que nous reste-t-il à désirer, sinon que le cœur s'ouvre aux saintes vérités si dignement établies dans ces Discours, et qu'ils opèrent sur ceux qui les liront, les mêmes effets de grâce et de conversion qu'ont souvent ressentis ceux qui les entendoient?

AVERTISSEMENT

DES PREMIERS ÉDITEURS.

Les Sermons que nous mettons ici à la tête de tous les autres, sont néanmoins les derniers qu'ait composés le Père Massillon. Mais nous avons cru devoir leur accorder ce rang d'honneur, tant à cause de l'approbation authentique dont notre auguste monarque[1] a bien voulu les honorer, que pour satisfaire à la curiosité du public, qui paroît les attendre avec un empressement plus marqué. Ceux-ci d'ailleurs ont cet avantage, que non-seulement ils ont été prêchés devant le Roi, comme la plupart des autres l'avoient été devant Louis xiv, mais ils ont été prêchés uniquement pour le Roi, et pour sa cour.

Nous pourrions ajouter à cela l'importance des matières qui sont traitées dans ces Sermons. Ils forment pour les princes et pour les grands, comme un corps de morale, où les devoirs de leur état sont exposés dans un détail également noble et intéressant.

A la suite de ces Sermons, nous avons mis un Discours *sur les Vices et les Vertus des Grands*. La

[1] Ces sermons ont été présentés manuscrits au Roi.

ressemblance du sujet nous y eût déterminés, quand nous n'y aurions pas été obligés, pour rapprocher un peu ce volume de la grosseur de ceux qui le suivent. Les mêmes raisons ont fait placer à la fin le Discours *sur la Bénédiction des Drapeaux du régiment de Catinat.*

ÉLOGE

DE

JEAN-BAPTISTE MASSILLON,

ÉVÊQUE DE CLERMONT,

PAR D'ALEMBERT.

JEAN-BAPTISTE MASSILLON naquit à Hières en Provence, en 1663.[1] Il eut pour père un citoyen pauvre de cette petite ville. L'obscurité de sa naissance, qui ajoute tant à l'éclat de son mérite personnel, doit être le premier trait de son éloge; et l'on peut dire de lui comme de cet illustre Romain qui ne devoit rien à ses aïeux : *Videtur ex se natus, Il n'a été fils que de lui-même*. Mais non-seulement son humble origine honore infiniment sa personne; elle honore encore plus le gouvernement éclairé, qui en l'allant chercher au milieu du peuple pour le placer à la tête d'un des plus grands diocèses du

---

[1] Le 24 juin, de François Massillon, notaire, et d'Anne Marin. L'auteur voulant, comme il en convient lui-même, relever d'autant plus le mérite personnel de son héros, semble donner à croire qu'il étoit né dans les dernières classes du peuple : exagération oratoire dont il eût mieux fait de se dispenser. *Note de l'édition de 1810.*

royaume, a bravé le préjugé assez commun même de nos jours, que la Providence n'a pas destiné aux grandes places le génie qu'elle a fait naître aux derniers rangs. Si les distributeurs des dignités ecclésiastiques n'avoient pas eu la sagesse, ou le courage, ou le bonheur d'oublier quelquefois cet apophthegme de la vanité humaine, le clergé de France eût été privé de la gloire dont il est aujourd'hui si flatté, de compter l'éloquent Massillon parmi ses évêques.

Ses humanités finies, il entra dans l'Oratoire à l'âge de dix-sept ans.[1] Résolu de consacrer ses travaux à l'Église, il préféra aux liens indissolubles qu'il auroit pu prendre dans quelqu'un de ces ordres religieux si étrangement multipliés parmi nous, les engagements libres que l'on contracte dans une congrégation, à laquelle le grand Bossuet a donné ce rare éloge, *que tout le monde y obéit sans que personne y commande.* Massillon conserva jusqu'à la fin de sa vie le plus tendre et le plus précieux souvenir des leçons qu'il avoit reçues et des principes qu'il avoit puisés dans cette société vraiment respectable, qui sans intrigue, sans ambition, aimant et cultivant les lettres par le seul désir d'être utile, s'est fait un nom distingué dans les sciences sacrées et profanes ; qui persécutée quelquefois,

---

[1] Le 10 octobre 1681. Il y étudia en théologie sous le Père Quiqueran de Beaujeu, qui a été ensuite évêque de Castres. *Note de l'édit. de 1810.*

et presque toujours peu favorisée ¹ de ceux même
dont elle auroit pu espérer l'appui, a fait malgré ce
fatal obstacle tout le bien qu'il lui étoit permis de
faire, et n'a jamais nui à personne, même à ses
ennemis; enfin qui a su dans tous les temps, ce
qui la rend encore plus chère aux sages, pratiquer
la religion sans petitesse, et la prêcher sans fanatisme.

Les supérieurs de Massillon jugèrent bientôt par
ses premiers essais, de l'honneur qu'il devoit faire
à leur congrégation. Ils le destinèrent à la chaire ;
mais ce ne fut que par obéissance qu'il consentit à
remplir leurs vues; lui seul ne prévoyoit pas la cé-
lébrité dont on le flattoit, et dont sa soumission et
sa modestie alloient être récompensées. Il est des
talents pleins de confiance, qui reconnoissent,
comme par instinct, l'objet que la nature leur destine ; et qui s'en emparent avec vigueur; il en est
d'humbles et de timides, qui ont besoin d'être
avertis de leurs forces, et qui par cette naïve ignorance d'eux-mêmes, n'en sont que plus intéressants, plus dignes qu'on les arrache à leur obscurité modeste, pour les présenter à la renommée,
et leur montrer la gloire qui les attend.

Le jeune Massillon fit d'abord tout ce qu'il put

---

¹ Il faut excepter ces derniers temps, où l'autorité ecclésiastique et
séculière a rendu plus de justice à cette congrégation. (*Note de d'Alembert*).

pour se dérober à cette gloire. Déjà il avoit prononcé, par pure obéissance, étant encore en province, les Oraisons funèbres de M. de Villeroy, archevêque de Lyon, et de M. de Villars, archevêque de Vienne : ces deux Discours, qui n'étoient, à la vérité, que le coup d'essai d'un jeune homme, mais d'un jeune homme qui annonçoit déjà ce qu'il fut depuis, eurent le plus brillant succès. L'humble orateur, effrayé de sa réputation naissante, et craignant, comme il le disoit, *le démon de l'orgueil*, résolut de lui échapper pour toujours, en se vouant à la retraite la plus profonde, et même la plus austère. Il alla s'ensevelir dans l'abbaye de Septfonts, où l'on suit la même règle qu'à la Trappe, et il y prit l'habit.[1] Pendant son noviciat, le cardinal de Noailles adressa à l'abbé de Septfonts, dont il respectoit la vertu, un mandement qu'il venoit de publier. L'abbé, plus religieux qu'éloquent, mais conservant encore, au moins pour sa communauté, quelque reste d'amour-propre, voulut faire au prélat une réponse digne du mandement qu'il avoit reçu. Il en chargea le novice ex-oratorien, et Massillon le servit avec autant de succès que de promptitude. Le cardinal, étonné

[1] En 1696. L'anecdote suivante n'est pas suffisamment prouvée ; d'autres prétendent que ce fut le supérieur général de l'Oratoire qui fit sortir Massillon de Septfonts, et le fit venir à Lyon, d'où il fut quelques mois après envoyé à Paris, dans le séminaire de Saint-Magloire. *Note de l'édition de 1810.*

de recevoir de cette Thébaïde un ouvrage si bien écrit, ne craignit point de blesser la vanité du pieux abbé de Septfonts, en lui demandant qui en étoit l'auteur. L'abbé nomma Massillon, et le prélat lui répondit qu'il ne falloit pas qu'un si grand talent, suivant l'expression de l'Écriture, demeurât *caché sous le boisseau.* Il exigea qu'on fît quitter l'habit au jeune novice, lui fit reprendre celui de l'Oratoire, et le plaça dans le séminaire de Saint-Magloire à Paris; en l'exhortant à cultiver l'éloquence de la chaire, et en se chargeant, disoit-il, *de sa fortune,* que les vœux du jeune orateur bornoient à celle des apôtres, c'est-à-dire au nécessaire le plus étroit, et à la simplicité la plus exemplaire.

Ses premiers sermons produisirent l'effet que ses supérieurs et le cardinal de Noailles avoient prévu. A peine commença-t-il à se montrer dans les églises de Paris, qu'il effaça presque tous ceux qui brilloient alors dans cette carrière. Il avoit déclaré qu'*il ne prêcheroit pas comme eux*; non par un sentiment présomptueux de sa supériorité, mais par l'idée, aussi juste que réfléchie, qu'il s'étoit faite de l'éloquence chrétienne. Il étoit persuadé que si le ministre de la parole divine se dégrade en annonçant d'une manière triviale des vérités communes, il manque aussi son but en croyant subjuguer, par des raisonnements profonds, des auditeurs qui pour la plupart ne sont guère à portée de le suivre ; que si tous ceux qui l'écoutent n'ont pas le bonheur d'avoir des lumières, tous ont un cœur où le prédicateur doit aller chercher ses armes ; qu'il faut dans la chaire montrer l'homme à lui-même, moins pour le révolter par l'horreur du portrait, que pour l'affliger par la ressemblance ; et qu'enfin, s'il est quelquefois utile de l'effrayer et de le troubler, il l'est encore plus de faire couler ces larmes douces, bien plus efficaces que celles du désespoir.

Tel fut le plan que Massillon se proposa, et qu'il remplit en homme qui l'avoit conçu, c'est-à-dire en homme supérieur. Il excelle dans la partie de l'orateur, qui seule peut tenir lieu de toutes les autres, dans cette éloquence qui va droit à l'âme, mais qui l'agite sans la renverser, qui la consterne sans la flétrir, et qui la pénètre sans la déchirer. Il va chercher au fond du cœur ces replis cachés où les passions s'enveloppent, ces sophismes secrets dont elles savent si bien s'aider pour nous aveugler et nous séduire. Pour combattre et détruire ces sophismes, il lui suffit presque de les développer ; mais il les développe avec une onction si affectueuse et si tendre, qu'il subjugue moins qu'il n'entraîne, et qu'en nous offrant même la peinture de nos vices, il sait encore nous attacher et nous plaire. Sa diction, toujours facile, élégante et pure, est partout de cette simplicité noble, sans laquelle il n'y a ni bon goût, ni véritable éloquence; simplicité qui étant réunie dans Massillon à l'harmonie la plus séduisante et la plus douce, en emprunte encore des grâces nouvelles; et, ce qui met le comble au charme que fait éprouver ce style enchanteur, on sent que tant de beautés ont coulé de source, et n'ont rien coûté à celui qui les a produites. Il lui échappe même quelquefois, soit dans les expressions, soit dans les tours, soit dans la mélodie si touchante de son style, des négligences qu'on peut appeler heureuses, parce qu'elles achèvent de faire disparoître non-seulement l'empreinte, mais jusqu'au soupçon du travail. C'est par cet abandon de lui-même que Massillon se faisoit autant d'amis que d'auditeurs; il savoit que plus un orateur paroît occupé d'enlever l'admiration, moins ceux qui l'écoutent sont disposés à l'accorder, et que cette ambition est l'écueil de tant de prédicateurs, qui chargés, si on peut s'exprimer ainsi, des intérêts de Dieu même, veulent y mêler les intérêts si futiles de leur vanité. Massillon pensoit au contraire, que c'est un plaisir bien vide *d'avoir affaire*, suivant l'expression de Montaigne, *à des gens qui nous admirent toujours et fassent place*, surtout dans ces moments où il est si doux de s'oublier soi-même pour ne s'occuper que des êtres foibles et malheureux qu'on doit instruire et consoler. Il comparoit l'éloquence étudiée des prédicateurs profanes à ces fleurs dont les moissons se trouvent si souvent étouffées, et qui très-agréables à la vue, sont très-nuisibles à la récolte.

On s'étonnoit comment un homme voué par état à la retraite, pouvoit connoître assez bien le monde pour faire des peintures si vraies des passions, et surtout de l'amour-propre. *C'est en me sondant moi-même,* disoit-il avec candeur, *que j'ai appris à tracer ces peintures.* Il le prouva d'une manière aussi énergique qu'ingénue, par l'aveu qu'il fit à un de ses confrères, qui le félicitoit sur le succès de ses sermons. *Le diable,* répondit-il, *me l'a déjà dit plus éloquemment que vous.*

Massillon tiroit un autre avantage de cette éloquence de l'âme, dont il faisoit un si heureux usage. Comme il parloit la langue de tous les états en parlant au cœur de l'homme, tous les états couroient à ses sermons; les incrédules même vouloient l'entendre; ils trouvoient souvent l'instruction où ils n'étoient allés chercher que l'amusement, et revenoient quelquefois convertis, lorsqu'ils n'avoient cru sortir qu'en accordant ou en refusant leurs éloges. C'est que Massillon savoit descendre pour eux au seul langage qu'ils voulussent écouter, à celui d'une philosophie purement humaine en apparence, mais qui trouvant ouvertes toutes les portes de leur âme, préparoit les voies à l'orateur pour s'approcher d'eux sans effort et sans résistance, et pour s'en rendre vainqueur avant même de les avoir combattus.

Son action étoit parfaitement assortie au genre d'éloquence qu'il avoit embrassé. Au moment où il entroit en chaire, il paroissoit vivement pénétré des grandes vérités qu'il alloit dire ; les yeux baissés, l'air modeste et recueilli, sans mouvements violents, et presque sans gestes, mais animant tout par une voix touchante et sensible, il répandoit dans son auditoire le sentiment religieux que son extérieur annonçoit ; il se faisoit écouter avec ce silence profond qui loue encore mieux l'éloquence que les applaudissements les plus tumultueux. Sur la réputation seule de sa déclamation, le célèbre Baron voulut assister à un de ses discours ; et s'adressant, au sortir du sermon, à un ami qui l'accompagnoit : *Voilà*, dit-il, *un orateur, et nous ne sommes que des comédiens.*

Bientôt la cour désira de l'entendre, ou plutôt de le juger. Il parut, sans orgueil comme sans crainte, sur ce grand et dangereux théâtre ; son début y fut des plus brillants, et l'exorde du premier discours qu'il y prononça[1] est un des chefs-d'œuvre de l'éloquence moderne. Louis XIV étoit alors au comble de sa puissance et de sa gloire,

[1] Dans l'Avent de 1699.

vainqueur et admiré de toute l'Europe, adoré de ses sujets, enivré d'encens et rassasié d'hommages. Massillon prit pour texte le passage de l'Écriture qui sembloit le moins fait pour un tel prince : *Bienheureux ceux qui pleurent*, et sut tirer de ce texte un éloge du monarque d'autant plus neuf, plus adroit et plus flatteur, qu'il parut dicté par l'Évangile même, et tel qu'un apôtre l'auroit pu faire. « Sire, dit-il au Roi, si le monde parloit ici
» à votre Majesté, il ne lui diroit pas : *Bienheureux*
» *ceux qui pleurent*. Heureux, vous diroit-il, ce
» prince qui n'a jamais combattu que pour vaincre;
» qui a rempli l'univers de son nom ; qui dans le
» cours d'un règne long et florissant, jouit avec
» éclat de tout ce que les hommes admirent,
» de la grandeur de ses conquêtes ; de l'amour de
» ses peuples, de l'estime de ses ennemis, de la sa-
» gesse de ses lois... Mais, Sire, l'Évangile ne
» parle pas comme le monde. » L'auditoire de Versailles, tout accoutumé qu'il étoit aux Bossuet et aux Bourdaloue, ne l'étoit pas à une éloquence tout à la fois si fine et si noble ; aussi excita-t-elle dans l'assemblée, malgré la gravité du lieu, un mouvement involontaire d'admiration. Il ne manquoit à ce morceau, pour en rendre l'impression plus touchante encore, que d'avoir été prononcé au milieu des malheurs qui suivirent nos triomphes, et lorsque le monarque, qui pendant cin-

quante années n'avoit eu que des succès, ne répandoit plus que des larmes. Si jamais Louis XIV a entendu un exorde plus éloquent, c'est peut-être celui d'un religieux missionnaire, qui paroissant pour la première fois devant lui, commença ainsi son discours : *Sire, je ne ferai point de compliment à votre Majesté, je n'en ai point trouvé dans l'Évangile.*

La vérité, même lorsqu'elle parle au nom de Dieu, doit se contenter de frapper à la porte des rois, et ne doit jamais la briser. Massillon, persuadé de cette maxime, n'imita point quelques-uns de ses prédécesseurs, qui, soit pour déployer leur zèle, soit pour le faire remarquer, avoient prêché la morale chrétienne dans le séjour du vice avec une dureté capable de la rendre odieuse, et d'exposer la religion au ressentiment de l'autorité orgueilleuse et offensée. Notre orateur fut toujours ferme, mais toujours respectueux, en annonçant à son souverain les volontés de celui qui juge les rois ; il remplit la mesure de son ministère, mais il ne la passa jamais ; et le monarque, qui auroit pu sortir de sa chapelle mécontent de la liberté de quelques autres prédicateurs, ne sortit jamais des sermons de Massillon, que *mécontent de lui-même.* C'est ce que le prince eut le courage de dire en propres termes à l'orateur ; éloge le plus grand qu'il pût lui donner ;

mais que tant d'autres, avant et depuis Massillon, n'ont pas même désiré d'obtenir, plus jaloux de renvoyer des juges satisfaits que des pécheurs convertis.

Des succès si multipliés et si éclatants eurent leur effet ordinaire ; ils firent à Massillon des ennemis implacables, surtout parmi ceux qui se regardoient comme ses rivaux, et qui voulant que la parole divine ne fût annoncée que par eux, se croyoient apparemment dispensés de prêcher d'exemple contre l'envie. Leur ressource étoit de fermer la bouche, s'il étoit possible, à un concurrent si redoutable, mais ils n'y pouvoient réussir qu'en accusant sa doctrine ; et sur ce point délicat, Massillon ne laissoit pas même de prétexte à leurs dispositions charitables. Il étoit à la vérité membre d'une congrégation dont les opinions étoient alors fort attaquées ; plusieurs de ses confrères avoient été, par ce pieux motif, adroitement écartés de la chaire de Versailles. Mais les sentiments de Massillon, exposés chaque jour à la critique d'une cour attentive et scrupuleuse, n'offroient pas même le nuage le plus léger aux yeux clairvoyants de la haine ; et son orthodoxie irréprochable étoit le désespoir de ses ennemis. Déjà l'Église et la nation le nommoient à l'épiscopat ; l'envie, presque toujours aveugle sur ses vrais intérêts, auroit pu, avec une politique plus raffinée, envisager cette dignité comme un honnête moyen d'enfouir les talents de Massillon, en le reléguant à cent lieues de Paris et de la cour; elle ne porta pas si loin sa dangereuse pénétration, et ne vit dans l'épiscopat qu'une récompense brillante dont il lui importoit de priver l'orateur qui en étoit digne. Elle fit pour y réussir un dernier effort, et jouit du triste avantage d'obtenir au moins un succès passager; elle calomnia les mœurs de Massillon, et trouva facilement, suivant l'usage, des oreilles prêtes à l'entendre, et des âmes prêtes à la croire. Le souverain même, tant le mensonge est habile à s'insinuer auprès des monarques les plus justes, fut, sinon convaincu, au moins ébranlé; et ce même prince, qui avoit dit à Massillon [1] *qu'il vouloit l'entendre tous les deux ans,* sembla craindre de donner à une autre Église l'orateur qu'il s'étoit réservé pour lui.

Louis XIV mourut; et le régent, qui honoroit les talents de Massillon, et qui méprisoit ses ennemis, le nomma à l'évêché de Clermont;[2] il voulut de plus que la cour l'entendît encore une fois, et l'engagea à prêcher un carême devant le Roi, alors âgé de neuf ans.

Ces sermons, composés en moins de trois mois, sont connus sous le nom de *Petit-Carême.* C'est

---

[1] Carême de 1704.
[2] Le 7 novembre 1717.

peut-être, sinon le chef-d'œuvre, au moins le vrai modèle de l'éloquence de la chaire. Les grands sermons du même orateur peuvent avoir plus de mouvement et de véhémence ; l'éloquence du *Petit Carême* est plus insinuante et plus sensible ; et le charme qui en résulte augmente encore par l'intérêt du sujet, par le prix inestimable de ces leçons simples et touchantes, qui destinées à pénétrer avec autant de douceur que de force dans le cœur d'un monarque enfant, semblent préparer le bonheur de plusieurs millions d'hommes, en annonçant au jeune prince qui doit régner sur eux, tout ce qu'ils ont droit d'en attendre. C'est là que l'orateur met sous les yeux des souverains les écueils et les malheurs du rang suprême ; la vérité fuyant les trônes, et se cachant pour les princes même qui la cherchent ; la confiance présomptueuse que peuvent leur inspirer les louanges même les plus justes ; le danger presque égal pour eux de la foiblesse qui n'a point d'avis, et de l'orgueil qui n'écoute que le sien ; le funeste pouvoir de leurs vices pour corrompre, avilir et perdre toute une nation ; la détestable gloire des princes conquérants, si cruellement achetée par tant de sang et tant de larmes ; l'Être suprême enfin, placé entre les rois oppresseurs et les peuples opprimés, pour effrayer les rois et venger les peuples. Tel est l'objet de ce *Petit Carême*, digne d'être appris par tous les enfants destinés à régner, et d'être médité par tous les hommes chargés de gouverner le monde. Quelques censeurs sévères ont néanmoins reproché à ces excellents discours un peu d'uniformité et de monotonie. Ils n'offrent guère, dit-on, qu'une vérité à laquelle l'orateur s'attache et revient toujours, la bienfaisance et la bonté que les grands et les puissants du siècle doivent aux petits et aux foibles, à ces hommes que la nature a créés leurs semblables, que l'humanité leur a donnés pour frères, et que le sort a fait naître malheureux. Mais sans examiner la justice de ce reproche, cette vérité est si consolante pour tant d'hommes qui gémissent et qui souffrent, si précieuse dans l'institution d'un jeune roi, si nécessaire surtout à faire entendre aux oreilles endurcies des courtisans qui l'environnent, que l'humanité doit bénir l'orateur qui en a plaidé la cause avec tant de persévérance et d'intérêt. Des enfants peuvent-ils se plaindre qu'on parle trop long-temps à leur père du besoin qu'ils ont de lui, et du devoir que la nature lui fait de les aimer?

La même année où furent prononcés ces discours, Massillon entra dans l'académie françoise.[1] L'abbé Fleury, qui le reçut en qualité de directeur, lui donna entre autres éloges, celui d'avoir su se mettre à la portée du jeune roi dans les ins-

[1] Il fut reçu le 25 février 1719, à la place de l'abbé de Louvois.

tructions qu'il lui avoit destinées. *Il semble,* lui dit-il, *que vous ayez voulu imiter le Prophète, qui pour ressusciter le fils de la Sunamite, se rapetissa, pour ainsi dire, en mettant sa bouche sur la bouche, ses yeux sur les yeux, et ses mains sur les mains de l'enfant, et qui après l'avoir ainsi réchauffé, le rendit à sa mère plein de vie.*

Ce même discours du directeur offre un second trait, aussi édifiant que remarquable. Massillon venoit d'être sacré évêque; aucune place à la cour, aucune affaire, aucun motif enfin, ou, si l'on veut, aucun prétexte ne pouvoit le retenir loin de son troupeau. L'abbé Fleury, observateur inexorable des canons, ne vit, en recevant son nouveau confrère, que les devoirs rigoureux que l'épiscopat lui imposoit; les devoirs de l'académicien disparurent entièrement à ses yeux; loin d'inviter le récipiendaire à l'assiduité, il ne l'exhorta qu'à une absence éternelle; et, ce qui rendoit le conseil plus sévère encore, il le revêtit de la forme obligeante des regrets les plus fortement exprimés : *Nous prévoyons avec douleur,* lui dit-il, *que nous allons vous perdre* POUR JAMAIS, *et que la loi* INDISPENSABLE *de la résidence va vous enlever sans retour à nos assemblées; nous ne pouvons plus espérer de vous voir que dans les moments où quelque affaire* FACHEUSE *vous* ARRACHERA MALGRÉ VOUS *à votre Église.*

Ce conseil fut d'autant plus efficace, que celui

c.

qui le recevoit se l'étoit déjà donné lui-même. Il partit pour Clermont, et n'en revint plus que pour des causes indispensables, et par conséquent très-rares. Il donna tous ses soins au peuple heureux que la Providence lui avoit confié. Il ne crut pas que l'épiscopat, qu'il avoit mérité par ses succès dans la chaire, fût pour lui une dispense d'y monter encore, et que pour avoir été récompensé, il dût cesser d'être utile. Il consacroit avec tendresse à l'instruction des pauvres, ces mêmes talents tant de fois accueillis par les grands de la terre, et préféroit aux bruyants éloges des courtisans, l'attention simple et recueillie d'un auditoire moins brillant et plus docile. Les plus éloquents peut-être de ses sermons sont les conférences[1] qu'il faisoit à ses curés. Il leur prêchoit les vertus dont ils trouvoient en lui l'exemple, le désintéressement, la simplicité, l'oubli de soi-même, l'ardeur active et prudente d'un zèle éclairé, bien différente de ce fanatisme qui ne prouve que l'aveuglement du zèle, et qui en rend même la sincérité très-douteuse. Une sage modération étoit en effet son caractère dominant. Il se plaisoit à

---

[1] L'auteur de l'éloge confond ici les Conférences avec les Discours synodaux, qui effectivement furent prononcés par Massillon, évêque, dans les synodes ou assemblées annuelles des curés de son diocèse. On sait qu'il fit les Conférences pour le séminaire de Saint-Magloire, dans sa jeunesse, lorsqu'il étoit encore oratorien; et ce fut ce qui commença sa réputation. *Note de l'édition de* 1810.

rassembler à sa maison de campagne des oratoriens et des jésuites; il les accoutumoit à se supporter mutuellement, et presque à s'aimer; il les faisoit jouer ensemble aux échecs, et les exhortoit à ne se faire jamais de guerre plus sérieuse. L'esprit de conciliation dont sa conduite étoit la preuve, et sa manière de penser bien connue sur le scandale de toutes les querelles théologiques, fit désirer au gouvernement qu'il essayât de rapprocher le cardinal de Noailles de ceux qui accusoient la doctrine de ce pieux archevêque; mais l'impartialité qu'il montra dans cette négociation produisit son effet naturel, celui de mécontenter les deux partis. En vain il leur représenta que des hommes destinés par état à prêcher l'Évangile à leurs frères, ne devoient pas commencer par en violer un des principaux préceptes, celui de l'union et de la paix; que leurs divisions, déjà si fâcheuses sur l'*amour de Dieu*, ne les dispensoient pas de l'*amour du prochain;* que ces disputes étoient à la fois, et pour les foibles un sujet de scandale, et pour les incrédules un sujet de triomphe, peu réel, à la vérité; mais toujours affligeant par l'avantage apparent qu'ils en tirent; ces sages remontrances furent sans effet, et il apprit par sa propre expérience, qu'il est souvent moins difficile de ramener des mécréants, que de concilier ceux qui auroient tant d'intérêt de se réunir pour les confondre.

Vivement pénétré des vraies obligations de son état, Massillon remplit surtout le premier devoir d'un évêque, celui qui le fait chérir et respecter de l'incrédulité même, le devoir ou plutôt le plaisir si doux de l'humanité et de la bienfaisance. Il réduisit à des sommes très-modiques ses droits épiscopaux, qu'il auroit entièrement abolis, s'il n'avoit cru devoir respecter le patrimoine de ses successeurs, c'est-à-dire, leur laisser de bonnes actions à faire. Il fit porter en deux ans vingt mille livres à l'Hôtel-Dieu de Clermont. Tout son revenu appartint aux pauvres. Son diocèse en conserve le souvenir après plus de trente années, et sa mémoire y est honorée tous les jours de la plus éloquente oraison funèbre, des larmes de cent mille malheureux.

Il avoit joui, dès son vivant, de cette oraison funèbre qu'il ne peut plus entendre. Dès qu'il paroissoit dans les rues de Clermont, le peuple se prosternoit autour de lui en criant : *Vive notre père.* Aussi ce vertueux prélat disoit-il souvent, que ses confrères ne sentoient pas assez quel degré de considération et d'autorité ils pouvoient tirer de leur état ; que ce n'étoit ni par le faste, ni par une dévotion minutieuse, qu'ils pouvoient se rendre chers à l'humanité et redoutables à ceux qui l'oppriment, mais par ces vertus dont le cœur du peuple est le juge, et qui dans un ministre de la vraie religion retracent à tous les yeux l'Être juste et bienfaisant dont il est l'image.

Parmi les aumônes immenses qu'il a faites, il en est qu'il a cachées avec le plus grand soin, non-seulement pour ménager la délicatesse des particuliers malheureux qui les recevoient, mais pour épargner quelquefois à des communautés entières le sentiment, même le plus mal fondé, d'inquiétude et de crainte, que ces aumônes pouvoient leur causer. Un couvent nombreux de religieuses étoit sans pain depuis plusieurs jours; elles étoient résolues de périr plutôt que d'avouer cette affreuse misère, dans la crainte qu'on ne supprimât leur maison, à laquelle elles étoient bien plus attachées qu'à leur vie. L'évêque de Clermont apprit en même temps, et leur indigence extrême, et le motif de leur silence. Pressé de leur donner des secours, il craignit de les alarmer en paroissant instruit de leur état; il envoya secrètement à ces religieuses une somme très-considérable, qui assuroit leur subsistance, jusqu'à ce qu'il eût trouvé moyen d'y pourvoir par d'autres ressources; et ce ne fut qu'après la mort de Massillon qu'elles connurent le bienfaiteur à qui elles étoient si redevables.

Non-seulement il prodiguoit sa fortune aux indigents; il les assistoit encore, avec autant de zèle que de succès, de son crédit et de sa plume. Témoin, dans ses visites diocésaines, de la misère sous laquelle gémissoient les habitants de la campagne, et son revenu ne suffisant pas pour donner du pain à tant d'infortunés qui lui en demandoient, il écrivit à la cour en leur faveur; et par la peinture énergique et touchante qu'il faisoit de leurs besoins, il obtenoit, ou des secours pour eux, ou des diminutions considérables sur les impôts. On assure que ses lettres sur cet objet intéressant, sont des chefs-d'œuvre d'éloquence et de pathétique, supérieurs encore aux plus touchants de ses Sermons : et quels mouvements en effet ne devoit pas inspirer à cette âme vertueuse et compatissante le spectacle de l'humanité souffrante et opprimée ?

Plus il respectoit sincèrement la religion, plus il avoit de mépris pour les superstitions qui la dégradent, et de zèle pour les détruire. Il abolit, non sans peine, des processions très-anciennes et très-indécentes, que la barbarie des siècles d'ignorance avoit établies dans son diocèse, qui travestissoient le culte divin en une mascarade scandaleuse, et auxquelles les habitants de Clermont couroient en foule, les uns par une dévotion stupide, les autres pour tourner cette farce religieuse en ridicule. Les curés de la ville, craignant la fureur du peuple, d'autant plus attaché à ces pieuses comédies qu'elles sont plus absurdes, n'osoient publier le mandement qui défendoit ces processions. Massillon monta en chaire, publia son mandement lui-même, se fit écouter d'un auditoire tumultueux qui auroit insulté tout autre prédicateur, et jouit par cette victoire du fruit de sa bienfaisance et de sa vertu.

Il mourut comme étoit mort Fénélon, et comme tout évêque doit mourir, sans argent et sans dettes. Ce fut le 28 septembre 1742, que l'Église, l'éloquence et l'humanité firent cette perte irréparable.

Un événement[1] assez récent, et bien fait pour toucher les cœurs sensibles, prouve combien la mémoire de Massillon est précieuse, non-seulement aux indigents dont il a essuyé les larmes, mais à tous ceux qui l'ont connu. Il y a quelques années qu'un voyageur, qui se trouvoit à Clermont, désira de voir la maison de campagne où le prélat passoit la plus grande partie de l'année. Il s'adressa à un ancien grand-vicaire, qui, depuis la mort de l'évêque, n'avoit pas eu la force de retourner à cette maison de campagne, où il ne devoit plus retrouver celui qui l'habitoit. Le grand-vicaire consentit néanmoins à satisfaire le désir du voyageur, malgré la douleur profonde qu'il se préparoit en allant revoir des lieux si tristement chers à son souvenir. Ils partirent donc ensemble, et le grand-vicaire montra tout à l'étranger. *Voilà*, lui disoit-il les larmes aux yeux, *l'allée où ce digne prélat se promenoit avec nous..... Voilà le berceau*

[1] La vérité de cette anecdote a été contestée.

où il se reposoit en faisant quelques lectures.... *Voilà le jardin qu'il cultivoit de ses propres mains.....* Ils entrèrent ensuite dans la maison ; et quand ils furent arrivés à la chambre où Massillon avoit rendu les derniers soupirs : *Voilà, * dit le grand-vicaire, *l'endroit où nous l'avons perdu,* et il s'évanouit en prononçant ces mots. La cendre de Titus et de Marc-Aurèle eût envié un pareil hommage.

On a aussi souvent comparé Massillon à Bourdaloue, qu'on a comparé Cicéron à Démosthène, ou Racine à Corneille : ces sortes de parallèles, féconde matière d'antithèses, prouvent seulement qu'on a plus ou moins le talent d'en faire. Nous nous interdirons sans regret ces lieux communs, et nous nous bornerons à une seule réflexion. Lorsque Bourdaloue parut, la chaire étoit encore barbare, disputant, comme le dit Massillon lui-même, ou de bouffonnerie avec le théâtre, ou de sécheresse avec l'école. L'orateur jésuite fit le premier parler à la religion un langage digne d'elle ; il fut solide, vrai, et surtout d'une logique sévère et pressante. Si celui qui entre le premier dans une carrière, a bien des épines à arracher, il jouit aussi d'un grand avantage, c'est que les pas qu'il y fait sont plus marqués, et dès lors plus célébrés que ceux de tous ses successeurs. Le public, accoutumé à voir régner long-temps Bourdaloue, qui avoit été le premier objet de son culte, est demeuré long-temps persuadé qu'il ne pouvoit avoir de rival, surtout lorsque Massillon vivoit, et que Bourdaloue, du fond de son tombeau, n'entendoit plus le cri de la multitude en sa faveur. Enfin la mort qui amène la justice à sa suite, a mis les deux orateurs à leur place ; et l'envie qui avoit ôté à Massillon la sienne, peut la lui rendre maintenant sans avoir à craindre qu'il en jouisse. Nous nous abstiendrons pourtant de lui donner une prééminence que des juges graves lui contesteroient : la plus grande gloire de Bourdaloue est que la supériorité de Massillon soit encore disputée ; mais si elle pouvoit être décidée en comptant le nombre des lecteurs, Massillon auroit tout l'avantage ; Bourdaloue n'est guère lu que des prédicateurs ou des âmes pieuses ; son rival est dans les mains de tous ceux qui lisent ; et il nous sera permis de dire ici, pour mettre le comble à son éloge, que le plus célèbre écrivain de notre nation et de notre siècle [1] fait des Sermons de ce grand orateur une de ses lectures les plus assidues ; que Massillon est pour lui le modèle des prosateurs, comme Racine est celui des poëtes ; et qu'il a toujours sur la même table le *Petit Carême* à côté d'*Athalie*.

Si l'on vouloit cependant chercher entre ces deux orateurs illustres une espèce de parallèle, on pourroit dire avec un homme d'esprit, que Bour-

[1] Voltaire vivoit encore quand cet éloge a été lu à l'Académie.

daloue étant plus raisonneur, et Massillon plus touchant, un sermon excellent à tous égards, seroit celui dont Bourdaloue auroit fait le premier point et Massillon le second. Peut-être un discours plus parfait encore, seroit celui où ils ne paroîtroient pas ainsi l'un après l'autre, mais où leurs talents fondus ensemble se pénétreroient, pour ainsi dire, mutuellement, et où le dialecticien seroit en même temps pathétique et sensible.

Nous ne devons pas dissimuler qu'on accuse en général tous les Sermons de notre éloquent académicien, du même défaut que son *Petit Carême*; c'est de n'offrir souvent dans la même page qu'une même idée, variée, il est vrai, par toutes les richesses que l'expression peut fournir, mais qui ne sauvant pas l'uniformité du fonds, laissent un peu de lenteur dans la marche. On a fait la même critique de Sénèque, mais avec bien plus de justice. Sénèque, uniquement jaloux d'étonner son lecteur par la profusion d'esprit dont il l'accable, le fatigue d'autant plus, qu'on sent qu'il s'est fatigué lui-même par un étalage si fastueux de ses richesses, et qu'il ne les montre avec tant de luxe qu'après les avoir ramassées avec effort : Massillon, toujours rempli du seul intérêt de son auditeur, semble ne lui présenter en plusieurs manières la vérité dont il veut le convaincre, que par la crainte qu'il a de ne la pas graver assez fortement dans son âme; et non-seulement on lui pardonne ces douces et tendres redites, mais on lui sait gré du motif touchant qui les multiplie ; on sent qu'elles partent d'un cœur qui éprouve le plaisir d'aimer ses semblables, et dont la sensibilité vive et profonde a besoin de se répandre.

Il est étonnant que le clergé de France, qui possédoit un orateur si éminent, ne l'ait pas nommé une seule fois pour prêcher dans ses assemblées ; il ne le désira jamais, et laissa à des talents médiocres et ambitieux cette petite gloire dont il n'avoit pas besoin. Il fut même choisi rarement pour être membre de l'assemblée, et consentoit sans peine, disoit-il, que les prélats moins attachés que lui à la résidence eussent recours à cet honnête moyen de s'en dispenser. L'indifférence que les confrères de l'évêque de Clermont paroissoient lui marquer, n'étoit ni projetée de leur part, ni même volontaire. C'étoit l'ouvrage obscur de quelques hommes en place, qui, par des motifs dignes d'eux, écartoient sourdement Massillon des yeux de la cour, non comme un sujet intrigant, car ils le connoissoient trop bien pour lui faire cette injure, mais comme un prélat illustre et respecté, dont la supériorité, vue de trop près, auroit pu jeter un éclat que les hommes puissants et bornés n'aiment en aucun genre. Quelle perte néanmoins pour un tel auditoire, que celle d'un prédicateur tel que Massillon ! Quel sujet de discours plus intéressant, que d'avoir à parler aux princes de l'Église assemblés, des augustes devoirs que leur dignité leur impose; des yeux de tout un peuple fixés sur eux, et des grands exemples qu'il en attend ; du droit que la sainteté de leur caractère et surtout celle de leur vie peut leur donner, pour faire entendre la vérité aux rois, et pour porter aux pieds du trône le cri si souvent repoussé de l'innocent et du pauvre ? Croyoit-on que Massillon fût indigne de traiter un si grand sujet, ou craignoit-on plutôt qu'il ne le traitât avec trop d'éloquence ?

Ce grand orateur prononça, soit avant que d'être évêque, soit depuis qu'il le fut devenu, quelques Oraisons funèbres, dont le mérite fut éclipsé par celui de ses Sermons. S'il n'avoit pas dans le caractère cette inflexibilité qui annonce la vérité avec rudesse, il avoit cette candeur qui ne permet pas de la déguiser. A travers les louanges qu'il accorde dans ces Discours, soit à la bienséance, soit même à la justice, le jugement secret qu'il porte au fond de son cœur sur celui qu'il est chargé de célébrer, échappe, sans qu'il y pense, à sa franchise naturelle, et surnage, pour ainsi dire, malgré lui ; et l'on sent en le lisant qu'il est tel de ses héros dont il auroit fait plus volontiers l'histoire que l'éloge.

Il lui étoit arrivé une seule fois de manquer de

mémoire en prêchant; trompé par le dégoût léger que cet accident lui donna, il pensoit qu'il y auroit beaucoup plus d'avantage à lire les Sermons qu'à les réciter. Nous osons n'être pas de son avis; la lecture forceroit l'orateur, ou à se priver de ces grands mouvements qui sont l'âme de la chaire, ou à rendre ces mouvements ridicules en y donnant un air d'apprêt et d'exagération qui détruiroit le naturel et la vérité. Massillon semble avoir senti lui-même que le mérite le plus propre à séduire dans un discours oratoire, est qu'il paroisse débité sur-le-champ, et sans qu'aucune trace de préparation s'y laisse apercevoir; car lorsqu'on lui demandoit quel étoit celui de ses Sermons qu'il croyoit le meilleur, il répondoit, *celui que je sais le mieux.*

Quoique voué à l'éloquence chrétienne par goût et par devoir, il s'étoit quelquefois, par délassement, exercé sur d'autres objets : on assure qu'il a laissé une Vie manuscrite du *Corrège.* Il ne pouvoit choisir pour sujet de ses éloges un peintre dont les talents fussent plus analogues aux siens : car il étoit, qu'on nous pardonne cette expression, le Corrège des orateurs. On peut ajouter que, comme le Corrège s'étoit formé lui-même, en se traçant une nouvelle route après les Raphaël et les Titien, Massillon, qui s'étoit aussi ouvert dans la chaire une carrière nouvelle, auroit pu dire en se comparant aux autres orateurs, ce que disoit le Corrège en voyant les tableaux des autres artistes : *Et moi aussi je suis peintre.*

L'Académie, qui l'a possédé si peu, n'a pas laissé de sentir vivement sa perte. Elle a du moins eu la consolation de le voir dignement remplacé; M. le duc de Nivernois a été son successeur.

Les notes qui suivent sont de l'auteur de l'Éloge.

NOTES

SUR L'ÉLOGE DE MASSILLON.

Page XXVI. *Sur les prédicateurs qui cherchent des applaudissements.*

Nous voyons, par un passage de saint Jérôme, que les applaudissements de l'auditoire flattoient autrefois, comme aujourd'hui, les prédicateurs les plus révérés par la sainteté de leur vie et de leur doctrine. Saint Jérôme dit, qu'un jour proposant une difficulté à saint Grégoire de Nazianze son maître, il en reçut cette singulière réponse : *Je vous appliquerai cela dans l'église où les applaudissements que le peuple me donnera vous feront avouer que vous entendez ce que vous n'entendez pas ; ou bien, si vous ne joignez pas vos acclamations à celles des autres, vous passerez pour un imbécile.* Saint Jérôme n'approuvoit sans doute ni cette réponse, ni ce petit mouvement de vanité du saint évêque ; car c'est à cette occasion même qu'il donne le précepte suivant à un jeune orateur : *Quand vous parlerez dans l'église, ne songez pas à exciter les acclamations, mais les gémissements ; que les larmes des auditeurs soient votre éloge.* Ce précepte rappelle ce que dit un autre Père de l'Église, que, prêchant un jour devant une assemblée nombreuse, il fut d'abord très-applaudi ; mais très-mécontent de ce genre de succès, et qu'il ne crut avoir réussi que lorsqu'il vit pleurer son auditoire.

Si Massillon a été sensible aux éloges, il n'en a peut-être

jamais reçu de plus flatteurs que celui d'une femme du peuple, qui, se trouvant pressée par la foule à un de ses Sermons, disoit avec humeur et dans son langage : *Ce diable de Massillon, quand il prêche, remue tout Paris.* Cependant il est très-certain qu'à l'âge de 26 ans, c'est-à-dire, après ses premiers essais, Massillon avoit écrit au général de l'Oratoire, *que son talent et son inclination l'éloignoient de la chaire :* c'est vraisemblablement alors qu'il alla faire à *Septfonts* le séjour dont nous avons parlé ; anecdote très-vraie, et que celui qui nous l'a racontée, prédicateur célèbre et vivant, avoit apprise à l'Oratoire. Ce même prédicateur tient aussi de la personne qui en a été témoin, la peinture touchante que nous avons faite de la douleur vive qu'un des grands-vicaires de Massillon, plusieurs années après sa mort, témoignoit encore de l'avoir perdu.

Page XXIX. *Sur l'usage que* Massillon *auroit pu faire de ce même exorde dans le temps des malheurs de Louis* XIV.

On nous a objecté que si l'orateur avoit eu cet exorde à prononcer après les désastres qui accablèrent la vieillesse du prince, il auroit dû prendre un autre tour, et ne pas lui dire : *Heureux ce roi qui n'a jamais combattu que pour vaincre,* etc. Cette remarque est très-juste : il est certain que Massillon eût été obligé de faire quelques changements à la tournure de cet exorde. Mais quel sublime parallèle il auroit pu faire de la gloire passée de Louis XIV avec ses malheurs présents! et quelle conclusion touchante il en auroit pu tirer, en appliquant à l'infortuné monarque ces paroles consolantes : *Bienheureux ceux qui pleurent !* Le sujet étoit si beau, qu'il semble qu'un orateur même assez médiocre auroit fait couler des larmes.

Madame de Coulanges, dans une lettre à madame de Sévigné, fait une réflexion très-judicieuse sur le genre de succès que Massillon avoit à la cour. « Il réussit, dit-elle, à Ver-
» sailles comme il a réussi à Paris; mais on sème souvent
» dans une terre ingrate quand on sème à la cour; c'est-à-
» dire, que les personnes qui sont fort touchées des Sermons
» sont déjà converties, et les autres attendent la grâce sou-
» vent sans impatience; l'impatience seroit déjà une grande
» grâce. »

Page xxxiv. *Sur l'entrée de* Massillon *à l'Académie.*

Massillon eut le même prédécesseur dans cette compagnie et dans l'évêché de Clermont; c'étoit l'abbé de Louvois, Camille Le Tellier, qui avoit encore avec lui d'autres rapports, ayant été privé comme lui, pendant la vie de Louis xiv, des honneurs de l'épiscopat, non parce que la calomnie attaquoit ses mœurs comme celles de Massillon, mais parce qu'il déplaisoit aux jésuites, étant neveu de l'archevêque de Reims Le Tellier, qu'ils n'aimoient pas. Ils peignirent à Louis xiv l'abbé de Louvois comme Janséniste; et le monarque refusa constamment de faire évêque celui que les jésuites accusoient. Il ne put l'être qu'à la mort du roi : le régent le nomma à l'évêché de Clermont; mais l'abbé de Louvois ne put jouir de cette grâce, étant mort peu de temps après. Le duc d'Orléans lui donna Massillon pour successeur, comme s'il eût voulu braver les préventions du feu roi, en nommant évêque à la suite les uns des autres

d.

tous ceux que ce prince avoit rejetés. Massillon fut sacré dans la chapelle des Tuileries, en présence du jeune roi Louis XV, par le cardinal de Fleury, alors évêque de Fréjus, à qui pourtant il ne plaisoit ni comme orateur distingué, ni comme Oratorien ; mais l'évêque de Fréjus voulut en cette occasion faire sa cour au régent, et même au roi son élève ; car ce jeune prince avoit fort goûté *le Petit Carême*, et il en parloit souvent avec plaisir à son précepteur, toujours peu empressé d'applaudir aux éloges que Massillon recevoit.

Page XXXVI. *Sur les discours que* Massillon *faisoit à ses curés.*

UNE circonstance singulière donna occasion à ces Discours synodaux. Quoique le roi Louis XV n'eût que neuf à dix ans quand Massillon partit pour son diocèse, le cardinal Dubois, alors tout-puissant, et qui n'avoit pas peu contribué à lui faire donner l'évêché de Clermont, avoit fait espérer à cet éloquent prélat, qu'il seroit nommé précepteur du dauphin, qui pourtant n'étoit pas encore né, ni près de naître. On n'auroit pas pu sans doute faire un meilleur choix, et qui eût été plus approuvé par la voix publique. Massillon, pénétré des devoirs que devoit lui imposer ce respectable emploi, jaloux de les remplir et de répondre à l'idée qu'on avoit de lui, tourna, dit-on, toutes ses études vers cet objet. Il négligea les Sermons qu'il avoit prêchés avec tant de succès à Paris, ne monta plus en chaire, même dans sa cathédrale, et se contenta de faire au peuple de son diocèse, presque sans préparation, des exhortations familières et simples, qui n'étoient que pour les pauvres, et que toute la ville néanmoins venoit entendre. Le cardinal de La Rochefoucauld, son métropolitain, étant venu le visiter à Clermont, lui marqua sa surprise de ce qu'il privoit son troupeau de ces discours éloquents qui lui avoient fait tant de réputation. Massillon lui en avoua la cause, se confessa, comme le berger de la fable, du *petit grain d'ambition* qu'il avoit eu, et que le motif d'un grand bien à faire lui paroissoit excuser; il ajouta, que, détrompé au bout de quelques années de ses espérances, il avoit voulu rentrer dans la carrière oratoire, mais qu'en perdant l'habitude de prêcher, il avoit presque entièrement perdu la mémoire, et s'étoit mis hors d'état de rapprendre tant de Sermons qu'il avoit oubliés. Le cardinal l'exhorta à revoir du moins ces Sermons, à les mettre en état de paroître ou de son vivant ou après sa mort, et à composer en même temps, pour l'instruction de ses curés, de petits discours qui lui coûteroient peu à faire et à retenir, ce qui ajouteroit à sa renommée sans fatiguer sa mémoire. Massillon suivit ce conseil : depuis cette époque, il prêcha tous les ans à ses synodes ces discours si bien écrits et si pleins de sentiment et d'onction, qui suffiroient pour l'immortaliser.

Autrefois, a dit un auteur satirique, *il falloit être évêque pour prêcher; depuis, et durant plusieurs siècles, il a fallu prêcher pour devenir évêque; aujourd'hui, il suffit de l'être devenu, pour cesser presque absolument de prêcher.* L'exemple de Massillon, de Bossuet, de Fléchier, et même de plusieurs prélats de nos jours, prouve que cette épigramme mérite au moins quelques restrictions.

On vient de voir tout ce que le cardinal Dubois avoit fait pour Massillon, et tout ce qu'il avoit voulu faire. Les ennemis de Massillon lui ont reproché les complaisances qu'il eut pour ce ministre, en consentant à être un des évêques assis-

tants de son sacre, et en signant l'attestation de vie et de
mœurs dont il eut besoin pour être promu au cardinalat. La
reconnoissance lui fit faire cette faute. Il devoit sa fortune
à Dubois, qui avoit du moins eu le mérite de récompenser
ses rares talents, négligés par Louis XIV. La bonté naturelle
de Massillon dégénéroit quelquefois en une foiblesse qu'il se
reprochoit lui-même, et à laquelle il cédoit malgré lui. Il
faut pardonner à sa foiblesse en faveur de ses motifs.

Page XXXVII. *Sur l'esprit conciliateur de* Massillon *dans l'affaire du Jansénisme.*

Le cardinal de Fleury pria Massillon de travailler à la
conversion de l'évêque de Senez Soanen, qui, pour son
appel de la Bulle *Unigenitus*, avoit été déposé par une assemblée de dix à douze évêques, qu'on a appelée le *Concile
d'Embrun*, et exilé ensuite à la Chaise-Dieu, en Auvergne.
Massillon écrivit à ce prélat, et en reçut une réponse si décidée, si ferme, si repoussante, qu'il n'osa poursuivre sa
négociation. Cette réponse est imprimée dans la vie que les
Jansénistes ont écrite de l'évêque de Senez. Le prélat s'y
plaint avec amertume de ses anciens confrères de l'Oratoire
qui étoient devenus évêques, et qui l'avoient abandonné.
Mais Massillon n'attachoit pas la même importance que lui
aux opinions qui avoient causé les malheurs de ce respectable vieillard. Il croyoit qu'on pouvoit être bon chrétien et
bon évêque sans déclamer contre la Bulle ; que c'étoit peut-
être faire trop d'honneur à cette production, *moins pontifi-
cale*, disoit-il, *que jésuitique*, de s'en occuper sérieuse-
ment, et que le moyen le plus sûr de la faire tomber dans

l'oubli, étoit de garder à son égard un silence profond, respectueux en apparence, et dédaigneux en effet. Il le disoit quelquefois, mais sans éclat et sans bruit, à ceux de ses confrères qu'il voyoit les plus zélés pour cette Bulle, mais qui ne l'écoutoient guère, qui l'imitoient encore moins, et qui n'en étoient pas plus sages.

Massillon, dans la lettre qu'il écrivit à l'évêque de Senez, parle, il est vrai, avec assez de ménagement, de la Bulle *Unigenitus*, dont on le prioit d'être le défenseur. Mais il croyoit en ce moment devoir tenir un autre langage plus conforme à celui des évêques soumis à cette Bulle.

« Dépouillons-nous, lui dit-il, de toutes les complai-
» sances inséparables de la singularité ; regardons comme
» des piéges que nous tend l'orgueil, le désir, caché souvent
» à nous-mêmes, de nous donner en spectacle. Il est terri-
» ble d'être seul de son côté, et d'avoir contre soi tout ce
» qui porte un nom d'autorité dans l'Église. Il faut, pour
» être tranquille dans cet état, penser, comme le Pharisien,
» qu'on n'est pas fait comme le reste des hommes. »

Et dans une autre lettre au même prélat : « Je crains,
» Monseigneur, qu'il ne me soit échappé quelque terme dans
» ma dernière lettre, qui ait pu vous déplaire. Dieu m'est
» témoin que, loin d'ajouter une nouvelle douleur à vos
» chaînes, je souhaiterois pouvoir les partager avec vous
» pour vous en soulager, sans partager néanmoins le motif
» qui vous les fait souffrir.... Je ne voudrois, pour me dé-
» fier de la bonté de votre cause, que les écrits odieux que
» vos apologistes répandent tous les jours dans le public. Je
» viens de lire un livre intitulé : *Jésus-Christ sous l'ana-
» thème* ; l'auteur y décide nettement, que, comme la syna-
» gogue prévariqua en condamnant Jésus-Christ, l'Église a
» prévariqué en condamnant le Père Quesnel ; que les Pha-

» risiens et les Sadducéens sont encore parmi nous les maîtres
» de la doctrine, c'est-à-dire, les jésuites désignés par les
» premiers, qui n'ont qu'une écorce de religion, et les évê-
» ques marqués par les Sadducéens, qui n'en ont point du tout.
» Une bonne cause seroit-elle défendue par de tels excès ?
» Ne laissez pas séduire, mon très-respectable Seigneur,
» votre zèle et votre bonne foi par les louanges de ceux qui
» vous applaudissent. S'ils vouloient s'en tenir précisément
» au dogme, nous serions bientôt d'accord ; mais ils outrent
» tout, et c'est ce que la sagesse de l'Église ne souffrira ja-
» mais. Les jésuites ont leurs opinions que l'Église tolère ;
» mais croyez-vous que la plupart des évêques pensent et
» enseignent comme eux ? Au lieu de vous unir à nous, pour
» nous aider à soutenir l'ancienne doctrine et la saine mo-
» rale, vous nous affoiblissez en vous séparant de nous ;
» vous donnez de nouvelles armes au molinisme ; vous aidez
» ses sectateurs à persuader au monde qu'on ne peut com-
» battre leur doctrine sans tomber dans des excès opposés. »

Voici ce que Massillon écrivoit encore à l'évêque de Rho-
dez (Tourouvre), qui, dans une lettre écrite au roi, et
signée par quelques évêques, avoit pris la défense de celui
de Senez..... « Les remèdes qui aigrissent le mal, sont de
» nouvelles plaies qu'on fait à l'Église. Ceux qui sont à la
» tête du Jansénisme, et qui écrivent pour sa défense, sont
» des esprits outrés, qui passent le but sur toutes les ma-
» tières qu'ils traitent. Il est vrai que de l'autre côté on ne
» s'en est pas toujours tenu aux justes bornes, et qu'on a
» défendu l'Église avec des armes qui affoiblissoient sa cause.
» Quel parti donc reste-t-il à prendre pour des évêques qui
» aiment la paix et la vérité ? Il faut prendre le parti qui n'est
» point parti, c'est-à-dire, précisément celui de l'Église,
» qui désavoue, et ceux qui la défendent mal, et ceux qui

» l'attaquent. Je connois, comme vous savez, le caractère
» des Appelans, et c'est parce que je les connois, que, dans
» aucun temps, il ne m'a été possible de les goûter; orgueil,
» amour de la singularité, mépris pour tout ce qui ne pense
» pas comme eux, quelque rang qu'on puisse tenir dans
» l'Église, partis extrêmes, hardiesse à décider sur tout ce
» qu'il y a de mieux établi; nulle règle, nul amour de la
» paix, une intrigue et une cabale éternelle et puérile, les
» ignorants, les femmes, les dévotes, les mondains, tout
» leur est bon; pour peu qu'on paroisse les favoriser, ils
» vous associent à eux, ils grossissent leur liste de votre
» nom, et prennent une condescendance charitable pour une
» adhésion totale à leur entêtement...... »

Et plus bas.....

« Je plaignois, comme vous, M. l'évêque de Senez; je
» respectois son âge, son caractère, ses mœurs épiscopales;
» mais je voyois avec douleur qu'il nous avoit ôté lui-même
» tous les moyens de le défendre. Je reçois quelquefois de
» ses nouvelles; il ne cesse de me dire qu'il ne souffre que
» pour défendre la grâce efficace et la liberté de l'Église de
» France. J'ai beau lui répondre que sur ce pied-là, de cent
» vingt évêques que nous sommes, il y en auroit *au moins* (1)
» cent d'exilés; le bon vieillard n'entend rien; il ne perd pas
» de vue son fantôme; ses correspondants abusent de sa sim-
» plicité, et le lui grossissent sans cesse avec des éloges si
» pompeux sur sa fermeté, qu'il est surpris que nous ne
» donnions pas tous dans un piége aussi usé; il espère que
» Dieu aura égard à ses bonnes intentions; mais je crains
» fort qu'il n'entre dans sa conduite un peu de complaisance

(1) Cet *au moins* est remarquable. Est-ce que Massillon connoissoit alors quelques évêques ennemis de nos libertés ? Soyons du moins persuadés que de nos jours il n'en est aucun.

» sur les applaudissements du parti, et sur le triste spectacle
» qu'il donne à l'Église. »

Massillon s'exprime avec la même sincérité dans une autre lettre adressée au Père Mercier, cordelier de Reims. «... Une » des plus grandes plaies que le Jansénisme ait faites au » christianisme, c'est d'avoir mis dans la bouche des femmes » et des simples laïcs, les points les plus relevés et les plus » incompréhensibles de nos mystères, et d'en avoir fait un » sujet de contestation et de dispute. C'est ce qui a répandu » l'irréligion ; et il n'y a pas loin pour les laïcs de la dispute » au doute et du doute à l'incrédulité..... »

Page xxxix. *Sur les charités que* Massillon *obtenoit de la Cour pour les pauvres de son diocèse.*

Ce n'étoit pas seulement à l'éloquence de Massillon, et à la considération qu'il s'étoit attirée par sa vertu, que le gouvernement accordoit les secours réclamés par ce prélat en faveur des malheureux ; c'étoit aussi par le désir de le ménager, et par la crainte, assurément bien mal fondée, de lui donner des mécontentements qui le déterminassent à se faire Janséniste. On ne vouloit pas que ce parti pût se glorifier d'un si illustre défenseur, et on appréhendoit que le respect de la plupart des évêques pour ce digne confrère, n'en entraînât plusieurs à suivre son exemple. Le cardinal de Fleury, par ce motif, ménageoit beaucoup Massillon, que cependant il n'aimoit pas. Massillon, de son côté, ménageoit aussi le ministre, mais par un motif plus noble, et pour en obtenir les secours qu'il demandoit en faveur des pauvres. Il disoit quelquefois, en plaisantant sur cette politique timide et réciproque du cardinal et de lui : *Nous nous craignons mutuellement, et nous sommes ravis tous deux d'avoir rencontré un poltron*. Il poussa cette *poltronnerie*, dont il convenoit si naïvement, jusqu'à n'oser confier son séminaire aux Oratoriens, ses anciens confrères, parce que le cardinal demanda la préférence pour d'autres. Massillon crut avoir à se repentir de cette foiblesse : *J'ai*, disoit-il, *ouvert la porte à l'ignorance, pour avoir la paix : j'aurois dû penser que, dans les prêtres comme dans les peuples, l'ignorance est bien plus à craindre que les lumières.*

Ce même cardinal de Fleury, peu empressé de faire valoir le mérite, craignoit l'éclat que Massillon auroit eu à Paris, s'il s'y étoit montré. Le ministre éloignoit avec soin toutes les occasions qui auroient pu amener dans cette ville l'évêque de Clermont; et cette nouvelle raison ne contribuoit pas peu à faire obtenir à Massillon toutes les grâces qu'il demandoit par ses lettres.

On doit regretter beaucoup que les premiers éditeurs de ses OEuvres n'aient pas publié des lettres si intéressantes, qui formeroient, dit-on, un volume considérable, et qui, jusqu'à présent, sont restées manuscrites. Ceux entre les mains de qui elles sont tombées, ne devroient pas priver le public, l'état et l'Église, de ce monument précieux d'éloquence et de charité.

Un prélat très-respectable qui vivoit encore au moment où cette note fut écrite, et que son mérite seul avoit fait évêque, ainsi que Massillon, assuroit que l'évêque de Clermont ne se contentoit pas, dans ses lettres au cardinal, de solliciter des secours pour les pauvres de son diocèse, mais qu'il osoit même lui faire quelquefois des reproches. Ce prélat disoit avoir lu une lettre très-éloquente et très-forte, que l'évêque écrivoit au ministre sur l'injustice de la guerre de 1741, et même un mandement qu'il avoit préparé en conséquence, et envoyé au cardinal. Ce mandement n'a point été imprimé dans le recueil des OEuvres de Massillon. Il y a apparence que le ministre engagea l'évêque à le supprimer : c'est grand dommage. Il eût été curieux de voir de quelle manière le sage Massillon auroit concilié, dans cet écrit pastoral, son respect pour l'autorité monarchique, avec les sentiments que lui inspiroit en ce moment l'administration, et son amour pour son roi, avec son amour plus grand encore pour l'humanité et la justice, qui lui paroissoient, disoit-il, également outragées dans cette guerre. C'est aux politiques vertueux et philosophes à décider s'il avoit raison. Nous ne sommes ici qu'historiens, et nous ne prenons pas la liberté de juger les maîtres du monde sur leurs querelles et sur leurs traités.

Au défaut de ce précieux mandement, nous insérerons ici une lettre touchante de l'évêque de Clermont au cardinal de Fleury, pour obtenir la diminution des impôts sur la province d'Auvergne.

« Monseigneur, je supplie très-humblement votre Émi-
» nence de ne pas trouver mauvais que je sollicite une fois
» son cœur paternel pour les pauvres peuples de cette pro-
» vince : je sens toute l'importunité de pareilles remontrances;
» mais, Monseigneur, si les misères du troupeau ne viennent
» pas jusqu'à vous par la voix du pasteur, par où pourroient-
» elles jamais y arriver ? Il y a long-temps que tous les états
» et toutes les compagnies de cette province me sollicitent
» de représenter à votre Éminence leur triste situation. Ce
» ne sont point des plaintes et des murmures de leur part,
» vous méritez trop de régner sur tous les cœurs; c'est uni-
» quement leur confiance en votre amour pour les peuples,
» qui emprunte ma voix. Ils vous regardent tous comme leur

»père et l'ange tutélaire de l'état, et sont trop persuadés que
» si, après avoir été informé de leurs besoins, vous ne les
» soulagez pas, c'est que le secours auroit peut-être des in-
» convénients plus dangereux que le besoin même, et que le
» bien public, qui est le grand objet du génie sage et univer-
» sel qui nous gouverne, rend certains maux particuliers iné-
» vitables.

» Il est d'abord de notoriété publique, Monseigneur, que
» l'Auvergne, province sans commerce et presque sans dé-
» bouché, est pourtant, de toutes les provinces du royaume,
» la plus chargée, à proportion, de subsides. Le conseil ne
» l'ignore pas ; ils sont poussés à plus de six millions, que le
» roi ne retireroit pas de toutes les terres d'Auvergne, s'il en
» étoit l'unique possesseur ; aussi, Monseigneur, les peuples
» de nos campagnes vivent dans une misère affreuse, sans
» lit, sans meubles ; la plupart même, la moitié de l'année,
» manquent de pain d'orge ou d'avoine, qui fait leur unique
» nourriture, et qu'ils sont obligés de s'arracher de la bouche
» et de celle de leurs enfants pour payer leurs impositions.

» J'ai la douleur d'avoir chaque année, Monseigneur,
» ce triste spectacle devant les yeux dans mes visites. Non,
» Monseigneur, c'est un fait certain, que dans tout le reste
» de la France, il n'y a pas de peuple plus pauvre et plus
» misérable que celui-ci ; il l'est au point, que les nègres de
» nos îles sont infiniment plus heureux ; car en travaillant,
» ils sont nourris et habillés, eux, leurs femmes et leurs en-
» fants ; au lieu que nos paysans, les plus laborieux du
» royaume, ne peuvent, avec le travail le plus opiniâtre,
» avoir du pain pour eux et pour leur famille, et payer leurs
» subsides ; s'il s'est trouvé, dans cette province, des in-
» tendants qui aient pu parler un autre langage, ils ont sa-
» crifié la vérité et leur conscience à une misérable fortune.

» Mais, Monseigneur, à cette indigence générale et ordi-
» naire de cette province, se sont jointes, ces trois der-
» nières années, des grêles et des stérilités qui ont achevé
» d'accabler les pauvres peuples. L'hiver dernier surtout a
» été si affreux, que si nous avons échappé à la famine, et à
» une mortalité générale, qui paroissoit inévitable, nous n'en
» avons été redevables qu'à un excès et à un empressement
» de charité, que des personnes de tous les états ont fait pa-
» roître pour prévenir tous les malheurs. Toutes les campa-
» gnes étoient désertes, et nos villes pouvoient à peine suffire
» à contenir la multitude innombrable de ces infortunés qui
» y venoient chercher du pain ; la bourgeoisie, la robe et le
» clergé, tout est venu à notre secours ; vous-même, Mon-
» seigneur, avez déterminé la bonté du roi à nous avancer
» soixante mille livres. C'est uniquement à la faveur de ce
» secours, que la moitié de nos terres, qui alloient toutes
» rester en friche par la rareté et la cherté excessive des
» grains, ont été ensemencées : le prix des grains a diminué
» de plus de moitié ; mais le pauvre peuple, qui, pour ense-
» mencer ses terres, a été obligé d'emprunter du roi et des
» particuliers, et d'acheter des grains d'un prix alors exorbi-
» tant, va être obligé, par la vileté du prix où ils sont main-
» tenant, d'en vendre trois fois autant qu'il en a reçu pour
» rembourser les avances qu'on lui a faites ; de sorte qu'il va
» retomber dans le même gouffre de misère, si votre Émi-
» nence n'a pas la charité de faire accorder cette année quel-
» que remise considérable sur les impositions que le conseil
» va régler incessamment. Au reste, Monseigneur, je supplie
» instamment votre Éminence de ne pas regarder ce que je
» prends la liberté de lui écrire, comme un excès de zèle
» épiscopal. Outre tout ce que je vous dois déjà, je vous dois
» encore plus la vérité ; ainsi, loin d'exagérer, je vous pro-

» teste, Monseigneur, que j'ai ménagé les expressions, afin
» de ne pas affliger votre cœur. Je ne doute pas que notre
» intendant, quoiqu'il craigne beaucoup de déplaire, n'en
» dise encore plus que moi ; que votre Éminence ait la bonté
» de s'en faire rendre compte : je sens bien que, dans une
» première place, on ne peut ni tout écouter ni remédier à
» tout ; cette maxime pouvoit être admise sous les ministères
» précédents ; mais sous le vôtre, tout est écouté: les grandes
» affaires qui décident du sort de l'Europe, ne vous font pas
» perdre de vue les plus petits détails. Rien ne vous échappe
» de cette immensité de soins, et rien presque ne paroît non-
» seulement vous accabler, mais même vous occuper. C'est
» dans cette confiance que j'ai hasardé cette lettre ; avec un
» vrai père, on ose tout, et quand on lui parle pour ses en-
» fants, on peut bien l'importuner, mais on est bien sûr
» qu'on n'a pas le malheur de lui déplaire. »

Page XLIII. *Sur le mélange du genre de* Massillon *et de celui de Bourdaloue dans un même Sermon.*

C'étoit l'ingénieux La Motte qui disoit ce que nous avons rapporté, qu'*un Sermon excellent à tous égards seroit celui dont le raisonneur Bourdaloue auroit fait le premier point, et le touchant Massillon le second.* Un critique plein de goût, et qui mérite qu'on lui réponde (tant d'autres ne méritent pas même qu'on les lise), M. de La Harpe ne pense pas comme La Motte, et croit qu'un Sermon de ce genre *seroit une étrange bigarrure.* Oui, sans doute, si dans le premier point Bourdaloue étoit raisonneur avec froideur et sécheresse, comme il ne l'est que trop souvent dans ses sermons ; mais non pas s'il étoit raisonneur avec éloquence, comme il lui arrive aussi quelquefois de l'être. Alors les deux genres pourroient s'allier ensemble, comme a fait Cicéron dans ses belles harangues, où il est doux et insinuant dans son exorde, vif et pressant dans ses moyens, touchant et pathétique dans la péroraison. C'est ainsi, et à cette seule condition, que Bourdaloue et Massillon pourroient paroître l'un après l'autre dans le même discours. Mais, sans doute, un discours *plus parfait encore*, comme nous l'avons dit, seroit celui où les talents des deux orateurs seroient fondus ensemble, et où le prédicateur sauroit joindre la raison à la sensibilité; car, quoi qu'en disent les âmes froides, il ne faut pas faire à la raison et à la sensibilité l'injure de croire qu'elles ne puissent être réunies l'une avec l'autre.

Il faut convenir que ce genre de discours, où l'on trouveroit à la fois Bourdaloue et Massillon, ne seroit pas fait pour toutes les espèces d'auditoires, et qu'au contraire un Sermon où l'on ne verroit que Massillon tout seul, seroit également goûté à la cour et dans les villages. Un curé de campagne disoit de ses paroissiens : *Ils m'écoutent toujours avec plaisir quand je leur prêche Massillon.*

On peut observer à cette occasion que, dans tous les genres d'écrire, les écrivains qui vont au cœur, sont venus après ceux dont la force fait le caractère ; Racine après Corneille, Massillon après Bourdaloue, Euripide après Sophocle, Cicéron après Démosthène. Seroit-il donc plus aisé d'être énergique que d'être sensible, et d'exagérer la nature que de s'y abandonner? Nous oserions peut-être dire qu'il est plus difficile à un écrivain d'être simple que d'être grand, si l'on pouvoit être grand sans être simple.

Sur le testament de Massillon.

Dans l'éloge de ce respectable prélat, nous avons parlé de ce testament, et du legs qu'il a fait aux pauvres. En voici deux autres articles, dont l'un marque son amour pour la paix, et l'autre sa justice à l'égard de sa famille, qu'il ne vouloit pas priver de ce qui devoit lui revenir légitimement de sa succession.

« Je demande tous les jours à Jésus-Christ qu'il calme » les troubles qui agitent l'Église de France, et qu'il daigne » y rétablir la paix que nous avons tâché de conserver dans » ce grand diocèse.... »

Et plus bas....

« Je déclare que je n'ai jamais rien retiré des biens de ma » famille depuis la mort de mon père; mais si j'ai conservé » quelque droit dans ces biens, soit pour ma légitime, soit » pour mon titre sacerdotal, je veux que le tout soit délaissé » à ceux de mes parents qui devroient de droit y succéder. »

NOTICE

SUR LA VIE ET LES ÉCRITS

DE MASSILLON.[1]

D'ALEMBERT observe, dans l'Éloge de l'évêque de Clermont, que l'obscurité de la naissance de cet orateur relève l'éclat de son mérite. Il nous semble que cette remarque s'appliqueroit mieux à l'auteur de l'Éloge qu'à celui qui en est l'objet. Les prodiges littéraires du grand siècle, et l'esprit philosophique, produisirent, vers le temps où d'Alembert parut, un changement sensible dans les mœurs de la nation. La considération commença à s'éloigner des rangs et de la naissance, pour s'attacher au génie et à la vertu. Les grands, qui s'en aperçurent, toujours jaloux de leur supériorité, se livrèrent, pour la conserver, à la culture des sciences et des lettres. Dès ce moment, tout homme qui, d'un état obscur, s'est élevé, par ses nobles efforts, au-dessus de ses contemporains, a des droits particuliers à notre admiration : il est sorti vainqueur d'une lutte engagée avec des rivaux qui avoient

[1] L'auteur de la Notice a cru pouvoir se dispenser d'y rappeler diverses circonstances de la vie de Massillon que l'Éloge dont cette Notice est précédée fait suffisamment connoître.

sur lui l'avantage de leur position. Mais au siècle où Massillon s'ouvrit, par le charme de son éloquence, une brillante carrière, la naissance et la fortune étoient encore entourées de prestiges et d'hommages. La vanité des hautes classes n'eût pas été flattée d'une illustration littéraire : elles laissoient le champ des sciences et des lettres aux classes inférieures, et ne se réservoient que l'honneur de la protection. Aussi les plus grands génies de ce siècle mémorable furent tous, à quelques exceptions près, des hommes sans naissance. Tels étoient Bossuet, Mascaron, Fléchier. Massillon ne doit donc pas être particulièrement loué, pour s'être élevé à côté de ces grands hommes, en sortant des mêmes rangs de la société. C'est d'ailleurs l'éducation qui nous forme; et celle de Massillon fut telle qu'on pouvoit la désirer.

Issu d'une famille honnête d'Hyères en Provence, Massillon fit ses études au collége de l'Oratoire de cette ville. La sagacité de son esprit, son amour pour le travail, ne tardèrent pas à le faire remarquer de ses instituteurs; et un instinct naturel, qui, s'il n'est pas la même chose que le goût, en est au moins le précurseur, laissa entrevoir de bonne heure ce qu'il pourroit être un jour pour la gloire de l'Église et des lettres. Fort jeune encore, Massillon se plaisoit déjà à entendre la parole sainte avec quelques-uns de ses condisciples. Le sermon fini, il les faisoit former en cercle, se plaçoit au milieu d'eux, et leur répétoit, d'un ton agréable et animé, ce que sa mémoire lui rappeloit du discours de l'orateur.

La tendresse paternelle s'égare quelquefois dans la direction de nos destinées. Le jeune Boileau, que son génie appelle sur les traces d'Horace et de Juvénal, est condamné à promener son ennui sur les bancs de l'école de droit et de la Sorbonne. L'auteur d'Athalie n'échappe lui-même à Barthole, que pour échoir à Saint-Thomas : s'il donne quelques heures aux pages riantes de l'Arioste, il expie bien vite ce tort sur la *Somme*. Le père de Massillon avoit aussi le projet de transmettre son état à son fils, et à peine celui-ci avoit-il achevé sa troisième, qu'il le retira du collége. Mais le supérieur de la congrégation, qui voyoit avec peine l'éloignement d'un sujet qui donnoit les plus grandes espérances, l'engagea ou lui permit de venir continuer ses études à l'Oratoire dans ses moments de loisir; et le jeune Massillon fit encore ses humanités sous les mêmes maîtres. Ses humanités finies, le visiteur de l'ordre lui proposa d'y entrer, et pressa vivement son père d'y consentir. L'un et l'autre se rendirent à ses désirs; et le 10 octobre 1681, Massillon entra à l'Oratoire, étant âgé de 18 ans accomplis.

On lit dans une notice anonime, qu'après avoir

fait sa théologie dans la société; Massillon fut nommé préfet de pension à la maison de Sainte-Julie; que la vivacité de son âge l'entraîna ensuite dans des écarts qui le firent renvoyer de l'ordre; mais qu'étant allé voir le supérieur du collége de Vienne, son ancien directeur d'institution, et l'ayant conjuré de le faire rentrer dans la compagnie, celui-ci le retint pour professer la rhétorique; et qu'au bout de quelques mois, ses torts étant oubliés, la congrégation lui confia la direction de l'un des principaux colléges de l'Artois; que cependant de nouvelles fautes appelèrent encore sur Massillon la sévérité de l'Oratoire; qu'il revint auprès du supérieur de Vienne pour obtenir une seconde fois son pardon; et que ce bon maître le lui promit de nouveau, mais à la condition qu'il feroit l'éloge funèbre de l'archevêque de cette ville, Henri de Villars, qui venoit alors de mourir. Ce fut par cette oraison, dit l'anonime, en terminant cet article, que le jeune Massillon débuta dans la carrière qu'il a depuis parcourue avec tant d'éclat.[1]

La plupart de ces assertions, qui n'ont pas même un nom pour garantie, sont dénuées de toute probabilité. D'abord Massillon s'est fait connoître dès sa jeunesse, par des principes et des mœurs très-rigides. Il poussoit ses scrupules au point de condamner

---

[1] Cette Notice est en tête de l'édition des œuvres de Massillon donnée par Béaucé en 1817, en 4 vol. in-8°.

non-seulement la représentation, mais encore la simple lecture de toutes les pièces de théâtre sans distinction : ce qui a fait dire au célèbre Arnauld, dans une lettre qu'il adressoit à Boileau, le 10 avril 1691, « ce ne sont pas les scrupules du P. Mas- » sillon qui ont été cause que j'ai tant différé à vous » écrire de l'Athalie. » Or il est difficile de croire qu'un ecclésiastique, qui s'étoit signalé par l'austérité de ses mœurs et de sa doctrine, ait tenu une conduite assez peu régulière pour faire prendre à son égard une mesure aussi rigoureuse que son renvoi de sa congrégation.

Quant à l'arrivée de Massillon à Vienne, et à son début dans le ministère de la chaire, les suppositions de l'anonime tombent devant le propre témoignage du jeune oratorien. En effet, dès le 17 août 1689, Massillon mandoit au général de l'ordre, que son talent et son inclination l'éloignoient de la chaire, et qu'il croyoit qu'une philosophie ou une théologie lui conviendroit mieux. Comment eût-il porté ce jugement sur son talent oratoire, s'il ne se fût pas déjà essayé dans la prédication? s'il n'avoit pas fait de bonne heure quelques essais qui n'avoient pas satisfait son propre goût? Il est vrai qu'au gré de ses désirs, il fut chargé de professer les belles-lettres et la théologie, d'abord à Pézénas, ensuite à Montbrison, et enfin à Vienne. Mais voici ce que lui-même nous apprend encore dans l'oraison funèbre de M. de Villars, relativement à son séjour et à ses travaux dans cette dernière ville : « Le ciel, » dit-il, n'avoit-il donc permis *que je vinsse être le* » *témoin de sa vie*, que pour me ménager de loin un » si triste et un si lugubre ministère ? *Contraint tant* » *de fois par sa modestie à supprimer ses louanges* » *dans la chaire évangélique*, falloit-il que je ne fusse » autorisé à les publier que par sa mort ? »

Massillon étoit donc fixé depuis long-temps à Vienne, et avoit déjà paru plusieurs fois dans la chaire chrétienne, lorsqu'il fut appelé à prononcer l'oraison de M. de Villars. Le jeune oratorien, ajoute un biographe,[1] avoit fait dans cette ville quelques panégyriques qui avoient déterminé ses supérieurs à l'appliquer au ministère de la parole. Peut-être même avoit-il déjà prononcé l'oraison de M. de Villeroy, archevêque de Lyon : car la mort de ce prélat date du 3 juin 1693, tandis que celle de l'archevêque de Vienne n'arriva que le 27 décembre de la même année.

Le lecteur sait que le brillant succès de ces deux discours fit craindre à l'humble orateur le démon de l'orgueil ; et qu'il alla s'ensevelir dans l'abbaye de Septfonts. Une note sur l'Éloge de Massillon, assigne à sa retraite la date de 1696. C'est à cette époque, selon le biographe ci-dessus cité, que Massillon en sortit. Ce biographe croit donc qu'il

---

[1] Biographie de MM. Michaud, article *Massillon*.

y étoit entré plus tôt ; et c'est aussi notre opinion. Un parti aussi violent que cette retraite n'a pu être le résultat d'une longue délibération. Il n'est pas présumable que Massillon l'ait médité deux ans. Il a dû s'y déterminer immédiatement ou peu de temps après ces succès dont il fut tant effrayé. On pourroit, d'après cela, fixer la date de sa retraite à l'année 1694.

Rappelé deux ans après, du fond de sa solitude, dans la capitale du royaume, l'abord de toutes les nations; Massillon recommença, si nous pouvons nous exprimer ainsi, sa brillante carrière. Car les oraisons funèbres et les panégyriques, composés dans sa première jeunesse, avoient bien pu le faire distinguer de la foule des prédicateurs, par une élocution soignée et quelques traits d'une beauté remarquable : mais il étoit né pour instruire les hommes plutôt que pour les célébrer; et il ne pouvoit s'assurer le premier rang parmi ceux qui ont instruit le monde, qu'en apprenant mieux que personne à le connoître :[1] ce n'est aussi qu'au centre de la politesse et de la magnificence qu'il pouvoit acquérir ce bon goût, ce ton noble, cette élégance et cette majesté de style qui feront à jamais le charme de ses lecteurs.

C'est par ses sermons, que notre éloquent ora-

---

[1] Suivant Voltaire, Massillon est l'orateur chrétien qui a le mieux connu le monde.

teur s'élève au-dessus de tout ce qui l'a précédé, et de tout ce qui l'a suivi dans le ministère de la parole. Les premiers qu'il prononça, sont les conférences adressées aux séminaristes de Saint-Magloire : véritables et excellents sermons, dit Laharpe, qui ne diffèrent des autres, que parce qu'ils se rapportent tous à un même ordre de la société, et qui sont pour les ministres de l'Église, ce que le Petit Carême est pour les grands. En 1698, il alla prêcher le carême à Montpellier, et se fit applaudir par un auditoire encore plein des sermons de Bourdaloue. Il paroît ensuite dans la cathédrale de Paris; Bourdaloue lui-même est au nombre de ses auditeurs, et s'écrie comme Jean-Baptiste parlant du Messie, *illum oportet crescere, me autem minui.* L'année suivante, il prêche le carême dans l'église de l'Oratoire, et reçoit de nouvelles félicitations. Ce fut alors qu'il avoua, dans les termes rapportés par d'Alembert, que *le diable* l'avoit instruit de ses forces. La renommée les publioit aussi partout : sa haute réputation lui attira, la même année, l'honneur de prêcher l'Avent dans la chapelle de Versailles. On sait le succès qu'il eut à la cour, dès sa première apparition, et les choses flatteuses que lui adressa Louis XIV.

Mais le plus beau jour de la vie de Massillon fut celui où il prononça pour la première fois son discours *sur le petit nombre des élus.* Il prêchoit à Paris, dans l'église de Saint-Eustache. « Il y eut, dit Voltaire,[1] un endroit où un transport de saisissement s'empara de tout l'auditoire; presque tout le monde se leva à moitié par un mouvement involontaire; le murmure d'acclamation et de surprise fut si fort, qu'il troubla l'orateur; et ce trouble ne servit qu'à augmenter le pathétique de ce morceau. Le voici : »

« Je suppose que c'est ici votre dernière heure,
» et la fin de l'univers; que les cieux vont s'ouvrir
» sur vos têtes; Jésus-Christ paroître dans sa gloire
» au milieu de ce temple, et que vous n'y êtes as-
» semblés que pour l'attendre, et comme des cri-
» minels tremblants, à qui l'on va prononcer, ou
» une sentence de grâce, ou un arrêt de mort éter-
» nelle : car vous avez beau vous flatter, vous mour-
» rez tels que vous êtes aujourd'hui; tous ces désirs
» de changements qui vous amusent, vous amuse-
» ront jusqu'au lit de la mort; c'est l'expérience
» de tous les siècles; tout ce que vous trouverez
» alors en vous de nouveau, sera peut-être un
» compte un peu plus grand que celui que vous
» auriez aujourd'hui à rendre; et sur ce que vous
» seriez, si l'on venoit vous juger dans le moment,
» vous pouvez presque décider de ce qui vous arri-
» vera au sortir de la vie.

» Or, je vous demande, et je vous le demande

[1] Dict. philos., article *Éloquence.*

» frappé de terreur, ne séparant pas en ce point
» mon sort du vôtre, et me mettant dans la même
» disposition où je souhaite que vous entriez ; je
» vous demande donc : si Jésus-Christ paroissoit
» dans ce temple au milieu de cette assemblée,
» pour nous juger, pour faire le terrible discerne-
» ment des boucs et des brebis, croyez-vous que le
» plus grand nombre de tout ce que nous sommes ici
» fût placé à sa droite? croyez-vous que les choses
» du moins fussent égales? croyez-vous qu'il s'y
» trouvât seulement dix justes, que le Seigneur ne
» put trouver autrefois en cinq villes tout en-
» tières? Je vous le demande, vous l'ignorez, et
» je l'ignore moi-même : vous seul, ô mon Dieu !
» connoissez ceux qui vous appartiennent; mais
» si nous ne connoissons pas ceux qui lui appar-
» tiennent, nous savons du moins que les pé-
» cheurs ne lui appartiennent pas. Or, qui sont les
» fidèles ici assemblés ? les titres et les dignités
» ne doivent être comptés pour rien ; vous en serez
» dépouillés devant Jésus-Christ : qui sont-ils? beau-
» coup de pécheurs qui ne veulent pas se convertir ;
» encore plus qui le voudroient, mais qui diffèrent
» leur conversion ; plusieurs autres qui ne se con-
» vertissent jamais que pour retomber; enfin un
» grand nombre qui croient n'avoir pas besoin de
» conversion : voilà le parti des réprouvés. Retran-
» chez ces quatre sortes de pécheurs de cette assem-

» blée sainte ; car ils en seront retranchés au grand
» jour : paroissez maintenant, justes ; où êtes-vous ?
» restes d'Israël, passez à la droite : froment de Jésus-
» Christ, démêlez-vous de cette paille destinée au
» feu : ô Dieu ! où sont vos élus ? et que reste-t-il
» pour votre partage ? »

«Cette figure, ajoute Voltaire, la plus hardie qu'on ait jamais employée, et en même temps la plus à sa place, est un des plus beaux traits d'éloquence qu'on puisse lire chez les nations anciennes et modernes ; et le reste du discours n'est pas indigne de cet endroit si brillant : de pareils chefs-d'œuvre sont très-rares. »

Massillon prononça une seconde fois ce sermon dans la chapelle de Versailles ; le même trait excita la même commotion, et on vit l'orateur couvrir son front de ses mains, et rester muet pendant quelques instants.

Ce fut pendant les carêmes de 1701 et de 1704, que Massillon se fit entendre de nouveau dans la chapelle de Louis XIV. La cour avoit perdu, dans l'intervalle de ces deux années, l'ingénieux Mascaron, qu'elle avoit si souvent applaudi : deux autres pertes plus sensibles, et même irréparables, affligèrent, dans la dernière année, le monde littéraire et chrétien : Bossuet et Bourdaloue cessèrent de vivre ; et, singulière destinée ! Massillon cessa dans le même temps d'être recherché du grand roi.

Quels motifs le firent donc écarter de la chaire de Versailles ? Ce fut premièrement la calomnie. Les mœurs de Massillon ne furent pas à l'abri de cette malignité qui n'avoit épargné ni Bossuet, ni Fénelon. Des fréquentations innocentes furent traitées de liaisons coupables. Le pieux oratorien se trouva compromis avec madame de l'Hôpital dans un vaudeville. L'auguste époux de madame de Maintenon étoit devenu fort scrupuleux. N'eût-il point cru à de perfides insinuations, il pouvoit être déterminé contre Massillon par une considération assez puissante : c'est qu'il ne suffit pas, pour le succès des fonctions sacerdotales, qu'un ministre n'ait rien à se reprocher ; il faut encore que sa vie soit sans reproche aux yeux du public.

Massillon avoit contre lui, en second lieu, sa qualité de prêtre de l'Oratoire. Les jésuites soupçonnoient cette congrégation d'être attachée au parti janséniste, contre lequel ils venoient de renouveler leurs querelles et leurs persécutions. Il est naturel dès-là qu'ils aient profité de leur ascendant sur le roi, dont ils dirigeoient la conscience, pour tenir tous les oratoriens éloignés de la cour. Aussi la disgrâce de Massillon fut partagée par tous ses confrères. Aucun de ceux que Louis XIV avoit l'habitude d'entendre dans la chaire de Versailles n'y fut rappelé pendant les onze dernières années de son règne. Sans doute les mêmes circonstances retardèrent aussi l'élévation de notre orateur à la dignité épiscopale.

Mais si Massillon n'eut pas plus long-temps l'honneur de porter la parole de Dieu devant le patriarche de la royauté; si la justice du prince ne l'éleva pas dès lors à cette dignité qu'il ne lui étoit pas permis d'ambitionner, il fut heureux par les nouveaux triomphes qu'il obtint en évangélisant les simples et les petits. En 1709, il prononça à Notre-Dame de Paris, son sermon *sur l'aumône*, qui renferme le sublime épisode de la disette de cette année : « Jamais, dit l'abbé Maury, aucune tragédie n'a fait verser plus de pleurs, ni excité de plus longs et douloureux gémissements, que ce tableau présenté par la religion à la commisération publique, en présence d'un peuple exténué. »

Dans la même année, Massillon fit l'éloge funèbre de M. le prince de Conti en l'église de Saint-André-des-Arcs. Le prince de Conti étoit ce petit-neveu du grand Condé, si fameux par ses grâces et par sa valeur, et qui fut un moment roi de Pologne. Ce discours fut applaudi dans la chaire; mais il ne soutint pas la réputation de l'orateur, lorsqu'il fut rendu public : on y trouva peu de mouvement, et une morale rétrécie.

Deux ans après, notre orateur prononça, à la Sainte-Chapelle, l'oraison funèbre du grand Dauphin, et ne réussit guère mieux. Ce discours n'a de bien remarquable que les portraits de Bossuet et de Montausier. Bossuet eût été sans doute avec plus de bonheur le panégyriste de son auguste élève; mais Montausier en avoit fait lui-même, en peu de mots, un éloge plus simple et plus vrai, après la prise de Philipsbourg :

« Monseigneur, écrivoit-il à ce prince, je ne vous fais point de compliment sur la prise de Philipsbourg : vous aviez une bonne armée, des bombes, du canon, et Vauban. Je ne vous en fais point aussi sur ce que vous êtes brave ; c'est une vertu héréditaire dans votre maison ; mais je me réjouis avec vous de ce que vous êtes libéral, généreux et humain, et faisant valoir les services de ceux qui font bien. »

Un discours d'un ordre plus relevé, qui se distingue non-seulement par la richesse de l'élocution et la magnificence des images, mais encore par une rare franchise, c'est l'oraison funèbre de Louis XIV. Quel exorde que ces mots : *Dieu seul est grand, mes Frères!* L'orateur passe ensuite en revue tout ce que le règne le plus mémorable offroit de brillant pour le prince, sans dissimuler toutefois ce qu'il y eut de malheureux pour le peuple. Mais pourquoi une mesure que l'humanité et la religion réprouvent, y est-elle mise au nombre des titres de gloire de Louis XIV? Comment cette bouche où respirent ordinairement la charité, la douceur, la paix, a-t-elle pu proclamer les louanges du zèle en délire qui persécute les hommes pour les gagner, et les immole pour les convertir? Non; un acte aussi contraire au véritable esprit du christianisme, que la révocation de l'édit de Nantes, n'auroit jamais dû trouver un apologiste en Massillon. Mais c'étoit l'erreur d'une grande partie de la France. Massillon n'est pas le seul de nos grands hommes qui l'ait partagée; Bossuet y fut aussi entraîné : tant il est vrai qu'ici-bas nul n'est exempt des foiblesses humaines!

Ici commence avec un nouveau règne, un nouvel ordre de choses. Le duc d'Orléans, devenu régent du royaume, voulut mettre un terme aux querelles religieuses. Il ne voyoit, dans les affaires du jansénisme, que les effets de l'ambition et de la jalousie des jésuites. En leur fermant le confessional du jeune roi, le prince l'ouvrit à l'abbé Fleury, homme aussi récommandable par sa piété que par sa doctrine. Il confia en même temps la direction des affaires ecclésiastiques à un conseil de conscience, composé d'un petit nombre de prélats et de magistrats les plus considérés pour leurs vertus, leurs lumières et leur attachement aux libertés de notre Église. Enfin, il acquitta envers Massillon la dette de Louis XIV. Il admit l'ingénieux oratorien au conseil de conscience, le nomma à l'évêché de Clermont, et, dans l'attente de ses bulles, le chargea de prêcher le Petit Carême devant Louis XV. Massillon se retire à la maison de campagne de sa congrégation, et, au bout de six semaines, en rapporte cet ouvrage immortel, où les besoins des peuples et les devoirs des princes sont exposés avec tant de charme et de franchise. L'effet extraordinaire que ces éloquentes instructions produisirent, surpassa toutes les espérances de l'orateur ; et, lorsqu'à la fin de son dernier sermon, il prit congé de la cour, en annonçant que sa nomination à l'évêché de Clermont ne lui permettoit plus de reparoître devant elle, l'auditoire, consterné, lui exprima par un murmure soudain, ses regrets unanimes.

Il ne manquoit plus rien à la gloire de Massillon ; mais il étoit de l'honneur de l'Académie françoise que le Racine de la chaire, et le Cicéron de la France siégeât dans son sein. Il y fut reçu par l'abbé Fleury, le 23 février 1719.

Le vertueux évêque de Clermont partit alors pour les montagnes de l'Auvergne ; mais il en revint dès l'année suivante,[1] et ce fut pour assister au sacre de l'abbé Dubois, appelé au siège de

---

[1] C'est à tort, comme l'on voit, que l'auteur de l'article *Massillon*, de la Biographie de MM. Michaud, prétend que l'évêque de Clermont ne revint de son diocèse qu'en 1721, pour prononcer l'oraison funèbre de Madame, duchesse d'Orléans.

Cambrai. On s'étonne que Massillon ait prêté les secours de son ministère à un homme dont les mœurs étoient si décriées. Mais pouvoit-il se refuser à la demande d'un ministre auquel il devoit son élévation? pouvoit-il être plus difficile et plus rigoureux envers lui que ne l'avoient été un prince régent et un pape qui ne lui devoient rien? Après tout, les mémoires du temps rapportent que tout ce qu'il y avoit de plus considérable dans le monde et dans le clergé sembla approuver par sa présence la cérémonie de ce sacre, qui se fit au Val-de-Grâce, le 9 juin 1720.

Cette condescendance de Massillon ne lui attira pas moins, dès ce temps-là, toutes sortes d'outrages publics et de satires clandestines. « Dernièrement (écrivoit alors Dubois lui-même), nous avons reçu l'un et l'autre une pancarte de la même écriture. Par un raffinement de malice diabolique, ce sont précisément des passages des sermons de ce digne prélat, que l'on a choisis pour nous *donner notre paquet* à tous deux, selon les termes de la lettre d'envoi. Dans le paquet donc de M. de Clermont, l'anonime lui reproche d'être un flatteur de cour, et de chercher à séduire par *les apparences de la vertu*. Dans le mien, conformément à la vieille routine de ces messieurs, on me reproche de n'être pas fils d'un duc et pair; ce qu'ils appellent *être né dans la boue.* » Mais les imputations de dissimulation et de flatterie ne pouvoient pas atteindre l'évêque de Clermont : son extrême bonté faisoit ici tout son crime.

A peine de retour dans son diocèse, la mort de Madame, duchesse d'Orléans, le fit rappeler à Paris, pour y prononcer l'éloge funèbre de cette princesse, qui l'appeloit *son bon ami*. Ce fut le dernier discours qu'il fit entendre dans la capitale.

Rentré pour jamais dans le cercle de ses fonctions épiscopales, Massillon se voua tout entier dès ce moment à la direction des pasteurs et à l'instruction du peuple. Il composa, pour les premiers, des discours synodaux et de nouvelles conférences, où dominent l'austérité et l'énergie. Il faisoit à son troupeau des exhortations familières d'une élégante simplicité. Il n'est pas jusqu'à ses loisirs qu'il n'ait rendus profitables à l'Église et à l'éloquence. Il les partagea entre les paraphrases des psaumes, la révision de ses manuscrits, et quelques autres travaux littéraires.

Ses Paraphrases des psaumes sont des monuments d'une éloquence tour à tour suave, pathétique et sublime. Le ravissement de l'âme qui contemple la grandeur et la beauté des ouvrages du Tout-Puissant; la consternation de celle qui, retombée sur elle-même, n'y voit qu'opprobre et misère; les doux épanchements de celle que la bonté divine a retirée de l'abîme, en lui tendant une main favorable : tout y est peint avec des couleurs aussi franches que poétiques : que dis-je ? tout y semble inspiré par la Divinité elle-même.

Ce ne fut qu'un délassement où l'amour-propre de l'auteur a dû mille fois se complaire, que la révision de ses manuscrits. Mais en même temps qu'elle a servi à faire disparoître des ouvrages de notre éloquent prélat quelques-unes de ces négligences auxquelles l'exposoit son extrême facilité; elle a été la source de nouveaux traits dont le lecteur pourroit être surpris, s'il n'étoit point prévenu de ce travail. Dans un de ses sermons, l'orateur parle à Louis XIV des désastres de Ramillies et de Malplaquet, et de la mort de presque toute sa postérité : tous événements postérieurs à l'année 1704, dans laquelle il parut, pour la dernière fois, devant ce monarque. Mais ces traits, toujours éloquents, sont de nouvelles richesses que l'évêque de Clermont nous a léguées.

Ainsi vécut l'un des plus grands orateurs chrétiens, le plus grand de tous, si Bossuet n'eût jamais existé. Après qu'il eut joui, pendant un demi siècle, de la gloire de ce monde, et recommandé son nom aux siècles à venir, Dieu le reçut dans le sein de sa gloire et de son immortalité.

Mast*****

PETIT CARÊME.

AVIS DE L'AUTEUR.

Ces Sermons ne sont que des entretiens particuliers, faits pour l'instruction du roi (Louis XV) avant sa majorité, et pour les personnes de la cour, qui composoient seules l'auditoire de la chapelle du château des Tuileries, quand ces discours y furent prononcés.

SERMON

POUR LA FÊTE

DE LA PURIFICATION

DE LA SAINTE VIERGE.

DES EXEMPLES DES GRANDS.

Ecce positus est hic in ruinam et in resurrectionem multorum in Israel.

Celui que vous voyez est établi pour la ruine et pour la résurrection de plusieurs en Israël. Luc. 2. 34.

SIRE,

TELLE est la destinée des rois et des princes de la terre, d'être établis pour la perte comme pour le salut du reste des hommes ; et quand le ciel les donne au monde, on peut dire que ce sont des bienfaits ou des châtiments publics que sa miséricorde ou sa justice prépare aux peuples.

Oui, Sire, en ce jour heureux où vous fûtes donné à la France, et où, porté dans le temple saint, le pontife vous marqua, sur les autels, du signe sacré de la foi, il fut vrai de dire de vous : Cet enfant auguste vient de naître pour la perte comme pour le salut de plusieurs.

Jésus-Christ, lui-même, prenant possession aujourd'hui, dans le temple, de sa nouvelle royauté, n'est pas exempt de cette loi. Il est vrai que ses exemples, ses miracles et sa doctrine, qui vont assurer le salut à tant de brebis d'Israël, ne deviendront une occasion de chute et de scandale pour le reste des Juifs, que par l'incrédulité qui les rendra plus inexcusables; et qu'ainsi le même Évangile, qui sera le salut et la rédemption des uns, sera la ruine et la condamnation des autres.

Heureux les princes et les grands, si leur sainteté toute seule étoit, pour les hommes corrompus, une occasion de censure et de scandale; et si leurs exemples, comme ceux de Jésus-Christ, ne devenoient l'écueil et la condamnation du vice qu'en le rendant plus inexcusable; en devenant l'appui et le modèle de la vertu !

Ainsi, mes Frères, vous que la Providence a élevés au-dessus des autres hommes; et vous surtout, Sire, vous que la main de Dieu, protectrice de cette monarchie, a comme retiré du milieu des ruines et des débris de la maison royale pour vous placer sur nos têtes ; vous qu'il a rallumé comme une étincelle précieuse dans le sein même des ombres de la mort, où il venoit d'éteindre toute votre auguste race, et où vous étiez sur le point de vous éteindre vous-même ; oui, Sire, je le répète, voilà les destinées que le ciel vous prépare : vous êtes établi pour la perte comme pour le salut de plusieurs : *Positus in ruinam et in resurrectionem multorum in Israel.*

Les exemples des princes et des grands roulent sur cette alternative inévitable : ils ne sauroient ni se perdre ni se sauver tout seuls. Vérité capitale qui va faire le sujet de ce discours.

PREMIÈRE PARTIE.

Sire, comme le premier penchant des peuples est d'imiter les rois, le premier devoir des rois est de donner de saints exemples aux peuples. Les hommes ordinaires ne semblent naître que pour eux seuls ; leurs vices ou leurs vertus sont obscurs comme leur destinée : confondus dans la foule, s'ils tombent ou s'ils demeurent fermes, c'est également à l'insçu du public ; leur perte ou leur salut se borne à leur personne : ou du moins leur exemple peut bien séduire et détourner quelquefois de la vertu ; mais il ne sauroit imposer et autoriser le vice.

Les princes et les grands, au contraire, ne semblent nés que pour les autres. Le même rang qui les donne en spectacle les propose pour modèles ; leurs mœurs forment bientôt les mœurs publiques : on suppose que ceux qui méritent nos hommages ne sont pas indignes de notre imitation : la foule n'a point d'autre loi que les exemples de ceux qui commandent : leur vie se reproduit, pour ainsi dire, dans le public ; et si leurs vices trouvent des censeurs, c'est d'ordinaire parmi ceux mêmes qui les imitent.

Aussi la même grandeur qui favorise les passions les contraint et les gêne ; et, comme dit un ancien, plus l'élévation semble nous donner de licence par l'autorité, plus elle nous en ôte par les bienséances.[1]

Mais d'où viennent ces suites inévitables que les exemples des grands ont toujours parmi les peuples ? le voici : du côté des peuples, c'est la vanité et l'envie de plaire ; du côté des grands, c'est l'étendue et la perpétuité.

Je dis la vanité du côté des peuples. Oui, mes Frères, le monde, toujours inexplicable, a de tout temps attaché également de la honte et au vice et à la vertu : il donne du ridicule à l'homme juste ; il perce de mille traits l'homme dissolu : les passions et les œuvres saintes fournissent la même matière à ses dérisions et à ses censures ; et par

[1] Ita, in maxima fortuna, minima licentia est. SALLUST.

une bizarrerie que ses caprices seuls peuvent justifier, il a trouvé le secret de rendre en même temps et le vice méprisable et la vertu ridicule. Or, les exemples de dissolution dans les grands, en autorisant le vice, en ennoblissent la honte et l'ignominie, et lui ôtent ce qu'il a de méprisable aux yeux du public : leurs passions deviennent bientôt dans les autres de nouveaux titres d'honneur, et la vanité seule peut leur former des imitateurs.

Notre nation surtout, ou plus vaine, ou plus frivole, comme on l'en accuse, ou, pour parler plus équitablement et lui faire plus d'honneur, plus attachée à ses maîtres et plus respectueuse envers les grands, se fait une gloire de copier leurs mœurs, comme un devoir d'aimer leur personne : on est flatté d'une ressemblance qui, nous rapprochant de leur conduite, semble nous rapprocher de leur rang. Tout devient honorable d'après de grands modèles ; et souvent l'ostentation toute seule nous jette dans des excès auxquels l'inclination se refuse. La ville croiroit dégénérer en ne copiant pas les mœurs de la cour : le citoyen obscur, en imitant la licence des grands, croit mettre à ses passions le sceau de la grandeur et de la noblesse ; et le désordre dont le goût lui-même se lasse bientôt, la vanité toute seule le perpétue.

Mais, Sire, d'un autre côté tout reprend sa place

dans un état où les grands, et le prince surtout, adorent le Seigneur. La piété est en honneur dès qu'elle a de grands exemples pour elle : les justes ne craignent plus ce ridicule que le monde jette sur la vertu, et qui est l'écueil de tant d'âmes foibles; on craint Dieu sans craindre les hommes; la vertu n'est plus étrangère à la cour; le désordre lui-même n'y va plus la tête levée, il est réduit à se cacher ou à se couvrir des apparences de la sagesse; la licence ne paroît plus revêtue de l'autorité publique; et si le vice n'y perd rien, le scandale du moins diminue. En un mot, les devoirs de la religion entrent dans l'ordre public; ils deviennent une bienséance que le monde lui-même nous impose : le culte peut encore être méprisé en secret par l'impie; mais il est vengé du moins par la majesté et la décence publique. Le temple saint peut encore voir au pied de ses autels des pécheurs et des incrédules; mais il n'y voit plus de profanateurs : le zèle de votre auguste bisaïeul avoit par des lois sévères puni souvent, et toujours flétri de son indignation et de sa disgrâce, ce scandale dans son royaume. Il peut se trouver encore des hommes corrompus qui refusent à Dieu leur cœur; mais ils n'oseroient lui refuser leurs hommages. En un mot, il peut être encore aisé de se perdre; mais du moins il n'est pas honteux de se sauver.

Or, quand l'exemple des grands ne serviroit qu'à

autoriser la vertu, qu'à la rendre respectable sur la terre, qu'à lui ôter ce ridicule impie et insensé que le monde lui donne, qu'à mettre les justes à couvert de la tentation des dérisions et des censures, qu'à établir qu'il n'est pas honteux à l'homme de servir le Dieu qui l'a fait naître et qui le conserve, que le culte qu'on lui rend est le devoir le plus glorieux et le plus honorable à la créature, et que le titre de serviteur du Très-Haut est mille fois plus grand et plus réel que tous les titres vains et pompeux qui entourent le diadème des souverains ; quand l'exemple des grands n'auroit que cet avantage, quel honneur pour la religion, et quelle abondance de bénédictions pour un empire !

Sire, heureux le peuple qui trouve ses modèles dans ses maîtres, qui peut imiter ceux qu'il est obligé de respecter, qui apprend dans leurs exemples à obéir à leurs lois, et qui n'est pas contraint de détourner ses regards de ceux à qui il doit des hommages !

Mais quand les exemples des grands ne trouveroient pas dans la vanité seule des peuples une imitation toujours sûre, l'intérêt, et l'envie de leur plaire, leur donneroit autant d'imitateurs de leurs actions, que leur autorité forme de prétendants à leurs grâces.

Le jeune roi Roboam oublie les conseils d'un père le plus sage des rois ; une jeunesse inconsidérée est bientôt appelée aux premières places, et partage ses faveurs en imitant ses désordres.

Les grands veulent être applaudis; et, comme l'imitation est de tous les applaudissements le plus flatteur et le moins équivoque, on est sûr de leur plaire dès qu'on s'étudie à leur ressembler : ils sont ravis de trouver dans leurs imitateurs l'apologie de leurs vices, et ils cherchent avec complaisance dans tout ce qui les environne de quoi se rassurer contre eux-mêmes.

Ainsi l'ambition, dont les voies sont toujours longues et pénibles, est charmée de se frayer un chemin plus court et plus agréable : le plaisir, d'ordinaire irréconciliable avec la fortune, en devient l'artisan et le ministre : les passions, déjà si favorisées par nos penchants, trouvent encore dans l'espoir de la récompense un nouvel attrait qui les anime ; tous les motifs se réunissent contre la vertu : et s'il est si malaisé de se défendre du vice qui plaît, qu'il est difficile de ne pas s'y livrer, lorsque de plus il nous honore !

Tel est, Sire, le malheur des grands que des passions injustes entraînent. Leur exemple corrompt tous ceux que leur autorité leur soumet : ils répandent leurs mœurs en distribuant leurs grâces ; tout ce qui dépend d'eux veut vivre comme eux. Sire, n'estimez dans les hommes que l'amour du devoir, et vos bienfaits ne tomberont que sur le mérite : condamnez dans les autres ce que vous ne sauriez vous justifier à vous-même. Les imitateurs des passions des grands insultent à leurs vices en les imitant. Quel malheur, quand le souverain, peu content de se livrer au désordre, semble le consacrer par les grâces dont il l'honore dans ceux qui en sont ou les imitateurs ou les honteux ministres ! quel opprobre pour un empire ! quelle indécence pour la majesté du gouvernement ! quel découragement pour une nation, et pour les sujets habiles et vertueux à qui le vice enlève les grâces destinées à leurs talents et à leurs services ! quel décri et quel avilissement pour le prince dans l'opinion des cours étrangères ! et delà quel déluge de maux dans le peuple ! les places occupées par des hommes corrompus ; les passions, toujours punies par le mépris, devenues la voie des honneurs et de la gloire ; l'autorité, établie pour maintenir l'ordre et la pudeur des lois, méritée par les excès qui les violent ; les mœurs corrompues dans leur source ; les astres qui devoient marquer nos routes, changés en des feux errants qui nous égarent ; les bienséances même publiques, dont le vice est toujours jaloux, renvoyées comme des usages surannés à l'antique gravité de nos pères ; le désordre débarrassé de la gêne même des ménagements ; la modération dans le vice devenue presque aussi ridicule que la vertu.

Mais, Sire, si la justice et la piété dans les grands prennent la place des passions et de la licence, quelle source de bénédictions pour les peuples! C'est la vertu qui distribue les grâces; c'est elle qui les reçoit : les honneurs vont chercher l'homme sage qui les mérite et qui les fuit, et fuient l'homme vendu à l'iniquité qui court après; les fonctions publiques ne sont confiées qu'à ceux qui se dévouent au bien public; le crédit et l'intrigue ne mènent à rien; le mérite et les services n'ont besoin que d'eux-mêmes; le goût même du souverain ne décide pas de ses largesses; rien ne lui paroît digne de récompense dans ses sujets que les talents utiles à la patrie; les faveurs annoncent toujours le mérite, ou le suivent de près; il n'y a de mécontents dans l'état que les hommes oiseux et inutiles; la paresse et la médiocrité murmurent toutes seules contre la sagesse et l'équité des choix; les talents se développent par les récompenses qui les attendent; chacun cherche à se rendre utile au public; et toute l'habileté de l'ambition se réduit à se rendre digne des places auxquelles on aspire. En un mot, les peuples sont soulagés, les foibles soutenus, les vicieux laissés dans la boue, les justes honorés, Dieu béni dans les grands qui tiennent ici-bas sa place; et si l'envie de leur plaire peut former des hypocrites, outre que le masque tombe tôt ou tard, et que l'hypocrisie se trahit toujours par quelque endroit elle-même, c'est du moins un hommage que le vice rend à la vertu, en s'honorant même de ses apparences.

Voilà du côté des peuples les suites que la vanité et l'envie de plaire attache toujours aux exemples des grands : de leur côté, c'est l'étendue et la perpétuité qui en font comme le signal ou du désordre ou de la vertu parmi les hommes.

DEUXIÈME PARTIE.

Je dis l'étendue, une étendue d'autorité : que de ministres de leurs passions n'enveloppent-ils pas dans leur condamnation et dans leur destinée!

Si un amour outré de la gloire les enivre, tout leur souffle la désolation et la guerre; et alors, Sire, que de peuples sacrifiés à l'idole de leur orgueil! que de sang répandu qui crie vengeance contre leur tête! que de calamités publiques dont ils sont les seuls auteurs! que de voix plaintives s'élèvent au ciel contre des hommes nés pour le malheur des autres hommes! que de crimes naissent d'un seul crime! Leurs larmes pourroient-elles jamais laver les campagnes teintes du sang de tant d'innocents? et leur repentir tout seul peut-il désarmer la colère du ciel, tandis qu'il laisse encore après lui tant de troubles et de malheurs sur la terre?

Sire, regardez toujours la guerre comme le plus

grand fléau dont Dieu puisse affliger un empire : cherchez à désarmer vos ennemis plutôt qu'à les vaincre. Dieu ne vous a confié le glaive que pour la sûreté de vos peuples, et non pour le malheur de vos voisins. L'empire sur lequel le ciel vous a établi est assez vaste : soyez plus jaloux d'en soulager les misères que d'en étendre les limites ; mettez plutôt votre gloire à réparer les malheurs des guerres passées, qu'à en entreprendre de nouvelles; rendez votre règne immortel par la félicité de vos peuples, plus que par le nombre de vos conquêtes ; ne mesurez pas sur votre puissance la justice de vos entreprises ; et n'oubliez jamais que, dans les guerres les plus justes, les victoires traînent toujours après elles autant de calamités pour un état que les plus sanglantes défaites.

Mais si l'amour du plaisir l'emporte dans les souverains sur la gloire, hélas! tout sert à leurs passions, tout s'empresse pour en être les ministres, tout en facilite le succès, tout en réveille les désirs, tout prête des armes à la volupté : des sujets indignes la favorisent ; les adulateurs lui donnent des titres d'honneur ; des auteurs profanes la chantent et l'embellissent ; les arts s'épuisent pour en diversifier les plaisirs; tous les talents destinés par l'Auteur de la nature à servir à l'ordre et à la décoration de la société, ne servent plus qu'à celle du vice ; tout devient les ministres, et par-là, les complices de leurs passions injustes. Sire, qu'on est à plaindre dans la grandeur! les passions, qui s'usent par le temps, s'y perpétuent par les ressources; les dégoûts, toujours inséparables du désordre, y sont réveillés par la diversité des plaisirs; le tumulte seul, et l'agitation qui environne le trône, en bannit les réflexions, et ne laisse jamais un instant le souverain avec lui-même. Les Nathans eux-mêmes, les prophètes du Seigneur, se taisent et s'affoiblissent en l'approchant : tout lui met sans cesse sous l'œil sa gloire; tout lui parle de sa puissance; et personne n'ose lui montrer même de loin ses foiblesses.

A l'étendue de l'autorité ajoutez encore une étendue d'éclat; ce n'est pas à leur nation seule que se borne l'impression et l'effet contagieux de leurs exemples. Les grands sont en spectacle à tout l'univers; leurs actions passent de bouche en bouche, de province en province, de nation en nation : rien n'est privé dans leur vie; tout appartient au public : l'étranger, dans les cours les plus éloignées, a les yeux sur eux comme le citoyen : ils vont se faire des imitateurs jusque dans les lieux où leur puissance leur forme des ennemis; le monde entier se sent de leurs vertus ou de leurs vices; ils sont, si je l'ose dire, citoyens de l'univers : au milieu de tous les peuples se passent des événements qui prennent leur source dans leurs exemples; ils sont chargés devant Dieu de la justice ou des iniquités des nations; et leurs vices ou leurs vertus ont des bornes encore plus étendues que celles de leur empire.

La France surtout, qui depuis long-temps fixe tous les regards de l'Europe, est encore plus en spectacle qu'aucune autre nation ; les étrangers y viennent en foule étudier nos mœurs, et les porter ensuite dans les contrées les plus éloignées : nous y voyons même les enfants des souverains s'éloigner des plaisirs et de la magnificence de leur cour, venir ici comme des hommes privés substituer à la langue et aux manières de leur nation la politesse de la nôtre, et, comme le trône a toujours leurs premiers regards, se former sur la sagesse et la modération, ou sur l'orgueil et les excès du prince qui le remplit. Sire, montrez-leur un souverain qu'ils puissent imiter : que vos vertus et la sagesse de votre gouvernement les frappent encore plus que votre puissance ; qu'ils soient encore plus surpris de la justice de votre règne que de la magnificence de votre cour : ne leur montrez pas vos richesses, comme ce roi de Juda aux étrangers venus de Babylone ; montrez-leur votre amour pour vos sujets, et leur amour pour vous ; qui est le véritable trésor des souverains : soyez le modèle des bons rois ; et en faisant l'admiration des étrangers, vous ferez le bonheur de vos peuples.

Mais ce n'est pas seulement aux hommes de leur siècle que les princes et les grands sont redevables ; leurs exemples ont un caractère de perpétuité qui intéresse tous les siècles à venir.

Les vices ou les vertus des hommes du commun meurent d'ordinaire avec eux; leur mémoire périt avec leur personne : le jour de la manifestation tout seul révélera leurs actions aux yeux de l'univers ; mais, en attendant, leurs œuvres sont ensevelies, et reposent sous l'obscurité du même tombeau que leurs cendres.

Mais les princes et les grands, Sire, sont de tous les siècles ; leur vie, liée avec les événements publics, passe avec eux d'âge en âge ; leurs passions, ou conservées dans des monuments publics, ou immortalisées dans nos histoires, ou chantées par une poésie lascive, iront encore préparer des piéges à la dernière postérité : le monde est encore plein d'écrits pernicieux qui ont transmis jusqu'à nous les désordres des cours précédentes : les dissolutions des grands ne meurent point ; leurs exemples prêcheront encore le vice ou la vertu à nos plus reculés neveux, et l'histoire de leurs mœurs aura la même durée que celle de leur siècle.

Que d'engagements heureux, Sire, leur état seul ne forme-t-il pas aux grands et aux rois pour la piété et pour la justice ! S'ils y trouvent plus d'attraits pour le vice, que de puissants motifs n'y trouvent-ils pas aussi pour la vertu ! quelle noble retenue ne doit pas accompagner des actions qui seront écrites en caractères ineffaçables dans le livre de la postérité ! quelle gloire mieux placée que de ne point se livrer à des vices et à des passions dont le souvenir souillera l'histoire de tous les temps et les hommes de tous les siècles ! quelle émulation plus louable que de laisser des exemples qui deviendront les titres les plus précieux de la monarchie, et les monuments publics de la justice et de la vertu ! enfin, quoi de plus grand que d'être né pour le bonheur même des siècles à venir, de compter que nos exemples seuls formeront une succession de vertu et de crainte du Seigneur parmi les hommes, et que de nos cendres mêmes, il en renaîtra d'âge en âge des princes qui nous seront semblables !

Telle est, Sire, la destinée des bons rois ; et tel fut votre auguste bisaïeul, ce grand roi que nous vous proposerons toujours pour modèle : hélas ! il le sera de tous les rois à venir. N'oubliez jamais ces derniers moments où cet héroïque vieillard, comme aujourd'hui Siméon, vous tenant entre ses bras, vous baignant de ses larmes paternelles, et offrant au Dieu de ses pères ce reste précieux de sa race royale, quitta la vie avec joie, puisque ses yeux voyoient l'enfant miraculeux que Dieu réservoit encore pour être le salut de la nation et la gloire d'Israël.

Sire, ne perdez jamais de vue ce grand spectacle, ce père des rois mourant, et voyant revivre en vous seul l'espérance de toute sa postérité éteinte; recommandant votre enfance à la tendre et respectable dépositaire [1] de votre première éducation, laquelle, en formant vos premières inclinations, et pour ainsi dire vos premières paroles, fut sur le point de recueillir vos derniers soupirs; confiant le sacré dépôt de votre personne au pieux prince [2] qui vous inspire des sentiments dignes de votre sang; à l'illustre maréchal [3] qui a reçu comme une vertu héréditaire la science d'élever les rois, et qui, devenu un des premiers sujets de l'état, vous apprendra à devenir le plus grand roi de votre siècle; au prélat fidèle [4] qui, après avoir gouverné sagement l'Église, lui formera en vous son plus zélé protecteur; enfin, à toute la nation, dont vous êtes en même temps et le précieux pupille et le père.

Puissiez-vous, Sire, n'effacer jamais de votre souvenir les maximes de sagesse que ce grand prince vous laissa dans ces derniers moments comme un héritage plus précieux que sa couronne!

Il vous exhorta à soulager vos peuples; soyez-en le père, et vous en serez doublement le maître.

---

[1] Madame la duchesse de Ventadour.
[2] Le duc du Maine.
[3] Le maréchal de Villeroi.
[4] L'ancien évêque de Fréjus.

Il vous inspira l'horreur de la guerre, et vous exhorta de ne pas suivre là-dessus son exemple : soyez un prince pacifique; les conquêtes les plus glorieuses sont celles qui nous gagnent les cœurs.

Il vous avertit de craindre le Seigneur : marchez devant lui dans l'innocence; vous ne régnerez heureusement qu'autant que vous régnerez saintement.

Sire, que les dernières paroles de ce grand roi, de ce patriarche de votre famille royale, soient, comme celles du patriarche Jacob mourant, les prédictions de ce qui doit arriver un jour à sa race! et puissent ses dernières instructions devenir la prophétie de votre règne!

Ainsi soit-il.

SERMON

POUR LE PREMIER DIMANCHE

DE CARÊME.

SUR LES TENTATIONS DES GRANDS.

Jesus ductus est in desertum a spiritu, ut tentaretur a diabolo.

Jésus fut conduit par l'esprit dans le désert, pour y être tenté par le diable. Matth. 4. 1.

Sire,

Les signes éclatants qui avoient accompagné la naissance et les commencements de la vie de Jésus-Christ, ne permettoient pas au démon d'ignorer que le Très-Haut ne le destinât à de grandes choses.

Plus il entrevoit les premières lueurs de sa grandeur future, plus il se hâte de lui dresser des piéges. Sa descendance des rois de Juda, son droit à la couronne de ses ancêtres, les prophéties qui annonçoient que, dans les derniers temps, Dieu sus-citeroit de la race de David le prince de la paix et le libérateur de son peuple, tout ce qui annonce la grandeur de Jésus-Christ, arme la malice du tentateur contre son innocence.

Les grands, Sire, sont les premiers objets de sa fureur : plus exposés que les autres hommes à ses séductions et à ses piéges, il commence de bonne heure à leur en préparer ; et comme leur chute lui répond de celle de tous ceux presque qui dépendent d'eux, il rassemble tous ses traits pour les perdre.

Changez ces pierres en pain,[1] dit-il à Jésus-Christ. Il l'attaque d'abord par le plaisir ; et c'est le premier piége qu'il dresse à leur innocence.

Puisque vous êtes Fils de Dieu, ajoute-t-il, il enverra ses anges pour vous garder.[2] Il continue par l'adulation ; et c'est un trait encore plus dangereux dont il empoisonne leur âme.

Enfin, je vous donnerai les royaumes du monde, et toute leur gloire.[3] Il finit par l'ambition ; et c'est la dernière et la plus sûre ressource qu'il emploie pour triompher de leur foiblesse.

Ainsi le plaisir commence à leur corrompre le cœur ; l'adulation l'affermit dans l'égarement et lui ferme toutes les voies de la vérité ; l'ambition consomme l'aveuglement, et achève de creuser le pré-

[1] Matth. 4. 3. — [2] Ibid. 6. — [3] Ibid. 8. 9.

cipice. Exposons ces vérités importantes, après avoir imploré, etc. *Ave, Maria.*

PREMIÈRE PARTIE.

Sire, le premier écueil de notre innocence, c'est le plaisir. Les autres passions, plus tardives, ne se développent et ne mûrissent, pour ainsi dire, qu'avec la raison : celle-ci la prévient, et nous nous trouvons corrompus avant presque d'avoir pu connoître ce que nous sommes : ce penchant infortuné, qui souille tout le cours de la vie des hommes, prend toujours sa source dans les premières mœurs; c'est le premier trait empoisonné qui blesse l'âme; c'est lui qui efface sa première beauté, et c'est de lui que coulent ensuite tous ses autres vices.

Mais ce premier écueil de la vie humaine devient comme l'écueil privilégié de la vie des grands. Dans les autres hommes, cette passion déplorable n'exerce jamais qu'à demi son empire; les obstacles la traversent, la crainte des discours publics la retient, l'amour de la fortune la partage.

Dans les princes et dans les grands, ou elle ne trouve point d'obstacles, ou les obstacles eux-mêmes, facilement écartés, l'enflamment et l'irritent. Hélas! quels obstacles a jamais trouvé là-dessus la volonté de ceux qui tiennent en leurs mains la fortune publique? les occasions préviennent presque leurs désirs; leurs regards, si j'ose parler ainsi, trouvent partout des crimes qui les attendent; l'indécence du siècle et l'avilissement des cours honorent même d'éloges publics les attraits qui réussissent à les séduire : on rend des hommages indignes à l'effronterie la plus honteuse; un bonheur si honteux est regardé avec envie, au lieu de l'être avec exécration; et l'adulation publique couvre l'infamie du crime public. Non, Sire, les princes, dès qu'ils se livrent au vice, ne connoissent plus d'autre frein que leur volonté, et leurs passions ne trouvent pas plus de résistance que leurs ordres.

David veut jouir de son crime : l'élite de son armée est bientôt sacrifiée; et par-là périt le seul témoin incommode à son incontinence. Rien ne coûte et rien ne s'oppose aux passions des grands : ainsi la facilité des passions en devient un nouvel attrait; devant eux toutes les voies du crime s'aplanissent, et tout ce qui plaît est bientôt possible.

La crainte du public est un autre frein pour la licence du commun des hommes. Quelque corrompues que soient nos mœurs, le vice n'a pas encore perdu parmi nous toute sa honte : il reste encore une sorte de pudeur publique qui nous force à le cacher; et le monde lui-même, qui semble s'en faire honneur, lui attache pourtant encore une espèce de flétrissure et d'opprobre : il favorise les passions, et il impose pourtant des bienséances qui les gênent ; il fait des leçons publiques du vice et de la volupté, et il exige pourtant le secret et une sorte de ménagement de ceux qui s'y livrent.

Mais les princes et les grands ont secoué ce joug : ils ne font pas assez de cas des hommes pour redouter leurs censures ; les hommages publics qu'on leur rend les rassurent sur le mépris secret qu'on a pour eux : ils ne craignent pas un public qui les craint et qui les respecte ; et, à la honte du siècle, ils se flattent avec raison qu'on a pour leurs passions les mêmes égards que pour leur personne. La distance qu'il y a d'eux au peuple le leur montre dans un point de vue si éloigné, qu'ils le regardent comme s'il n'étoit pas : ils méprisent des traits partis de si loin, et qui ne sauroient venir jusqu'à eux ; et presque toujours devenus les seuls objets de la censure publique, ils sont les seuls qui l'ignorent.

Ainsi plus on est grand, Sire, plus on est redevable au public. L'élévation, qui blesse déjà l'orgueil de ceux qui nous sont soumis, les rend des censeurs plus sévères et plus éclairés de nos vices : il semble qu'ils veulent regagner par les censures ce qu'ils perdent par la soumission ; ils se vengent de la servitude par la liberté des discours. Non, Sire, les grands se croient tout permis, et on ne pardonne rien aux grands ; ils vivent comme s'ils n'avoient point de spectateurs, et cependant ils sont tout seuls comme le spectacle éternel du reste de la terre.

Enfin, l'ambition et l'amour de la fortune dans les autres hommes partage l'amour du plaisir; les soins qu'elle exige sont autant de moments dérobés à la volupté; le désir de parvenir suspend du moins des passions qui, de tout temps, en ont été l'obstacle : on ne sauroit allier les mouvements sages et mesurés de l'ambition avec le loisir, l'oisiveté; et presque toujours le dérangement et les extravagances du vice : en un mot, la débauche a toujours été l'écueil inévitable de l'élévation; et jusques ici les plaisirs ont arrêté bien des espérances de fortune, et l'ont rarement avancée.

Mais les princes et les grands, qui n'ont plus rien à désirer du côté de la fortune, n'y trouvent rien aussi qui gêne leurs plaisirs : la naissance leur a tout donné; ils n'ont plus qu'à jouir, pour ainsi dire, d'eux-mêmes : leurs ancêtres ont travaillé pour eux; le plaisir devient l'unique soin qui les occupe : ils se reposent de leur élévation sur leurs titres; tout le reste est pour les passions.

Aussi les enfants des hommes illustres sont d'ordinaire les successeurs du rang et des honneurs de leurs pères, et ne le sont pas de leur gloire et de leurs vertus : l'élévation dont la naissance les met en possession les empêche toute seule de s'en rendre dignes : héritiers d'un grand nom, il leur paroît inutile de s'en faire un à eux-mêmes ; ils goûtent les fruits d'une gloire dont ils n'ont pas goûté l'amertume : le sang et les travaux de leurs ancêtres deviennent le titre de leur mollesse et de leur oisiveté : la nature a tout fait pour eux, elle ne laisse plus rien à faire au mérite ; et souvent l'époque glorieuse de l'élévation d'une race devient un moment après, elle-même, sous un indigne héritier, le signal de sa décadence et de son opprobre : les exemples là-dessus sont de toutes les nations et de tous les siècles.

Salomon avoit porté la gloire de son nom jusqu'aux extrémités de la terre ; l'éclat et la magnificence de son règne avoit surpassé celle de tous les rois d'Orient : un fils insensé devient le jouet de ses propres sujets, et voit dix tribus se choisir un nouveau maître. Les enfants de la gloire et de la magnificence sont rarement les enfants de la sagesse et de la vertu ; et il est presque plus rare de soutenir la gloire et les honneurs auxquels on succède, que de les acquérir soi-même.

DEUXIÈME PARTIE.

Le plaisir est donc le premier écueil des grands, et c'est par-là que le tentateur commence à les séduire ; il continue par l'adulation. Le plaisir corrompt le cœur par le vice ; l'adulation achève de le fermer à la vertu. Les attraits qui environnent le trône soufflent de toutes parts la volupté ; l'adulation la justifie. Le désordre laisse toujours au fond de l'âme le ver dévorant ; mais le flatteur traite le remords de foiblesse, enhardit la timidité du crime, et lui ôte la seule ressource qui pouvoit le ramener à la pudeur de l'ordre et de la raison.

Sire, quel fléau pour les grands, que ces hommes nés pour applaudir à leurs passions, ou pour dresser des piéges à leur innocence ! quel malheur pour les peuples, quand les princes et les puissants se livrent à ces ennemis de leur gloire, parce qu'ils le sont de la sagesse et de la vérité ! Les fléaux des guerres et des stérilités sont des fléaux passagers; et des temps plus heureux ramènent bientôt la paix et l'abondance : les peuples en sont affligés ; mais la sagesse du gouvernement leur laisse espérer des ressources. Le fléau de l'adulation ne permet plus d'en attendre ; c'est une calamité pour l'état, qui en promet toujours de nouvelles : l'oppression des peuples déguisée au souverain ne leur annonce que des charges plus onéreuses ; les gémissements les plus touchants que forme la misère publique passent bientôt pour des murmures ; les remontrances les plus justes et les plus respectueuses, l'adulation les travestit en une témérité punissable; et l'impossibilité d'obéir n'a plus d'autre nom que la rébellion et la mauvaise volonté qui refuse. Que le Seigneur,' disoit autrefois un saint roi, confonde ces langues trompeuses et ces lèvres fausses qui cherchent à nous perdre, parce qu'elles ne s'étudient qu'à nous plaire!

Sire, défiez-vous de ceux qui, pour autoriser les profusions immenses des rois, leur grossissent sans cesse l'opulence de leurs peuples. Vous succédez à une monarchie florissante, il est vrai, mais que les pertes passées ont accablée : le zèle de vos sujets est inépuisable; mais ne mesurez pas là-dessus les droits que vous avez sur eux : leurs forces ne répondront de long-temps à leur zèle, les nécessités de l'état les ont épuisées; laissez-les respirer de leur accablement : vous augmenterez vos ressources en augmentant leur tendresse. Écoutez les conseils des sages et des vieillards auxquels votre enfance est confiée, et qui présidèrent aux conseils de votre auguste bisaïeul; et souvenez-vous de ce jeune roi de Juda dont je vous ai déjà cité l'exemple, qui, pour avoir préféré les avis d'une jeunesse inconsidérée à la sagesse et à la maturité de ceux aux conseils desquels Salomon son père étoit redevable de la gloire et de la prospérité de son règne, et qui lui conseilloient d'affermir les commencements du sien par le soulagement de ses peuples, vit un nouveau royaume se

' Ps. 11. 4.

former des débris de celui de Juda; et pour avoir voulu exiger de ses sujets au delà de ce qu'ils lui devoient, il perdit leur amour et leur fidélité qui lui étoit due. Les conseils agréables sont rarement des conseils utiles; et ce qui flatte les souverains fait d'ordinaire le malheur des sujets.

Oui, Sire, par l'adulation les vices des grands se fortifient; leurs vertus mêmes se corrompent. Leurs vices se fortifient : et quelle ressource peut-il rester à des passions qui ne trouvent autour d'elles que des éloges? Hélas! comment pourrions-nous haïr et corriger ceux de nos défauts que l'on loue, puisque ceux mêmes qu'on censure trouvent encore au dedans de nous, non-seulement des penchants, mais des raisons même qui les défendent? Nous nous faisons à nous-mêmes l'apologie de nos vices : l'illusion peut-elle se dissiper, lorsque tout ce qui nous environne nous les donne pour des vertus?

Leurs vertus mêmes se corrompent; c'est l'expérience de tous les siècles, disoit Assuérus : les suggestions flatteuses des méchants ont toujours perverti les inclinations louables des meilleurs princes, et les plus anciennes histoires nous en fournissent des exemples : *Et ex veteribus probatur historiis.... quomodo malis quorumdam suggestionibus regum studia depraventur.*[1] C'étoit un roi infidèle qui faisoit cet aveu public à ses sujets : les conseils

[1] Esth. 16. 7.

spécieux et iniques d'un flatteur alloient souiller toute la gloire de son empire ; la fidélité du seul Mardochée arrêta le bras prêt à tomber sur les innocents. Un seul sujet fidèle décide souvent de la félicité d'un règne et de la gloire du souverain ; et il ne faut aussi qu'un seul adulateur pour flétrir toute la gloire du prince, et faire tout le malheur d'un empire.

En effet, l'adulation enfante l'orgueil, et l'orgueil est toujours l'écueil fatal de toutes les vertus. L'adulateur, en prêtant aux grands les qualités louables qui leur manquent, leur fait perdre celles mêmes que la nature leur avoit données ; il change en sources de vice des penchants qui étoient en eux des espérances de vertu : le courage dégénère en présomption ; la majesté qu'inspire la naissance, qui sied si bien au souverain, n'est plus qu'une vaine fierté qui l'avilit et le dégrade ; l'amour de la gloire, qui coule en eux avec le sang des rois, leurs ancêtres, devient une vanité insensée, qui voudroit voir l'univers entier à leurs pieds, qui cherche à combattre seulement pour avoir l'honneur frivole de vaincre, et qui, loin de dompter leurs ennemis, leur en fait de nouveaux, et arme contre eux leurs voisins et leurs alliés : l'humanité, si aimable dans l'élévation, et qui est comme le premier sentiment qu'on verse dès l'enfance dans l'âme des rois, se bornant à des largesses outrées et à une familiarité sans réserve pour un petit nombre de favoris, ne leur laisse plus qu'une dure insensibilité pour les misères publiques : les devoirs mêmes de la religion, dont ils sont les premiers protecteurs, et qui avoient fait la plus sérieuse occupation de leur premier âge, ne leur paroissent plus bientôt que les amusements puérils de l'enfance. Non, Sire, les princes naissent d'ordinaire vertueux, et avec des inclinations dignes de leur sang : la naissance nous les donne tels qu'ils devroient être ; l'adulation toute seule les fait tels qu'ils sont.

Gâtés par les louanges, on n'oseroit plus leur parler le langage de la vérité : eux seuls ignorent dans leur état ce qu'eux seuls devroient connoître ; ils envoient des ministres pour être informés de ce qui se passe de plus secret dans les cours et dans les royaumes les plus éloignés, et personne n'oseroit leur apprendre ce qui se passe dans leur royaume propre ; les discours flatteurs assiégent leur trône, s'emparent de toutes les avenues, et ne laissent plus d'accès à la vérité. Ainsi le souverain est seul étranger au milieu de ses peuples ; il croit manier les ressorts les plus secrets de l'empire, et il en ignore les événements les plus publics : on lui cache ses pertes, on lui grossit ses avantages, on lui diminue les misères publiques ; on le joue à force de le respecter : il ne voit plus rien tel qu'il est ; tout lui paroît tel qu'il le souhaite.

Telles sont les tristes suites de l'adulation. Cependant, Sire, c'est là le vice le plus commun des cours, et l'écueil des meilleurs princes. A peine le jeune roi Joas eut-il perdu le fidèle pontife Joïada, ce sage tuteur de son enfance, et le seul homme par qui la vérité alloit encore jusqu'aux pieds de son trône ; que, séduit par les flatteries des courtisans, dit l'Écriture, il se livra à leurs mauvais conseils et à ses propres foiblesses : *Delinitus obsequiis eorum, acquievit eis.*[1]

C'est l'adulation qui fait d'un bon prince un prince né pour le malheur de son peuple : c'est elle qui fait du sceptre un joug accablant ; et qui, à force de louer les foiblesses des rois, rend leurs vertus mêmes méprisables.

Oui, Sire, quiconque flatté ses maîtres les trahit : la perfidie qui les trompe est aussi criminelle que celle qui les détrône : la vérité est le premier hommage qu'on leur doit ; il n'y a pas loin de la mauvaise foi du flatteur à celle du rebelle : on ne tient plus à l'honneur et au devoir dès qu'on ne tient plus à la vérité, qui seule honore l'homme, et qui est la base de tous les devoirs. La même infamie qui punit la perfidie et la révolte devroit être destinée à l'adulation : la sûreté publique doit suppléer aux lois, qui ont omis de la compter parmi les grands crimes auxquels elles décernent des sup-

[1] 2. Paral. 24. 17.

plices : car il est aussi criminel d'attenter à la bonne foi des princes qu'à leur personne sacrée ; de manquer à leur égard de vérité, que de manquer de fidélité ; puisque l'ennemi qui veut nous perdre est encore moins à craindre que l'adulateur qui ne cherche qu'à nous plaire.

Mais l'adulation la plus dangereuse est dans la bouche de ceux qui, par la sainteté de leur caractère, sont établis les ministres de la vérité. Allez, dit le Seigneur à l'esprit de mensonge ; entrez dans la bouche des prophètes du roi Achab ; vous réussirez, vous le tromperez, et sa séduction est inévitable : *Decipies et prævalebis.*[1] Hélas ! si l'adulation a tant de charmes lors même que les vices et les dissolutions du flatteur en affoiblissent l'autorité et la rendent suspecte, quelle séduction ne forme-t-elle point lorsqu'elle est consacrée par les apparences mêmes de la vertu ! Quel avilissement pour nous, si nous faisons du ministère même de la vérité un ministère d'adulation et de mensonge ; si, dans ces chaires mêmes destinées à instruire et à corriger les grands, nous leur donnons de fausses louanges qui achèvent de les séduire ; si le seul canal par où la vérité peut encore aller jusqu'à eux n'y porte qu'une lueur trompeuse qui leur aide à se méconnoître ; si nous empruntons le langage flatteur et rampant des cours, en venant leur an-

[1] 3. Reg. 22. 22.

noncer la parole généreuse et sublime du Seigneur ; et si, loin d'être ici les maîtres et les docteurs des rois, nous ne sommes que les vils esclaves de la vanité et de la fortune ! Mais quel malheur pour les grands de trouver d'indignes apologistes de leurs vices parmi ceux qui en auroient dû être les censeurs ; d'entendre autour de leur trône les ministres et les interprètes de la religion parler comme le courtisan ; et de trouver des adulateurs où ils auroient dû trouver des Ambroises !

O vous, Sire, que Dieu a établi pour commander aux hommes, n'aimez dans les hommes que la vérité ; elle seule les rend aimables : fermez l'oreille aux discours qui vous flattent ; le flatteur hait votre personne, il n'aime que vos faveurs : écoutez les louanges qui nous prêtent de fausses vertus, comme des reproches publics de nos vices véritables : souvenez-vous que l'amour des peuples est l'éloge le moins suspect du souverain : les bons et les mauvais princes ont été également loués pendant leur vie ; il semble même que les basses flatteries ont été encore plus prodiguées à ces derniers : la haine publique se cache d'ordinaire sous l'adulation. Sire, rendez-vous digne d'être loué, et vous mépriserez les louanges.

TROISIÈME PARTIE.

L'adulation ferme donc le cœur à la vérité; mais l'ambition est bientôt le triste fruit de l'aveuglement où jette l'adulation, et achève de creuser le précipice : c'est le dernier piége que le démon tend aujourd'hui à Jésus-Christ : « Je vous donnerai les » royaumes du monde et toute leur gloire. »

Oui, Sire, c'est l'adulation qui mène toujours les grands à la gloire insensée et mal entendue de l'ambition; et ce désir insensé de gloire, où ne mène-t-il point un cœur qui s'y livre!

Cette passion infortunée rend d'abord malheureux l'ambitieux qu'elle possède ; elle l'avilit ensuite, et le dégrade; enfin, elle le conduit à une fausse gloire par des moyens injustes qui lui font perdre la gloire véritable : tels sont les caractères honteux de l'ambition, de ce vice dont le monde honore ses héros, et dont ils s'honorent si fort eux-mêmes.

Ce n'est pas que je prétende autoriser dans les grands, non plus que dans le reste des hommes, une vie molle et obscure, des sentiments bas et timides; et, sous prétexte de blâmer l'ambition, consacrer l'oisiveté et l'indolence.

Je sais qu'il y a une noble émulation qui mène à la gloire par le devoir : la naissance nous l'inspire, et la religion l'autorise : c'est elle qui donne aux empires des citoyens illustres, des ministres sages et laborieux, de vaillants généraux, des auteurs célèbres, des princes dignes des louanges de la postérité. La piété véritable n'est pas une profession de pusillanimité et de paresse : la religion n'abat et n'amollit point le cœur, elle l'ennoblit et l'élève; elle seule sait former de grands hommes : on est toujours petit quand on n'est grand que par la vanité. Ainsi la mollesse et l'oisiveté blessent également les règles de la piété et les devoirs de la vie civile; et le citoyen inutile n'est pas moins proscrit par l'Évangile que par la société.

Mais l'ambition, ce désir insatiable de s'élever au-dessus et sur les ruines même des autres; ce ver qui pique le cœur et ne le laisse jamais tranquille; cette passion qui est le grand ressort des intrigues et de toutes les agitations des cours, qui forme les révolutions des états, et qui donne tous les jours à l'univers de nouveaux spectacles; cette passion, qui ose tout, et à laquelle rien ne coûte, est un vice encore plus pernicieux aux empires que la paresse même.

Déjà il rend malheureux celui qui en est possédé : l'ambitieux ne jouit de rien; ni de sa gloire, il la trouve obscure; ni de ses places, il veut monter plus haut; ni de sa prospérité, il sèche et dépérit au milieu de son abondance; ni des hommagés qu'on lui rend, ils sont empoisonnés par ceux qu'il est obligé de rendre lui-même; ni de sa faveur, elle devient amère dès qu'il faut la partager avec ses concurrents; ni de son repos, il est malheureux à mesure qu'il est obligé d'être plus tranquille : c'est un Aman, l'objet souvent des désirs et de l'envie publique, et qu'un seul honneur refusé à son excessive autorité rend insupportable à lui-même.

L'ambition le rend donc malheureux ; mais de plus, elle l'avilit et le dégrade. Que de bassesses pour parvenir! Il faut paroître, non pas tel qu'on est, mais tel qu'on nous souhaite. Bassesse d'adulation; on encense et on adore l'idole qu'on méprise : bassesse de lâcheté ; il faut savoir essuyer des dégoûts, dévorer des rebuts, et les recevoir presque comme des grâces : bassesse de dissimulation ; point de sentiments à soi, et ne penser que d'après les autres : bassesse de déréglement; devenir les complices et peut-être les ministres des passions de ceux de qui nous dépendons; et entrer en part de leurs désordres pour participer plus sûrement à leurs grâces : enfin, bassesse même d'hypocrisie ; emprunter quelquefois les apparences de la piété, jouer l'homme de bien pour parvenir, et faire servir à l'ambition la religion même qui la condamne. Ce n'est point là une peinture imaginée ; ce sont les mœurs des cours, et l'histoire de la plupart de ceux qui y vivent.

Qu'on nous dise après cela que c'est le vice des grandes âmes : c'est le caractère d'un cœur lâche et rampant; c'est le trait le plus marqué d'une âme vile. Le devoir tout seul peut nous mener à la gloire : celle qu'on doit aux bassesses et aux intrigues de l'ambition porte toujours avec elle un caractère de honte qui nous déshonore : elle ne promet les royaumes du monde et toute leur gloire qu'à ceux qui se prosternent devant l'iniquité, et qui se dégradent honteusement eux-mêmes : *Si cadens adoraveris me.*[1] On reproche toujours vos bassesses à votre élévation ; vos places rappellent sans cesse les avilissements qui les ont méritées ; et les titres de vos honneurs et de vos dignités deviennent eux-mêmes les traits publics de votre ignominie. Mais, dans l'esprit de l'ambitieux, le succès couvre la honte des moyens : il veut parvenir, et tout ce qui le mène là est la seule gloire qu'il cherche : il regarde ces vertus romaines, qui ne veulent rien devoir qu'à la probité, à l'honneur et aux services, comme des vertus de roman et de théâtre ; et croit que l'élévation des sentiments pouvoit faire autrefois les héros de la gloire, mais que c'est la bassesse et l'avilissement qui fait aujourd'hui ceux de la fortune.

Aussi l'injustice de cette passion en est un dernier trait encore plus odieux que ses inquiétudes.

[1] Matth. 4. 9.

et sa honte. Oui, mes Frères, un ambitieux ne connoît de loi que celle qui le favorise : le crime qui l'élève est pour lui comme une vertu qui l'ennoblit. Ami infidèle, l'amitié n'est plus rien pour lui dès qu'elle intéresse sa fortune : mauvais citoyen, la vérité ne lui paroît estimable qu'autant qu'elle lui est utile : le mérite qui entre en concurrence avec lui est un ennemi auquel il ne pardonne point : l'intérêt public cède toujours à son intérêt propre : il éloigne des sujets capables, et se substitue à leur place : il sacrifie à ses jalousies le salut de l'état ; et il verroit avec moins de regret les affaires publiques périr entre ses mains, que sauvées par les soins et par les lumières d'un autre.

Telle est l'ambition dans la plupart des hommes ; inquiète, honteuse, injuste. Mais, Sire, si ce poison gagne et infecte le cœur du prince ; si le souverain, oubliant qu'il est le protecteur de la tranquillité publique, préfère sa propre gloire à l'amour et au salut de ses peuples ; s'il aime mieux conquérir des provinces que régner sur les cœurs ; s'il lui paroît plus glorieux d'être le destructeur de ses voisins que le père de son peuple ; si le deuil et la désolation de ses sujets est le seul chant de joie qui accompagne ses victoires ; s'il fait servir à lui seul une puissance qui ne lui est donnée que pour rendre heureux ceux qu'il gouverne ; en un mot, s'il n'est roi que pour le malheur des hommes, et que, comme ce roi de Babylone, il ne veuille élever la statue impie, l'idole de sa grandeur, que sur les larmes et les débris des peuples et des nations; grand Dieu! quel fléau pour la terre! quel présent faites-vous aux hommes dans votre colère, en leur donnant un tel maître!

Sa gloire, Sire, sera toujours souillée de sang: quelque insensé chantera peut-être ses victoires; mais les provinces, les villes, les campagnes, en pleureront : on lui dressera des monuments superbes pour immortaliser ses conquêtes; mais les cendres encore fumantes de tant de villes autrefois florissantes ; mais la désolation de tant de campagnes dépouillées de leur ancienne beauté; mais les ruines de tant de murs sous lesquels des citoyens paisibles ont été ensevelis ; mais tant de calamités qui subsisteront après lui, seront des monuments lugubres qui immortaliseront sa vanité et sa folie. Il aura passé comme un torrent pour ravager la terre, et non comme un fleuve majestueux pour y porter la joie et l'abondance : son nom sera écrit dans les annales de la postérité parmi les conquérants, mais il ne le sera pas parmi les bons rois ; et l'on ne rappellera l'histoire de son règne que pour rappeler le souvenir des maux qu'il a faits aux hommes. Ainsi son orgueil,[1]

---

[1] Si ascenderit usque ad cœlum superbia ejus, et caput ejus nubes tetigerit ; quasi sterquilinium in fine perdetur. (Job, 20. 6, 7.)

dit l'Esprit de Dieu, sera monté jusqu'au ciel ; sa tête aura touché dans les nuées ; ses succès auront égalé ses désirs ; et tout cet amas de gloire ne sera plus à la fin qu'un monceau de boue qui ne laissera après elle que l'infection et l'opprobre.

Grand Dieu! vous qui êtes le protecteur de l'enfance des rois, et surtout des rois pupilles, éloignez tous ces piéges de l'enfant précieux que vous nous avez laissé dans votre miséricorde. Il peut vous dire, comme autrefois un roi selon votre cœur : « Mon père et ma mère m'ont abandonné. »[1] A peine avois-je les yeux ouverts à la lumière, qu'une mort prématurée les ferma en même temps à Adélaïde qui m'avoit porté dans son sein, et dont les traits aimables et majestueux sont encore peints sur mon visage ; et au prince pieux de qui je tiens la vie, et dont les sentiments religieux seront toujours gravés dans mon cœur : *Pater meus et mater mea dereliquerunt me.* Mais vous, Seigneur, qui êtes le père des rois et le Dieu de mes pères, vous m'avez pris sous votre protection et mis à couvert sous l'ombre de vos ailes et de votre bonté paternelle : *Dominus autem assumpsit me.*[2]

Grand Dieu ! gardez donc son innocence comme un trésor encore plus estimable que sa couronne ; faites-la croître avec son âge ; prenez son cœur entre vos mains, et que le feu impur de la volupté ne

[1] Ps. 26. 10. — [2] Ibid.

profane jamais un sanctuaire que vous vous êtes réservé depuis tant de siècles : *Custodi innocentiam.*[1]

Voyez ces semences de droiture et de vérité que vous avez jetées dans son âme ; cet esprit de justice et d'équité qui se développe de jour en jour, et qui paroît être né avec lui ; cette aversion naissante pour les artifices et les fausses louanges du flatteur ; et ne permettez pas que l'adulation corrompe jamais ces présages heureux de notre félicité future : *Et vide æquitatem.*[2]

Qu'il règne pour notre bonheur, et il règnera pour sa gloire. Que son unique ambition soit de rendre ses sujets heureux ; que son titre le plus chéri soit celui de roi bienfaisant et pacifique : il ne sera grand qu'autant qu'il sera cher à son peuple. Qu'il soit le modèle de tous les bons rois ; et que ce prince pacifique puisse laisser encore après lui des princes qui lui ressemblent ! *Quoniam sunt reliquiæ homini pacifico.*[3] Recevez ces vœux, ô mon Dieu ! et qu'ils soient pour nous les gages de la tranquillité de la vie présente, et l'espérance de la future !

Ainsi soit-il.

[1] Ps. 36. 37. — [2] Ibid. — [3] Ibid.

SERMON

POUR LE SECOND DIMANCHE

DE CARÊME.

SUR LE RESPECT
QUE LES GRANDS DOIVENT A LA RELIGION.

Et ecce apparuerunt illis Moyses et Elias cum Jesu loquentes.

En même temps ils virent paroître Moïse et Élie, qui s'entretenoient avec Jésus. Matth. 17. 3.

Sire,

CE sont les deux plus grands hommes qui eussent encore paru sur la terre, qui viennent aujourd'hui sur la montagne sainte rendre hommage à la gloire et à la grandeur de Jésus-Christ :

Moïse, ce dieu de Pharaon, ce législateur des peuples, ce vainqueur des rois, ce maître de la nature, et plus grand encore par le titre de serviteur fidèle de la maison du Seigneur.

Élie, cet homme miraculeux, la terreur des princes impies, qui pouvoit faire descendre le feu du ciel, ou s'y élever lui-même sur un char de gloire et de lumière, et plus célèbre encore par le zèle saint qui le dévoroit que par toutes les merveilles qui accompagnèrent sa vie.

Cependant l'un et l'autre n'avoient été grands que parce qu'ils avoient été les images de Jésus-Christ. Ils viennent donc adorer celui qu'ils avoient figuré, et rendre à ce divin original la puissance et la gloire qui appartiennent à lui seul, et dont ils n'avoient été eux-mêmes que comme les précurseurs et les dépositaires.

Telle est, Sire, la destinée des princes et des grands de la terre. Ils ne sont grands que parce qu'ils sont les images de la gloire du Seigneur et les dépositaires de sa puissance. Ils doivent donc soutenir les intérêts de Dieu, dont ils représentent la majesté, et respecter la religion, qui seule les rend eux-mêmes respectables.

Je dis la respecter : elle exige d'eux un respect de fidélité, figuré par Moïse, qui leur en fasse observer les maximes ; et un respect de zèle, représenté dans Élie, qui les rende protecteurs de sa doctrine et de sa vérité.

Fidèles dans l'observance de ses maximes ; zé-

lés dans la défense de sa doctrine et de sa vérité.
Ave, Maria.

PREMIÈRE PARTIE.

Sire, être né grand, et vivre en chrétien, n'ont rien d'incompatible, ni dans les fonctions de l'autorité, ni dans les devoirs de la religion : ce seroit dégrader l'Évangile et adopter les anciens blasphèmes de ses ennemis, de le regarder comme la religion du peuple et une secte de gens obscurs.

Il est vrai que les Césars, et les puissants selon le siècle, ne crurent pas d'abord en Jésus-Christ : mais ce n'est pas que sa doctrine réprouvât leur état ; elle ne réprouvait que leurs vices : il falloit même montrer au monde que la puissance de Dieu n'avoit pas besoin de celle des hommes ; que le crédit et l'autorité du siècle étoient inutiles à une doctrine descendue du ciel ; qu'elle se suffisoit à elle-même pour s'établir dans l'univers ; que toutes les puissances du siècle, en se déclarant contre elle, et en la persécutant, devoient l'affermir ; et que si elle n'eût pas eu d'abord les grands pour ennemis, elle eût manqué du principal caractère qui les rendit ensuite ses disciples.

La loi de l'Évangile est donc la loi de tous les états ; plus même la naissance nous élève au-dessus des autres hommes, plus la religion nous fournit des motifs de fidélité envers Dieu. Je dis des motifs de reconnoissance et de justice.

Oui, mes Frères, ce n'est pas le hasard qui vous a fait naître grands et puissants. Dieu, dès le commencement des siècles, vous avoit destiné cette gloire temporelle, marqués du sceau de sa grandeur, et séparés de la foule par l'éclat des titres et des distinctions humaines. Que lui aviez-vous fait, pour être ainsi préférés au reste des hommes, et à tant d'infortunés surtout qui ne se nourrissent que d'un pain de larmes et d'amertume? ne sont-ils pas, comme vous, l'ouvrage de ses mains et rachetés du même prix? n'êtes-vous pas sortis de la même boue? n'êtes-vous pas peut-être chargés de plus de crimes? le sang dont vous êtes issus, quoique plus illustre aux yeux des hommes, ne coule-t-il pas de la même source empoisonnée qui a infecté tout le genre humain? vous avez reçu de la nature un nom plus glorieux; mais en avez-vous reçu une âme d'une autre espèce et destinée à un autre royaume éternel que celle des hommes les plus vulgaires? Qu'avez-vous au-dessus d'eux devant celui qui ne connoît de titres et de distinctions dans ses créatures que les dons de sa grâce? Cependant Dieu, leur père comme le vôtre, les livre au travail, à la peine, à la misère et à l'affliction; et il ne réserve pour vous que la joie, le repos, l'éclat et l'opulence : ils naissent pour souffrir, pour porter le poids du jour et de la chaleur, pour fournir de leurs peines et de leurs sueurs à vos plaisirs et à vos profusions; pour traîner, si j'ose parler ainsi, comme de vils animaux le char de votre grandeur et de votre indolence. Cette distance énorme que Dieu laisse entre eux et vous, a-t-elle jamais été seulement l'objet de vos réflexions, loin de l'être de votre reconnoissance? Vous vous êtes trouvés, en naissant, en possession de tous ces avantages; et, sans remonter au souverain dispensateur des choses humaines, vous avez cru qu'ils vous étoient dus, parce que vous en aviez toujours joui. Hélas! vous exigez de vos créatures une reconnoissance si vive, si marquée, si soutenue, un assujettissement si déclaré de ceux qui vous sont redevables de quelques faveurs; ils ne sauroient sans crime oublier un instant ce qu'ils vous doivent; vos bienfaits vous donnent sur eux un droit qui vous les assujettit pour toujours. Mesurez là-dessus ce que vous devez au Seigneur, le bienfaiteur de vos pères et de toute votre race. Quoi! vos faveurs vous font des esclaves; et les bienfaits de Dieu ne lui feroient que des ingrats et des rebelles!

Ainsi, mes Frères, plus vous avez reçu de lui, plus il attend de vous. Mais, hélas! cette loi de reconnoissance que tout ce qui vous environne vous annonce, et qui devroit être, pour ainsi dire, écrite sur les portes et sur les murs de vos palais, sur vos terres et sur vos titres, sur l'éclat de vos dignités et de vos vêtements, n'est point même écrite dans votre cœur! Dieu reprendra ses propres dons, mes Frères, puisque, loin de lui en rendre la gloire qui lui est due, vous les tournez contre lui-même : ils ne passeront point à votre postérité ; il transportera cette gloire à une race plus fidèle : vos descendants expieront peut-être dans la peine et dans la calamité le crime de votre ingratitude ; et les débris de votre élévation seront comme un monument éternel, où le doigt de Dieu écrira jusqu'à la fin l'usage injuste que vous en avez fait.

Que dis-je? il multipliera peut-être ses dons; il vous accablera de nouveaux bienfaits ; il vous élèvera encore plus haut que vos ancêtres : mais il vous favorisera dans sa colère; ses bienfaits seront des châtiments; votre prospérité consommera votre aveuglement et votre orgueil; ce nouvel éclat ne sera qu'un nouvel attrait pour vos passions; et l'accroissement de votre fortune verra croître dans le même degré vos dissolutions, votre irréligion, et votre impénitence.

C'est donc une erreur, mes Frères, de regarder la naissance et le rang comme un privilége qui diminue et adoucit à votre égard vos devoirs envers Dieu, et les règles sévères de l'Évangile. Au contraire, il exigera plus de ceux à qui il aura plus donné; ses bienfaits deviendront la mesure de vos devoirs; et, comme il vous a distingués des autres hommes par des largesses plus abondantes, il demande que vous vous en distinguiez aussi par une plus grande fidélité. Mais, outre la reconnoissance qui vous y engage, plus tout allume les passions dans votre état, plus vous avez besoin de vigilance pour vous défendre. Il faut aux grands de grandes vertus : la prospérité est comme une persécution continuelle contre la foi; et si vous n'avez pas toute la force et le courage des saints, vous aurez bientôt plus de vices et de foiblesses que le reste des hommes.

Mais d'ailleurs, sur quoi prétendez-vous que Dieu doit se relâcher en votre faveur, et exiger moins de vous que du commun des fidèles? Avez-vous moins de plaisirs à expier? votre innocence est-elle le titre qui vous donne droit à son indulgence? vous êtes-vous moins livrés aux désirs de la chair, pour vous croire plus dispensés des violences qui la mortifient et la punissent? Votre élévation a multiplié vos crimes; et elle adouciroit votre pénitence? vos excès vous distinguent encore plus du peuple que votre rang; et vous prétendriez trouver là-dessus dans la religion des exceptions qui vous fussent favorables?

Quelle idée de la divinité avons-nous, mes Frères! quel dieu de chair et de sang nous formons-nous!

Quoi! dans ce jour terrible où Dieu seul sera grand; où le roi et l'esclave seront confondus; où les œuvres seules seront pesées, Dieu n'exerceroit que des jugements favorables envers ces hommes que nous appelons grands? ces hommes qu'il avoit comblés de biens, qui avoient été les heureux de la terre, qui s'étoient fait ici-bas une injuste félicité, et qui, oubliant presque tous l'auteur de leur prospérité, n'avoient vécu que pour eux-mêmes? et il s'armeroit alors de toute sa sévérité contre le pauvre qu'il avoit toujours affligé? et il réserveroit toute la rigueur de ses jugements pour des infortunés qui n'avoient passé que des jours de deuil, et des nuits laborieuses sur la terre, et qui souvent l'avoient béni dans leur affliction, et invoqué dans leur délaissement et leur amertume? Vous êtes juste, Seigneur, et vos jugements seront équitables.

Mais, Sire, quand ces motifs de justice et de reconnoissance n'engageroient pas les grands à la fidélité qu'ils doivent par tant de titres à Dieu; que de motifs n'en trouvent-ils pas encore en eux-mêmes?

N'est-ce pas en effet la sagesse et la crainte de Dieu toute seule qui peut rendre les princes et les grands plus aimables aux peuples? C'est par elle, disoit autrefois un jeune roi, que je deviendrai illustre parmi les nations; que les vieillards respecteront ma jeunesse; que les princes qui sont autour de mon trône baisseront par respect les yeux devant moi ; que les rois voisins, quelque redoutables qu'ils soient, me craindront ; que je serai aimé dans la paix et redouté dans la guerre : *Per hanc timebunt me reges horrendi : in multitudine videbor bonus, et in bello fortis.* C'est par elle que mon règne sera agréable à votre peuple, ô mon Dieu ! que je le gouvernerai justement, et que je serai digne du trône de mes pères : *Per hanc disponam populum tuum juste, et ero dignus sedium patris mei.*

Non, Sire, ce ne sera ni la force de vos armées, ni l'étendue de votre empire, ni la magnificence de votre cour, qui vous rendront cher à vos peuples : ce seront les vertus qui font les bons rois, la justice, l'humanité, la crainte de Dieu. Vous êtes un grand roi par votre naissance ; mais vous ne pouvez être un roi cher à vos peuples que par vos vertus. Les passions qui nous éloignent de Dieu nous rendent toujours injustes et odieux aux hommes ; les peuples souffrent toujours des vices du souverain : tout ce qui outre l'autorité l'affoiblit et la dégrade ; les princes dominés par les passions sont toujours des maîtres incommodes et bizarres ; le gouvernement n'a plus de règle, quand le maître lui-même n'en a point : ce n'est plus la sagesse et l'intérêt public, qui président aux conseils, c'est l'intérêt des pas-

---
1 Sap. 8. 13, 15. — 2 Ibid. 9. 12.

sions : le caprice et le goût forment les décisions que devoit dicter l'amour de l'ordre ; et le plaisir devient le grand ressort de toute la prudence de l'empire. Oui, Sire, la sagesse et la piété du souverain toute seule peut faire le bonheur des sujets ; et le roi qui craint Dieu est toujours cher à son peuple.

Mais si la crainte de Dieu rend dans les princes et les grands l'autorité aimable, c'est elle encore, Sire, qui la rend glorieuse. Tous les biens et tous les succès, disoit encore un sage roi, me sont venus avec elle, et c'est par elle que l'honneur et la gloire m'ont toujours accompagné : *Et innumerabilis honestas per manus illius.* Dieu ne prend pas sous sa protection ceux qui ne vivent pas sous ses ordres.

Je sais que l'impie prospère quelquefois ; qu'il paroît élevé comme le cèdre du Liban, et qu'il semble insulter le ciel par une gloire orgueilleuse qu'il ne croit tenir que de lui-même. Mais attendez : son élévation va lui creuser elle-même son précipice : la main du Seigneur l'arrachera bientôt de dessus la terre : la fin de l'impie est presque toujours sans honneur ; tôt ou tard il faut enfin que cet édifice d'orgueil et d'injustice s'écroule : la honte et les malheurs vont succéder ici-bas à la gloire de ses succès : on le verra peut-être traîner une vieillesse triste et déshonorée ; il finira par l'i-

---

¹ Sap. 7. 11.

gnominie; Dieu aura son tour, et la gloire de l'homme injuste ne descendra pas avec lui dans le tombeau.

Repassez sur les siècles qui nous ont précédés, comme disoit autrefois un prince juif à ses enfants: *Cogitate generationes singulas;*[1] et vous verrez que le Seigneur a toujours soufflé sur les races orgueilleuses, et en a fait sécher la racine; que la prospérité des impies n'a jamais passé à leurs descendants; que les trônes eux-mêmes, et les successions royales, ont manqué sous des princes fainéants et efféminés; et que l'histoire des crimes et des excès des grands est en même temps l'histoire de leurs malheurs et de leur décadence.

Mais enfin, Sire, en quoi les princes et les grands sont moins excusables lorsqu'ils abandonnent Dieu, c'est que d'ordinaire ils naissent avec des inclinations plus nobles et plus heureuses pour la vertu que le peuple.

J'étois encore enfant, disoit le roi Salomon, mais je me trouvois déjà les lumières d'un âge avancé, et je sentois que je devois à ma naissance une âme bonne et des sentiments plus élevés que ceux des autres hommes: *Puer autem eram ingeniosus, et sortitus sum animam bonam.*[2]

Le sang, l'éducation, l'histoire des ancêtres, jette dans le cœur des grands et des princes, des

---

[1] Mach. 2. 61. — [2] Sap. 8. 19.

semences et comme une tradition naturelle de vertu. Le peuple, livré en naissant à un naturel brut et inculte, ne trouve en lui, pour les devoirs sublimes de la foi, que la pesanteur et la bassesse d'une nature laissée à elle-même : les bienséances inséparables du rang, et qui sont comme la première école de la vertu, ne gênent pas ses passions: l'éducation fortifie le vice de la naissance; les objets vils qui l'environnent lui abattent le cœur et les sentiments; il ne sent rien au-dessus de ce qu'il est; né dans les sens et dans la boue, il s'élève difficilement au-dessus de lui-même. Il y a dans les maximes de l'Évangile une noblesse et une élévation où les cœurs vils et rampants ne sauroient atteindre : la religion, qui fait les grandes âmes, ne paroît faite que pour elles; et il faut être grand, ou le devenir, pour être chrétien.

Je n'ignore pas que la grâce supplée à la nature; que la chair et le sang ne donnent aucun droit au royaume de Dieu; que les premiers héros de la foi sortirent d'entre le peuple; que les vases de boue, entre les mains de l'ouvrier souverain, deviennent bientôt des vases de gloire et de magnificence; et que tout chrétien est né grand, parce qu'il est né pour le ciel.

Mais une haute naissance nous prépare, pour ainsi dire, aux sentiments nobles et héroïques qu'exige la foi : un sang plus pur s'élève plus aisément ; il en doit moins coûter de vaincre les passions à ceux qui sont nés pour remporter des victoires : le mensonge et la duplicité entrent plus difficilement dans un cœur à qui la vérité ne sauroit nuire, et qui n'a rien à craindre ni à espérer des hommes : l'espérance d'une fortune éclatante ne peut corrompre la probité de ceux qui ne voient plus de fortune au-dessus de la leur, et qui tiennent en leurs mains la fortune et la destinée publique : le respect humain n'intimide et n'arrête pas la vertu des grands, eux que tout le monde fait gloire d'imiter, et dont les mœurs deviennent toujours la loi de la multitude : la bassesse de la débauche et de la dissolution trouve moins d'accès dans une âme que la naissance destine à de grandes choses : la règle et les devoirs sont moins étrangers à ceux qui sont établis pour maintenir l'ordre et la règle parmi les peuples : s'ils sont entourés de plus de piéges, ils trouvent en eux plus de freins et plus de ressources : la nature toute seule a environné leur âme d'une garde d'honneur et de gloire: enfin, les premiers penchants dans les grands sont pour la vertu, et ils dégénèrent dès qu'ils les tournent au vice. Ils doivent donc à la religion un respect de fidélité qui leur en fasse observer les maximes ; mais ils lui doivent encore un respect de zèle qui les rende défenseurs de sa doctrine et de sa vérité.

DEUXIÈME PARTIE.

La religion est la fin de tous les desseins de Dieu sur la terre : tout ce qu'il a fait ici-bas, il ne l'a fait que pour elle ; tout doit servir à l'agrandissement de ce royaume de Jésus-Christ. Les vertus et les vices, les grands et le peuple, les bons et les mauvais succès, l'abondance ou les calamités publiques, l'élévation ou la décadence des empires, tout enfin, dans l'ordre des conseils éternels, doit coopérer à la formation et à l'accroissement de cette sainte Jérusalem. Les tyrans l'ont purifiée par les persécutions ; les fidèles la perpétuent par la charité ; les incrédules et les libertins l'éprouvent et l'affermissent par les scandales : les justes sont les témoins de sa foi ; les pasteurs, les dépositaires de sa doctrine ; les princes et les puissants, les protecteurs de sa vérité.

Ce n'est pas assez pour eux d'obéir à ses lois ; c'est le devoir de tout fidèle : la majesté de son culte, la sainteté de ses maximes, le dépôt de sa vérité, doivent trouver une sûre protection dans leur autorité et dans leur zèle.

Je dis la majesté de son culte. Rien, Sire, n'honore plus la religion, que de voir les grands et les princes confondus au pied des autels avec le reste des fidèles, dans les devoirs communs et extérieurs de la foi : c'est à eux à opposer leurs hommages publics et respectueux dans le temple saint aux irrévérences et aux profanations publiques, et à venir montrer à la multitude combien il est indécent à des sujets de paroître sans pudeur et sans contrainte au pied du sanctuaire, devant lequel les princes et les rois eux-mêmes s'anéantissent : ils doivent cet exemple aux peuples, et ce respect à la majesté du culte saint. Hélas! ils regardent comme une bienséance de leur rang d'autoriser par leur présence les plaisirs publics, et ils croiroient souvent se dégrader en paroissant à la tête des cantiques de joie et des solennités saintes de la religion! Ils se font un intérêt d'état de donner du crédit par leur exemple aux amusements du théâtre et aux vains spectacles du siècle : l'Église est-elle donc moins intéressée, que leurs exemples en donnent aux spectacles sacrés et religieux de la foi?

Les plaisirs publics n'ont pas besoin de protection. Hélas! la corruption des hommes leur répond assez de la perpétuité de leur crédit et de leur durée ; et s'ils sont nécessaires aux états, l'autorité n'a que faire de s'en mêler : de tous les besoins publics, c'est celui qui court moins de risque.

Mais les devoirs de la religion, qui ne trouvent rien pour eux dans nos cœurs, il faut que de grands exemples les soutiennent : le culte achève de s'avilir, dès que les princes et les grands le négligent : Dieu ne paroît plus si grand, si j'ose parler ainsi, dès qu'on ne compte que le peuple parmi ses adorateurs : sa parole n'est plus écoutée, ou perd tous les jours son autorité, dès qu'elle n'est plus destinée qu'à être le pain des pauvres et des petits : les devoirs publics de la piété sont abandonnés ; tout tombe et languit, si la religion du prince et des grands ne le soutient et ne le ranime. C'est ici où l'intérêt du culte se trouve mêlé avec celui de l'état ; où il importe au souverain de maintenir et les dehors augustes de la religion, et l'unité de sa doctrine, qui soutiennent eux-mêmes le trône, et d'accoutumer ses sujets à rendre à Dieu et à l'Église le respect et la soumission qui leur sont dus, de peur qu'ils ne les lui refusent ensuite à lui-même. Les troubles de l'Église ne sont jamais loin de ceux de l'état ; on ne respecte guère le joug des puissances quand on est parvenu à secouer le joug de la foi : et l'hérésie a beau se laver de cet opprobre, elle a partout allumé le feu de la sédition ; elle est née dans la révolte ; en ébranlant les fondements de la foi, elle a ébranlé les trônes et les empires ; et partout, en formant des sectateurs, elle a formé des rebelles : elle a beau dire que les persécutions des princes lui mirent en main les armes d'une juste défense ; l'Église n'opposa jamais aux persécutions que la patience et la fermeté ; sa foi fut le seul glaive avec lequel elle vainquit les tyrans : ce ne fut pas en répandant le sang de ses ennemis qu'elle multiplia ses disciples; le sang de ses martyrs tout seul fut la semence de ses fidèles : ses premiers docteurs ne furent pas envoyés dans l'univers comme des lions pour porter partout le meurtre et le carnage ; mais comme des agneaux pour être eux-mêmes égorgés : ils prouvèrent, non en combattant, mais en mourant pour la foi, la vérité de leur mission : on devoit les traîner devant les rois pour y être jugés comme des criminels, et non pour y paroître les armes à la main, et les forcer de leur être favorables : ils respectoient le sceptre dans des mains même profanes et idolâtres, et ils auroient cru déshonorer et détruire l'œuvre de Dieu, en recourant, pour l'établir, à des ressources humaines.

Les princes affermissent donc leur autorité en affermissant l'autorité de la religion. Aussi c'est à eux que le culte doit sa première magnificence : ce fut sous les plus grands rois de la race de David que le temple du Seigneur vit revivre sa gloire et sa majesté : les Césars, sous l'Évangile, tirèrent l'Église de l'obscurité où les persécutions l'avoient laissée : les Charlemagne, les saint Louis, relevèrent l'éclat de leur règne en relevant celui du culte ; et les monuments publics de leur piété, que les temps n'ont pu détruire, et que nous respectons encore parmi nous, font plus d'honneur à leur mémoire que les statues et les inscriptions qui, en immortalisant les victoires et les conquêtes, n'immortalisent d'ordinaire que la vanité des princes et le malheur des sujets.

Mais les mêmes motifs qui obligent les grands à soutenir la majesté et la décence extérieure du culte, les rendent en même temps protecteurs de la sainteté de ses maximes : il faut qu'ils apprennent au peuple à respecter la piété, en respectant eux-mêmes ceux qui la pratiquent; c'est une protection publique qu'ils doivent à la vertu.

Oui, Sire, les gens de bien sont la seule source du bonheur et de la prospérité des empires : c'est pour eux seuls que Dieu accorde aux peuples l'abondance et la tranquillité. S'il se fût trouvé dix justes dans Sodôme, le feu du ciel ne seroit jamais tombé sur cette ville criminelle. L'état périroit, le trône seroit renversé, nos villes abîmées et réduites en cendres ; et nous aurions le même sort que Sodôme et Gomorrhe, si Dieu ne voyoit encore au milieu de nous des serviteurs fidèles; s'il ne nous laissoit encore une semence sainte ; si l'innocence peut-être de l'enfant auguste et précieux, la seule semence qui nous reste du sang de nos rois, n'arrêtoit les foudres que la dissolution publique de nos mœurs auroit dû déjà attirer sur nos têtes : *Nisi Dominus reliquisset nobis semen, sicut Sodoma facti essemus, et sicut Gomorrha similes fuissemus.* [1] Les princes, Sire, sont donc intéressés à protéger la vertu, puisque les empires et les monarchies, et le monde entier ne subsistera, que tant qu'il y aura de la vertu sur la terre.

Mais ce n'est pas, Sire, par un simple respect que les princes doivent honorer les gens de bien : c'est par la confiance; ils ne trouveront d'amis fidèles que ceux qui sont fidèles à Dieu : c'est par les emplois publics ; l'autorité n'est sûre et bien placée qu'entre les mains de ceux qui le craignent : c'est par des préférences ; les grands talents sont quelquefois les plus dangereux, si la crainte de Dieu ne sait les rendre utiles : c'est par l'accès auprès de leur personne ; la familiarité n'a rien à craindre de ceux qui respecteroient même nos rebuts et nos mauvais traitements : c'est enfin par les grâces ; nos bienfaits ne sauroient faire des ingrats de ceux que le devoir tout seul et la conscience nous attache.

Quel bonheur, Sire, pour un siècle, pour un empire, pour les peuples, lorsque Dieu leur donne dans sa miséricorde des princes favorables à la piété! Par eux croissent et s'animent les talents utiles à l'Église : par eux se forment et sont protégés des ouvriers fidèles destinés à répandre la science du salut, à arracher les scandales du royaume de Jésus-Christ, et à ranimer la foi par

---
[1] Rom. 9: 29.

des ouvrages pleins de l'esprit qui les a dictés : par eux s'élèvent au milieu de nous des maisons saintes, des établissements pieux, où l'innocence est préservée, où le vice sauvé du naufrage trouve un port heureux : par eux enfin nos neveux trouveront encore ces ressources publiques de salut, monuments heureux qui perpétuent la piété dans les empires, qui assurent aux princes la reconnoissance des âges à venir, qui mettent la postérité dans leurs intérêts, et qui les rendent les héros de tous les siècles.

Non, Sire, la gloire des monuments que l'orgueil ou l'adulation ont élevés, sera ou ensevelie dans l'oubli par le temps, ou effacée par les censures et les jugements plus équitables de la postérité : les races futures disputeront à la plupart des souverains les titres et les honneurs que leur siècle leur aura déférés ; mais la gloire des secours publics accordés à la piété, et qui subsisteront après eux, ne leur sera pas disputée, et quelque grand qu'ait été le roi que nous pleurons encore, de tous les monuments élevés si justement pour immortaliser la gloire de son règne, les deux édifices pieux et augustes où la valeur, d'un côté, et la noblesse du sexe, de l'autre, trouveront jusqu'à la fin des ressources sûres et publiques, sont les titres qui lui répondent le plus des éloges et des actions de grâces de la postérité.

Tel est le zèle de protection que les princes et les grands doivent à la sainteté des maximes de la religion : mais ils le doivent encore au dépôt sacré de sa doctrine et de sa vérité ; et notre siècle surtout, où l'irréligion fait tant de progrès, doit encore plus réveiller là-dessus leur attention et leur zèle.

J'avoue que les impies ont été de tous les siècles ; que chaque âge et chaque nation a vu des esprits noirs et superbes dire non-seulement dans leur cœur et en secret, mais oser blasphémer tout haut, qu'il n'y a point de Dieu; et que, dès le temps même de Salomon, où le souvenir des merveilles du Seigneur en Égypte et dans le désert étoit encore si récent, ils proposoient déjà, contre tout culte rendu au Très-Haut, ces doutes impies qui sont devenus le langage vulgaire de l'incrédulité.

Mais, s'il a paru autrefois des impies, le monde lui-même les a regardés avec horreur; et ces ennemis de Dieu n'ont paru sur la terre que pour être comme le rebut et l'anathème de tous les hommes.

Aujourd'hui, hélas ! l'impiété est presque devenue un air de distinction et de gloire : c'est un titre qui honore ; et souvent on se le donne à soi-même par une affreuse ostentation, tandis que la conscience n'ose encore secouer le joug, et nous le refuse. Aujourd'hui c'est un mérite qui donne accès auprès des grands ; qui relève, pour ainsi dire, la bassesse du nom et de la naissance ; qui donne à des hommes obscurs, auprès des princes du peuple, un privilége de familiarité dont nos mœurs mêmes, toutes corrompues qu'elles sont, rougissent ; et l'impiété, qui devroit avilir l'éclat même de la naissance et de la gloire, décore et ennoblit l'obscurité et la roture. Ce sont les grands qui ont donné du crédit à l'impie ; c'est à eux à le dégrader et à le confondre.

Quelle honte pour la religion, mes Frères ! les plus grands hommes du paganisme ne parloient qu'avec respect des superstitions de l'idolâtrie, dont ils connoissoient la puérilité et l'extravagance : ils pensoient avec les sages, et ils n'osoient parler que comme le peuple : ils n'auroient osé, avec toute leur réputation et leurs lumières, insulter tout haut un culte si insensé, mais que la majesté des lois de l'empire et l'ancienneté rendoit respectable ; et Socrate lui-même, l'honneur de la Grèce, ce premier philosophe du monde, si estimé de tous les siècles, et qui devoit être si cher au sien, perd la vie par un arrêt public d'Athènes, pour avoir parlé avec moins de circonspection de ces dieux bizarres auxquels ses citoyens devoient moins de respect et d'honneur qu'à lui-même.

Et parmi nous le Dieu du ciel et de la terre est insulté hautement, sans que le zèle public se réveille! et sous l'empire même de la foi, des hommes vils et ignorants font des dérisions publiques d'une doctrine descendue du ciel, et on applaudit à l'impiété! et, dans un royaume où le titre de chrétien honore nos rois, l'incrédulité impunie devient même un titre d'honneur pour des sujets! Les vaines idoles auroient donc eu le ministère public pour vengeur contre les savants et les sages ; et le seul Dieu véritable ne l'auroit pas contre les libertins et les insensés!

Vengez l'honneur de la religion, vous, mes Frères, dont les illustres ancêtres en ont été les premiers dépositaires, et dont vous devez être par conséquent les premiers défenseurs : éloignez l'impie d'auprès de vous ; n'ayez jamais pour amis les ennemis de Dieu : il y a tant de dignité pour les grands à ne pas souffrir qu'on insulte et qu'on avilisse devant eux la foi de leurs pères! ce doit être, pour vous, manquer de respect à votre rang, que d'en manquer en votre présence à la religion que vous professez ; c'est un langage indécent qui blesse les égards et les attentions qui vous sont dues : on vous méprise, en méprisant devant vous le Dieu que vous adorez. N'écoutez donc qu'avec une indignation qui ferme la bouche à l'incrédule, les discours de l'incrédulité : comme c'est la vanité seule qui fait les impies, ils seront rares dès qu'ils seront méprisés.

Ayez vous-mêmes un noble et religieux respect pour les vérités de la religion. La véritable élévation de l'esprit, c'est de pouvoir sentir toute la majesté et toute la sublimité de la foi : les grandes lumières nous conduisent elles-mêmes à la soumission ; l'incrédulité est le vice des esprits foibles et bornés : c'est tout ignorer que de vouloir tout connoître : les contradictions et les abîmes de l'impiété sont encore plus incompréhensibles que les mystères de la foi ; et il y a encore moins de ressource pour la raison à secouer tout joug, qu'à obéir et à se soumettre.

Que votre respect et votre zèle pour la religion de vos pères, cultive et fasse croître celui du jeune prince, auprès duquel vos noms et vos dignités vous attachent, et dont l'éducation est, pour ainsi dire, confiée à tous ceux qui ont l'honneur de l'approcher de plus près : qu'il retrouve en vous les premiers témoins de la foi, que ses ancêtres placèrent sur le trône : que le zèle pour la défense de l'Église, qui coule en lui avec le sang, soit encore réveillé et animé par vos exemples : que les erreurs et les profanes nouveautés soient les premiers ennemis qu'il se propose de combattre ; et qu'il soit encore plus jaloux qu'on ne touche point aux anciennes bornes de la foi, qu'à celles de la monarchie.

Que la tranquillité de son règne, ô mon Dieu ! devienne celle de l'Église : que les troubles qui l'agitent soient calmés avant qu'il puisse les connoître: que la concorde et l'union rétablies parmi nous préviennent la sévérité de ses lois, et ne laissent plus rien à faire à son zèle : que son règne soit le règne de la paix et de la vérité : que le lion et l'agneau vivent ensemble paisiblement sous son empire ; et que cet enfant miraculeux, comme dit Isaïe, les mène encore et les voie réunis dans les mêmes pâturages : *Et puer parvulus minabit eos.*[1] Que le camp des infidèles et des Philistins ne se réjouisse plus de nos dissensions ; et que, s'ils entendent encore des clameurs autour de l'arche, ce ne soient plus celles qui annoncent ses périls et des malheurs nouveaux, mais ses triomphes et sa gloire.

Ainsi soit-il.

[1] Is., 11. 6.

SERMON
POUR LE TROISIÈME DIMANCHE
DE CARÊME.

SUR LE MALHEUR DES GRANDS
QUI ABANDONNENT DIEU.

Cum immundus spiritus exierit de homine, ambulat per loca inaquosa, quærens requiem, et non invenit.

Lorsque l'esprit immonde est sorti d'un homme, il s'en va par des lieux arides, cherchant du repos, et il n'en trouve point. Luc. 11. 24.

Sire,

Cet esprit inquiet et immonde, qui sort, et rentre dans l'homme d'où il est sorti ; qui change sans cesse de lieu ; qui essaie de toutes les situations, et ne peut se plaire et se fixer dans aucune ; qui court toujours pour découvrir des sentiers agréables et délicieux, et qui ne marche jamais que par des lieux tristes et arides ; qui cherche le repos et ne le trouve pas ; c'est l'image de l'humeur et du caractère des grands de la terre, toujours plus inquiets, plus agités et plus malheureux que le simple peuple, dès que, livrés à leurs passions et à eux-mêmes, ils ont abandonné Dieu.

C'est la figure naturelle de cet état d'élévation et de prospérité si envié du monde, et si peu digne d'envie selon Dieu. Le bonheur, Sire, n'est pas attaché à l'éclat du rang et des titres ; il n'est attaché qu'à l'innocence de la vie : ce n'est pas ce qui nous élève au-dessus des autres hommes qui nous rend heureux, c'est ce qui nous réconcilie avec Dieu. Vous portez la plus belle couronne de l'univers ; mais, si la piété ne vous aide à la soutenir, elle va devenir le fardeau même qui vous accablera. En un mot, point de bonheur où il n'y a point de repos, et point de repos où Dieu n'est point.

Ainsi l'élévation toute seule ne fait pas le bonheur des grands, si elle n'est accompagnée de la vertu, et de la crainte du Seigneur. Au contraire, plus on est grand, plus on vit malheureux, si l'on ne vit point avec Dieu.

Vérité importante qui va faire le sujet de ce discours. Implorons, etc. *Ave, Maria.*

SIRE, si l'homme n'étoit fait que pour la terre, plus il y occuperoit de place, et plus il seroit heureux.

Mais l'homme est né pour le ciel : il porte écrits

dans son cœur les titres augustes et ineffaçables de son origine; il peut les avilir, mais il ne peut les effacer. L'univers entier seroit sa possession et son partage, qu'il sentiroit toujours qu'il se dégrade, et ne se satisfait pas en s'y fixant : tous les objets qui l'attachent ici-bas l'arrachent, pour ainsi dire, du sein de Dieu, son origine et son repos éternel, et laissent une plaie de remords et d'inquiétude dans son âme, qu'ils ne sauroient plus fermer eux-mêmes : il sent toujours la douleur secrète de la rupture et de la séparation; et tout ce qui altère son union avec Dieu le rend irréconciliable avec lui-même.

Cependant nous nous promettons toujours ici-bas une injuste félicité. Nous courons tous dans cette terre aride, comme l'esprit de notre Évangile, après un bonheur et un repos que nous ne saurions trouver. A peine détrompés, par la possession d'un objet, du bonheur qui sembloit nous y attendre, un nouveau désir nous jette dans la même illusion; et passant sans cesse de l'espérance du bonheur au dégoût, et du dégoût à l'espérance, tout ce qui nous fait sentir notre méprise devient lui-même l'attrait qui la perpétue.

Il semble d'abord que cette erreur ne devroit être à craindre que pour le peuple. La bassesse de sa fortune laissant toujours un espace immense au-dessus de lui, il seroit moins étonnant qu'il se figurât une félicité imaginaire dans les situations élevées où il ne peut atteindre, et qu'il crût, car tel est l'homme, que tout ce qu'il ne peut avoir, c'est cela même qui est le bonheur qu'il cherche.

Mais l'éclat du rang, des titres et de la naissance, dissipe bientôt cette vaine illusion. On a beau monter et être porté sur les ailes de la fortune au-dessus de tous les autres, la félicité se trouve toujours placée plus haut que nous-mêmes : plus on s'élève, plus elle semble s'éloigner de nous : les chagrins et les noirs soucis montent, et vont s'asseoir même avec le souverain sur le trône : le diadème, qui orne le front auguste des rois, n'est souvent armé que de pointes et d'épines qui le déchirent; et les grands, loin d'être les plus heureux, ne sont que les tristes témoins qu'on ne peut l'être sans la vertu sur la terre.

Il est vrai même que l'élévation nous rend plus malheureux, si elle ne nous rend pas plus fidèles à Dieu. Les passions y sont plus violentes; l'ennui plus à charge; la bizarrerie plus inévitable; c'est-à-dire, le vide de tout ce qui n'est pas Dieu, plus sensible et plus affreux.

PREMIÈRE RÉFLEXION.

Les passions plus violentes. Oui, Sire, les passions font tous nos malheurs; et tout ce qui les flatte et les irrite, augmente nos peines. Un grand voluptueux est plus malheureux et plus à plaindre que le dernier et le plus vil d'entre le peuple : tout lui aide à assouvir son injuste passion, et tout ce qui l'assouvit la réveille : ses désirs croissent avec ses crimes ; plus il se livre à ses penchants, plus il en devient le jouet et l'esclave : sa prospérité rallume sans cesse le feu honteux qui le dévore, et le fait renaître de ses propres cendres : les sens, devenus ses maîtres, deviennent ses tyrans : il se rassasie de plaisirs, et sa satiété fait elle-même son supplice ; et les plaisirs enfantent eux-mêmes, dit l'Esprit de Dieu, le ver qui le ronge et qui le dévore : *Et dulcedo illius vermes.*[1] Ainsi ses inquiétudes naissent de son abondance : ses désirs, toujours satisfaits, ne lui laissant plus rien à désirer, le laissent tristement avec lui-même : l'excès de ses plaisirs en augmente de jour en jour le vide ; et plus il en goûte, plus ils deviennent tristes et amers.

Son rang même, ses bienséances, ses devoirs, tout empoisonne sa passion criminelle. Son rang ; plus il est élevé, plus il en coûte pour la dérober aux regards et à la censure publique : ses bienséances ; plus il en est jaloux, plus les alarmes qu'une indiscrétion ne trahisse ses précautions et ses mesures, sont cruelles : ses devoirs ; parce qu'il les faut toujours prendre sur ses plaisirs.

[1] Job. 24. 20.

Non, Sire, le trône où vous êtes assis, a autour de lui encore plus de remparts qui le défendent contre la volupté, que d'attraits qui l'y engagent : si tout dresse des piéges à la jeunesse des rois, tout leur tend les mains aussi pour leur aider à les éviter. Donnez-vous à vos peuples à qui vous vous devez ; le poison de la volupté ne trouvera guère de moment pour infecter votre cœur ; elle n'habite, et ne se plaît qu'avec l'oisiveté et l'indolence : que les soins de la royauté en deviennent pour vous les plus chers plaisirs. Ce n'est pas régner de ne vivre que pour soi-même ; les rois ne sont que les conducteurs des peuples : ils ont, à la vérité, ce nom et ce droit par la naissance ; mais ils ne le méritent que par les soins et l'application. Aussi les règnes oisifs forment un vide obscur dans nos annales ; elles n'ont pas daigné même compter les années de la vie des rois fainéants ; il semble que n'ayant pas régné eux-mêmes, ils n'ont pas vécu : c'est un chaos qu'on a de la peine à éclaircir encore aujourd'hui ; loin de décorer nos histoires, ils ne font que les obscurcir et les embarrasser ; et ils sont plus connus par les grands hommes qui ont vécu sous leur règne, que par eux-mêmes.

Je ne parle pas ici de toutes les autres passions, qui, plus violentes dans l'élévation, font sur le cœur des grands des plaies plus douloureuses et plus profondes. L'ambition y est plus démesurée.

Hélas! le citoyen obscur vit content dans la médiocrité de sa destinée : héritier de la fortune de ses pères, il se borne à leur nom et à leur état; il regarde sans envie ce qu'il ne pourroit souhaiter sans extravagance; tous ses désirs sont renfermés dans ce qu'il possède; et s'il forme quelquefois des projets d'élévation, ce sont de ces chimères agréables qui amusent le loisir d'un esprit oiseux, mais non pas des inquiétudes qui le dévorent.

Au grand rien ne suffit, parce qu'il peut prétendre à tout : ses désirs croissent avec sa fortune; tout ce qui est plus élevé que lui le fait paroître petit à ses yeux; il est moins flatté de laisser tant d'hommes derrière lui, que rongé d'en avoir encore qui le précèdent; il ne croit rien avoir, s'il n'a tout; son âme est toujours aride et altérée; et il ne jouit de rien, si ce n'est de ses malheurs et de ses inquiétudes.

Ce n'est pas tout : de l'ambition naissent les jalousies dévorantes ; et cette passion si basse et si lâche est pourtant le vice et le malheur des grands. Jaloux de la réputation d'autrui, la gloire qui ne leur appartient pas est pour eux comme une tache qui les flétrit et qui les déshonore : jaloux des grâces qui tombent à côté d'eux, il semble qu'on leur arrache celles qui se répandent sur les autres : jaloux de la faveur, on est digne de leur haine et de leur mépris, dès qu'on l'est de l'amitié et de la confiance du maître : jaloux même des succès glorieux à l'état, la joie publique est souvent pour eux un chagrin secret et domestique ; les victoires remportées par leurs rivaux sur les ennemis leur sont plus amères qu'à nos ennemis mêmes ; leur maison, comme celle d'Aman, est une maison de deuil et de tristesse ; tandis que Mardochée triomphe et reçoit au milieu de la capitale les acclamations publiques; et peu contents d'être insensibles à la gloire des événements, ils cherchent à se consoler en s'efforçant de les obscurcir par la malignité des réflexions et des censures : enfin, cette injuste passion tourne tout en amertume ; et on trouve le secret de n'être jamais heureux, soit par ses propres maux, soit par les biens qui arrivent aux autres.

Enfin, parcourez toutes les passions; c'est sur le cœur des grands qui vivent dans l'oubli de Dieu qu'elles exercent un empire plus triste et plus tyrannique. Leurs disgrâces sont plus accablantes ; plus l'orgueil est excessif, plus l'humiliation est amère : leurs haines plus violentes ; comme une fausse gloire les rend plus vains, le mépris aussi les trouve plus furieux et plus inexorables : leurs craintes plus excessives ; exempts de maux réels, ils s'en forment même de chimériques, et la feuille que le vent agite, est comme la montagne qui va s'écrouler sur eux : leurs infirmités plus affligeantes ; plus on tient à la vie, plus tout ce qui la menace nous alarme. Accoutumés à tout ce que les sens offrent de plus doux et de plus riant, la plus légère douleur déconcerte toute leur félicité, et leur est insoutenable : ils ne savent user sagement ni de la maladie, ni de la santé ; ni des biens, ni des maux inséparables de la condition humaine : les plaisirs abrégent leurs jours ; et les chagrins qui suivent toujours les plaisirs, précipitent le reste de leurs années. La santé, déjà ruinée par l'intempérance, succombe sous la multiplicité des remèdes : l'excès des attentions achève ce que n'avoit pu faire l'excès des plaisirs ; et s'ils se sont défendu les excès, la mollesse et l'oisiveté toute seule devient pour eux une espèce de maladie et de langueur, qui épuise toutes les précautions de l'art, et que les précautions usent et épuisent elles-mêmes. Enfin, leurs assujettissements plus tristes ; élevés à vivre d'humeur et de caprice, tout ce qui les gêne et les contraint les accable : loin de la cour, ils croient vivre dans un triste exil ; sous les yeux du maître, ils se plaignent sans cesse de l'assujettissement des devoirs, et de la contrainte des bienséances : ils ne peuvent porter ni la tranquillité d'une condition privée, ni la dignité d'une vie publique : le repos leur est aussi insupportable que l'agitation ; ou plutôt ils sont partout à charge à eux-mêmes. Tout est un joug pesant à quiconque veut vivre sans joug et sans règle.

Non, mes Frères, un grand dans le crime est plus malheureux qu'un autre pécheur : la prospérité l'endurcit, pour ainsi dire, au plaisir, et ne lui laisse de sensibilité que pour la peine. Vous l'avez voulu, ô mon Dieu ! que l'élévation, qu'on regarde comme une ressource pour les grands qui vivent dans l'oubli de vos commandements, soit elle-même leur ennui et leur supplice.

DEUXIÈME RÉFLEXION.

Je dis leur ennui ; et c'est une seconde réflexion que me fournit le malheur des grands qui ont abandonné Dieu : non-seulement les passions sont plus violentes dans cet état si heureux aux yeux du monde, mais l'ennui y devient plus insupportable.

Oui, mes Frères, l'ennui, qui paroît devoir être le partage du peuple, ne s'est pourtant, ce semble, réfugié que chez les grands ; c'est comme leur ombre qui les suit partout : les plaisirs, presque tous épuisés pour eux, ne leur offrent plus qu'une triste uniformité qui endort ou qui lasse : ils ont beau les diversifier, ils diversifient leur ennui : en vain ils se font honneur de paroître à la tête de toutes les réjouissances publiques; c'est une vivacité d'ostentation ; le cœur n'y prend presque plus de part : le long usage des plaisirs les leur a rendus inutiles : ce sont des ressources usées, qui se nuisent chaque jour à elles-mêmes : semblables à un malade à qui une longue langueur a rendu tous les mets insipides, ils essaient de tout, et rien ne les pique et ne les réveille; et un dégoût affreux, dit Job, succède à l'instant à une vaine espérance de plaisir dont leur âme s'étoit d'abord flattée : *Et spes illorum abominatio animæ.*[1]

Toute leur vie n'est qu'une précaution pénible contre l'ennui, et toute leur vie n'est qu'un ennui pénible elle-même : ils l'avancent même en se hâtant de multiplier les plaisirs : tout est déjà usé pour eux à l'entrée même de la vie; et leurs premières années éprouvent déjà les dégoûts et l'insipidité que la lassitude et le long usage de tout semble attacher à la vieillesse.

Il faut au juste moins de plaisirs, et ses jours sont plus heureux et plus tranquilles. Tout est délassement pour un cœur innocent : les plaisirs doux et permis qu'offre la nature, fades et ennuyeux pour l'homme dissolu, conservent tout leur agrément pour l'homme de bien : il n'y a même que les plaisirs innocents qui laissent une joie pure dans l'âme; tout ce qui la souille, l'attriste et la noircit. Les saintes familiarités et les jeux chastes et pudiques d'Isaac et de Rébecca, dans la cour du roi de Gerare, suffisoient à ces âmes pures et fidèles : c'étoit un plaisir assez vif pour David de chanter

[1] Job. 11. 20.

sur la lyre les louanges du Seigneur, ou de danser avec le reste de son peuple autour de l'arche sainte: les festins d'hospitalité faisoient les fêtes les plus agréables des premiers patriarches, et la brebis la plus grasse suffisoit pour les délices de ces tables innocentes.

Il faut moins de joie au dehors à celui qui la porte déjà dans le cœur ; elle se répand de là sur les objets les plus indifférents : mais si vous ne portez pas au dedans la source de la joie véritable, c'est-à-dire, la paix de la conscience et l'innocence du cœur, en vain vous la cherchez au dehors : rassemblez tous les amusements autour de vous; il s'y répandra toujours du fond de votre âme une amertume qui les empoisonnera : raffinez sur tous les plaisirs, subtilisez-les, mettez-les dans le creuset ; de toutes ces transformations il n'en sortira et résultera jamais que l'ennui.

Grand Dieu, ce qui nous éloigne de vous est cela même qui devroit nous rappeler à vous : plus la prospérité multiplie nos plaisirs, plus elle nous en détrompe ; et les grands sont moins excusables et plus malheureux de ne pas s'attacher à vous, ô mon Dieu ! parce qu'ils sentent mieux et plus souvent le vide de tout ce qui n'est pas vous.

TROISIÈME RÉFLEXION.

Et non-seulement ils sont plus malheureux par l'ennui qui les poursuit partout, mais encore par la bizarrerie et le fonds d'humeur et de caprice qui en sont inséparables. Lorsqu'il sera rassasié, dit Job, son esprit paroîtra triste et agité ; l'inégalité de son humeur imitera l'inconstance des flots de la mer, et les pensées les plus noires et les plus sombres viendront fondre dans son âme : *Cum satiatus fuerit, arctabitur, œstuabit, et omnis dolor irruet super eum.*[1]

Telle est, Sire, la destinée des princes et des grands qui vivent dans l'oubli de Dieu, et qui n'usent de leur prospérité que pour la félicité de leurs sens. Ennuyés bientôt de tout, tout leur est à charge, et ils sont à charge à eux-mêmes : leurs projets se détruisent les uns les autres ; et il n'en résulte jamais qu'une incertitude universelle que le caprice forme, et que lui seul peut fixer : leurs ordres ne sont jamais, un moment après, les interprètes sûrs de leur volonté : on déplaît en obéissant : il faut les deviner, et cependant ils sont une énigme inexplicable à eux-mêmes : toutes leurs démarches, dit l'Esprit-Saint, sont vagues, incertaines, incompréhensibles : *Vagi sunt gressus ejus, et investiga-*

[1] Job. 20. 22.

biles. [1] On a beau s'attacher à les suivre, on les perd de vue à chaque instant : ils changent de sentier ; on s'égare avec eux, et on les manque encore : ils se lassent des hommages qu'on leur rend, et ils sont piqués de ceux qu'on leur refuse : les serviteurs les plus fidèles les importunent par leur sincérité, et ne réussissent pas mieux à plaire par leur complaisance. Maîtres bizarres et incommodes, tout ce qui les environne porte le poids de leurs caprices et de leur humeur, et ils ne peuvent le porter eux-mêmes : ils ne semblent nés que pour leur malheur, et pour le malheur de ceux qui les servent.

Voyez Saül au milieu de ses prospérités et de sa gloire. Quel homme auroit dû passer des jours plus agréables et plus heureux ? D'une fortune obscure et privée, il s'étoit vu élever sur le trône : son règne avoit commencé par des victoires : un fils, digne de lui succéder, sembloit assurer la couronne à sa race : toutes les tribus soumises fournissoient à sa magnificence et à ses plaisirs, et lui obéissoient comme un seul homme : que lui manquoit-il pour être heureux, si l'on pouvoit l'être sans Dieu ?

Il perd la crainte du Seigneur, et avec elle il perd son repos et tout le bonheur de sa vie. Livré à un esprit mauvais et aux vapeurs noires et bizarres qui l'agitent, on ne le connoît plus, et il ne

---

[1] Prov. 5. 6.

se connoît plus lui-même : la harpe d'un berger, loin d'amuser sa tristesse, redouble sa fureur : ses louanges et ses victoires chantées par les filles de Juda, sont pour lui comme des censures et des opprobres : il se dérobe aux hommages publics, et il ne peut se dérober à lui-même : David lui déplaît en paroissant au pied de son trône, et, s'en éloignant, il est encore plus sûr de déplaire : touché de sa fidélité, il fait son éloge, et se reconnoît moins juste et moins innocent que lui ; et le lendemain il lui dresse des embûches pour s'en assurer et lui faire perdre la vie : la tendresse de son propre fils l'ennuie et lui devient suspecte : tous les courtisans cherchent, étudient ce qui pourroit adoucir son humeur sombre et bizarre ; soins inutiles ! lui-même ne le sait pas : il a négligé Samuel pendant la vie de ce prophète, et il s'avise de le rappeler du tombeau et de le consulter après sa mort : il ne croit plus en Dieu, et il est assez crédule pour aller interroger les démons : il est impie, et il est superstitieux : destin, pour le dire ici en passant, assez ordinaire aux incrédules. Ils traitent d'imposteurs les Samuels, les prophètes autrefois envoyés de Dieu ; ils regardent comme une force d'esprit de mépriser ces interprètes respectables des conseils éternels, et de se moquer des prédictions que les événements ont toutes justifiées ; ils refusent au Très-Haut la connoissance de l'avenir, et le pouvoir d'en favoriser ses serviteurs fidèles ; et ils ont la foiblesse populaire d'aller consulter une pythonisse.

Oui, mes Frères, le malheureux état des grands dans le crime est une preuve éclatante qu'un Dieu préside aux choses humaines. Si les hommes ennemis de Dieu pouvoient être heureux, ils le seroient du moins sur le trône ; mais quiconque, dit un roi lui-même, quiconque, fût-il maître de l'univers, s'éloigne de la règle et de la sagesse, il s'éloigne du seul bonheur où l'homme puisse aspirer sur la terre : *Sapientiam enim et disciplinam qui abjicit, infelix est.*[1]

Plus même vous êtes élevé, plus vous êtes malheureux : comme rien ne vous contraint, rien aussi ne vous fixe : moins vous dépendez des autres, plus vous êtes livré à vous-même : vos caprices naissent de votre indépendance ; vous retournez sur vous votre autorité : vos passions ayant essayé de tout, et tout usé, il ne vous reste plus qu'à vous dévorer vous-même : vos bizarreries deviennent l'unique ressource de votre ennui et de votre satiété ; ne pouvant plus varier les plaisirs déjà tous épuisés, vous ne sauriez plus trouver de variété que dans les inégalités éternelles de votre humeur ; et vous vous en prenez sans cesse à vous du vide que tout ce qui vous environne laisse au dedans de vous-même.

[1] Sap. 3. 11.

Et ce n'est pas ici une de ces vaines images que le discours embellit, et où l'on supplée par les ornements à la ressemblance. Approchez des grands; jetez les yeux vous-même sur une de ces personnes qui ont vieilli dans les passions, et que le long usage des plaisirs a rendues également inhabiles et au vice et à la vertu. Quel nuage éternel sur l'humeur! quel fonds de chagrin et de caprice! rien ne plaît, parce qu'on ne sauroit plus soi-même se plaire : on se venge sur tout ce qui nous environne des chagrins secrets qui nous déchirent; il semble qu'on fait un crime au reste des hommes de l'impuissance où l'on est d'être encore aussi criminel qu'eux : on leur reproche en secret tout ce qu'on ne peut plus se permettre à soi-même; et l'on met l'humeur à la place des plaisirs.

Non, mes Frères, tournez-vous de tous les côtés, les grands séparés de Dieu ne sont plus que les tristes jouets de leurs passions, de leurs caprices, des événements, et de toutes les choses humaines. Eux seuls sentent le malheur d'une âme livrée à elle-même, en qui toutes les ressources des sens et des plaisirs ne laissent qu'un vide affreux, et à qui le monde entier, avec tout cet amas de gloire et de fumée qui l'environne, devient inutile, si Dieu n'est point avec elle : ils sont comme les témoins illustres de l'insuffisance des

6.

créatures et de la nécessité d'un Dieu et d'une religion sur la terre. Eux seuls prouvent au reste des hommes qu'il ne faut attendre de bonheur ici-bas que dans la vertu et dans l'innocence ; que tout ce qui augmente nos passions multiplie nos peines ; que les heureux du monde n'en sont, pour ainsi dire, que les premiers martyrs, et que Dieu seul peut suffire à un cœur qui n'est fait que pour lui seul.

Dieu de mes pères, disoit autrefois un jeune roi, et qui dès l'enfance, comme vous, Sire, étoit monté sur le trône; Dieu de mes pères, vous m'avez établi prince sur votre peuple, et juge des enfants d'Israël : au sortir presque du berceau, vous m'avez placé sur le trône; et en un âge où l'on ignore encore l'art de se conduire soi-même, vous m'avez choisi pour être le conducteur d'un grand peuple : *Deus patrum meorum, tu elegisti me regem populo tuo.*[1] Vous m'avez environné de gloire, de prospérité et d'abondance ; mais la magnificence de vos dons sera elle-même la source de mes malheurs et de mes peines, si vous n'y ajoutez l'amour de vos commandements et la sagesse. Envoyez-la-moi du haut des cieux, où elle assiste sans cesse à vos côtés ; c'est elle qui préside aux bons conseils, et qui donnera à ma jeunesse toute la prudence des vieillards et toute la majesté des rois mes

[1] Sap. 9. 7.

ancêtres ; elle seule m'adoucira les soucis de l'autorité et le poids de ma couronne : *Ut mecum sit et mecum laboret :* [1] elle seule me fera passer des jours heureux, et me soutiendra dans les ennuis et les pensées inquiètes que la royauté traîne après elle : *Et erit allocutio cogitationis et tædii mei.* [2] Je ne trouverai de repos au milieu même de la magnificence de mes palais, et parmi les hommages qu'on m'y rendra, qu'avec elle : *Intrans in domum meam, conquiescam cum illa.* [3] Les plaisirs finissent par l'amertume ; le trône lui-même, grand Dieu ! si vous n'y êtes assis avec le souverain, est le siège des noirs soucis : mais votre crainte et la sagesse ne laisse point de regret après elle : on ne s'ennuie point de la posséder ; et la joie même et la paix ne se trouvent jamais qu'avec elle : *Nec enim habet amaritudinem conversatio illius, nec tædium, sed lætitiam et gaudium.* [4]

Heureux donc le prince, ô mon Dieu ! qui ne croit commencer à régner que lorsqu'il commence à vous craindre, qui ne se propose d'aller à la gloire que par la vertu, et qui regarde comme un malheur de commander aux autres, s'il ne vous est pas soumis lui-même !

Donnez donc, grand Dieu ! votre sagesse et votre jugement au roi, et votre justice à cet enfant de

[1] Sap. 9. 10. — [2] Ibid. 8. 9. — [3] Ibid. 8. 16. — [4] Ibid.

tant de rois : [1] vous qui êtes le secours du pupille, rendez-lui, par l'abondance de vos bénédictions, ce que vous lui avez ôté en le privant des exemples d'un père pieux, et des leçons d'un auguste bisaïeul : réparez ses pertes par l'accroissement de vos grâces et de vos bienfaits : vous seul, grand Dieu ! tenez-lui lieu de tout ce qui lui manque : regardez avec des yeux paternels cet enfant auguste que vous avez, pour ainsi dire, laissé seul sur la terre, et dont vous êtes par conséquent le premier tuteur et le père : que son enfance, qui le rend si cher à la nation, réveille les entrailles de votre miséricorde et de votre tendresse : environnez sa jeunesse des secours singuliers de votre protection : la foiblesse de son âge, et les grâces qui brillent déjà dans ses premières années, nous arrachent tous les jours des larmes de crainte et de tendresse ; rassurez nos frayeurs en éloignant de lui tous les périls qui pourroient menacer sa vie ; et récompensez notre tendresse en le rendant lui-même tendre et humain pour ses peuples : rendez-le heureux en lui conservant votre crainte, qui seule fait le bonheur des peuples et des rois : assurez la félicité de son règne par la bonté de son cœur, et par l'innocence de sa vie : que votre loi sainte soit écrite au fond de son âme et autour de son diadème pour lui en adoucir le poids ; qu'il ne sente

---

[1] Ps. 71. 1.

les soucis de la royauté que par sa sensibilité aux misères publiques; et que sa piété, plus encore que sa puissance et ses victoires, fasse tout son bonheur et le nôtre !

Ainsi soit-il.

SERMON

POUR LE QUATRIÈME DIMANCHE

DE CARÊME.

SUR L'HUMANITÉ DES GRANDS ENVERS LE PEUPLE.

Cum sublevasset oculos Jesus, et vidisset quia multitudo maxima venit ad eum.....

Jésus ayant levé les yeux, et voyant une grande foule de peuple qui venoit à lui..... Joan. 6. 5.

Sire,

Ce n'est pas la toute-puissance de Jésus-Christ et la merveille des pains multipliés par sa seule parole, qui doit aujourd'hui nous toucher et nous surprendre. Celui, par qui tout étoit fait, pouvoit tout sans doute sur des créatures qui sont son ouvrage; et ce qui frappe le plus les sens dans ce prodige, n'est pas ce que je choisis aujourd'hui pour nous consoler et nous instruire.

C'est son humanité envers les peuples. Il voit

une multitude errante et affamée au pied de la montagne, et ses entrailles se troublent; et sa pitié se réveille; et il ne peut refuser aux besoins de ces infortunés non-seulement son secours, mais encore sa compassion et sa tendresse : *Vidit turbam multam, et misertus est eis.*[1]

Partout il laisse échapper des traits d'humanité pour les peuples. A la vue des malheurs qui menacent Jérusalem, il soulage sa douleur par sa pitié et par ses larmes.

Quand deux disciples veulent faire descendre le feu du ciel sur une ville de Samarie, son humanité s'intéresse pour ce peuple contre leur zèle, et il leur reproche d'ignorer encore l'esprit de douceur et de charité dont ils vont être les ministres.

Si les apôtres éloignent rudement une foule d'enfants qui s'empressent autour de lui, sa bonté s'offense qu'on veuille l'empêcher d'être accessible; et plus un respect mal entendu éloigne de lui les foibles et les petits, plus sa clémence et son affabilité s'en rapproche.

Grande leçon d'humanité envers les peuples, que Jésus-Christ donne aujourd'hui aux princes et aux grands. Ils ne sont grands que pour les autres hommes; et ils ne jouissent proprement de leur grandeur, qu'autant qu'ils la rendent utile aux autres hommes.

[1] Matth. 14. 14.

C'est-à-dire, l'humanité envers les peuples est le premier devoir des grands; et l'humanité envers les peuples est l'usage le plus délicieux de la grandeur.

PREMIÈRE PARTIE.

Sire, toute puissance vient de Dieu, et tout ce qui vient de Dieu n'est établi que pour l'utilité des hommes. Les grands seroient inutiles sur la terre, s'il ne s'y trouvoit des pauvres et des malheureux : ils ne doivent leur élévation qu'aux besoins publics ; et, loin que les peuples soient faits pour eux, ils ne sont eux-mêmes tout ce qu'ils sont que pour les peuples.

Quelle affreuse providence, si toute la multitude des hommes n'étoit placée sur la terre que pour servir aux plaisirs d'un petit nombre d'heureux qui l'habitent, et qui souvent ne connoissent pas le Dieu qui les comble de bienfaits!

Si Dieu en élève quelques-uns, c'est donc pour être l'appui et la ressource des autres. Il se décharge sur eux du soin des foibles et des petits ; c'est par-là qu'ils entrent dans l'ordre des conseils de la sagesse éternelle. Tout ce qu'il y a de réel dans leur grandeur, c'est l'usage qu'ils en doivent faire pour ceux qui souffrent; c'est le seul trait de distinction que Dieu ait mis en nous : ils ne sont que les ministres de sa bonté et de sa providence ; et ils perdent le droit et le titre qui les fait grands, dès qu'ils ne veulent l'être que pour eux-mêmes.

L'humanité envers les peuples est donc le premier devoir des grands ; et l'humanité renferme l'affabilité, la protection, et les largesses.

Je dis l'affabilité. Oui, Sire, on peut dire que la fierté, qui d'ordinaire est le vice des grands, ne devroit être que comme la triste ressource de la roture et de l'obscurité. Il paroîtroit bien plus pardonnable à ceux qui naissent, pour ainsi dire, dans la boue, de s'enfler, de se hausser, et de tâcher de se mettre, par l'enflure secrète de l'orgueil, de niveau avec ceux au-dessous desquels ils se trouvent si fort par la naissance. Rien ne révolte plus les hommes d'une naissance obscure et vulgaire, que la distance énorme que le hasard a mise entre eux et les grands : ils peuvent toujours se flatter de cette vaine persuasion, que la nature a été injuste de les faire naître dans l'obscurité, tandis qu'elle a réservé l'éclat du sang et des titres pour tant d'autres dont le nom fait tout le mérite : plus ils se trouvent bas, moins ils se croient à leur place. Aussi l'insolence et la hauteur deviennent souvent le partage de la plus vile populace ; et plus d'une fois les anciens règnes de la monarchie l'ont vue se soulever, vouloir secouer le joug des nobles et des grands, et conjurer leur extinction et leur ruine entière.

Les grands, au contraire, placés si haut par la nature, ne sauroient plus trouver de gloire qu'en s'abaissant : ils n'ont plus de distinction à se donner du côté du rang et de la naissance; ils ne peuvent s'en donner que par l'affabilité; et s'il est encore un orgueil qui puisse leur être permis, c'est celui de se rendre humains et accessibles.

Il est vrai même que l'affabilité est comme le caractère inséparable et la plus sûre marque de la grandeur : les descendants de ces races illustres et anciennes, auxquels personne ne dispute la supériorité du nom et l'antiquité de l'origine, ne portent point sur leur front l'orgueil de leur naissance : ils vous la laisseroient ignorer, si elle pouvoit être ignorée : les monuments publics en parlent assez, sans qu'ils en parlent eux-mêmes : on ne sent leur élévation que par une noble simplicité : ils se rendent encore plus respectables, en ne souffrant qu'avec peine le respect qui leur est dû ; et parmi tant de titres qui les distinguent, la politesse et l'affabilité est la seule distinction qu'ils affectent. Ceux, au contraire, qui se parent d'une antiquité douteuse, et à qui l'on dispute tout bas l'éclat et les prééminences de leurs ancêtres, craignent toujours qu'on ignore la grandeur de leur race, l'ont sans cesse dans la bouche, croient en assurer la vérité par une affectation d'orgueil et de hauteur, mettent la fierté à la place des titres; et, en exigeant au delà de ce qui leur est dû, ils font qu'on leur conteste même ce qu'on devroit leur rendre.

En effet, on est moins touché de son élévation quand on est né pour être grand. Quiconque est ébloui de ce degré éminent où la naissance et la fortune l'ont placé, c'est-à-dire qu'il n'étoit pas fait pour monter si haut : les plus hautes places sont toujours au-dessous des grandes âmes; rien ne les enfle et ne les éblouit, parce que rien n'est plus haut qu'elles.

La fierté prend donc sa source dans la médiocrité, ou n'est plus qu'une ruse qui la cache; c'est une preuve certaine qu'on perdroit en se montrant de trop près : on couvre de la fierté des défauts et des foiblesses que la fierté trahit et manifeste elle-même : on fait de l'orgueil le supplément, si j'ose parler ainsi, du mérite; et on ne sait pas que le mérite n'a rien qui lui ressemble moins que l'orgueil.

Aussi les plus grands hommes, Sire, et les plus grands rois ont toujours été les plus affables. Une simple femme thécuite venoit exposer simplement à David ses chagrins domestiques; et, si l'éclat du trône étoit tempéré par l'affabilité du souverain, l'affabilité du souverain relevoit l'éclat et la majesté du trône.

Nos rois, Sire, ne perdent rien à se rendre accessibles : l'amour des peuples leur répond du respect qui leur est dû. Le trône n'est élevé que pour être l'asile de ceux qui viennent implorer votre justice ou votre clémence : plus vous en rendez l'accès facile à vos sujets, plus vous en augmentez l'éclat et la majesté. Et n'est-il pas juste que la nation de l'univers, qui aime le plus ses maîtres, ait aussi plus de droit de les approcher? Montrez, Sire, à vos peuples tout ce que le ciel a mis en vous de dons et de talents aimables; laissez-leur voir de près le bonheur qu'ils attendent de votre règne : les charmes et la majesté de votre personne, la bonté et la droiture de votre cœur, assureront toujours plus les hommages qui sont dus à votre rang, que votre autorité et votre puissance.

Ces princes invisibles et efféminés, ces Assuérus devant lesquels c'étoit un crime digne de mort pour Esther même d'oser paroître sans ordre, et dont la seule présence glaçoit le sang dans les veines des suppliants, n'étoient plus, vus de près, que de foibles idoles, sans âme, sans vie, sans courage, sans vertu ; livrés dans le fond de leurs palais à de vils esclaves; séparés de tout commerce, comme s'ils n'avoient pas été dignes de se montrer aux hommes, ou que des hommes faits comme eux n'eussent pas été dignes de les voir : l'obscurité et la solitude en faisoient toute la majesté.

Il y a dans l'affabilité une sorte de confiance en soi-même qui sied bien aux grands, qui fait qu'on ne craint point de s'avilir en s'abaissant, et qui est comme une espèce de valeur et de courage pacifique : c'est être foible et timide que d'être inaccessible et fier.

D'ailleurs, Sire, en quoi les princes et les grands qui n'offrent jamais aux peuples qu'un front sévère et dédaigneux sont plus inexcusables, c'est qu'il leur en coûte si peu de se concilier les cœurs : il ne faut pour cela ni effort, ni étude ; une seule parole, un sourire gracieux, un seul regard suffit : le peuple leur compte tout : leur rang donne du prix à tout. La seule sérénité du visage du roi, dit l'Écriture, est la vie et la félicité des peuples ; et son air doux et humain est pour les cœurs de ses sujets ce que la rosée du soir est pour les terres sèches et arides : *In hilaritate vultus regis, vita ; et clementia ejus quasi imber serotinus.*[1]

Et peut-on laisser aliéner des cœurs qu'on peut gagner à si bas prix ? n'est-ce pas s'avilir soi-même que de dépriser à ce point toute l'humanité ? et mérite-t-on le nom de grand, quand on ne sait pas même sentir ce que valent les hommes ?

La nature n'a-t-elle pas déjà imposé une assez grande peine aux peuples et aux malheureux, de les avoir fait naître dans la dépendance, et comme

[1] Prov. 16. 15.

dans l'esclavage? n'est-ce pas assez que la bassesse ou le malheur de leur condition leur fasse un devoir, et comme une loi, de ramper et de rendre des hommages? faut-il encore leur aggraver le joug par le mépris et par une fierté qui en est si digne elle-même? ne suffit-il pas que leur dépendance soit une peine? faut-il encore les en faire rougir comme d'un crime? et si quelqu'un devoit être honteux de son état, seroit-ce le pauvre qui le souffre, ou le grand qui en abuse?

Il est vrai que souvent c'est l'humeur toute seule, plutôt que l'orgueil, qui efface du front des grands cette sérénité qui les rend accessibles et affables : c'est une inégalité de caprice plus que de fierté. Occupés de leurs plaisirs, et lassés des hommages, ils ne les reçoivent plus qu'avec dégoût : il semble que l'affabilité leur devienne un devoir importun, et qui leur est à charge. A force d'être honorés, ils sont fatigués des honneurs qu'on leur rend, et ils se dérobent souvent aux hommages publics pour se dérober à la fatigue d'y paroître sensibles. Mais qu'il faut être né dur pour se faire même une peine de paroître humain! N'est-ce pas une barbarie, non-seulement de n'être pas touchés, mais de recevoir même avec ennui les marques d'amour et de respect que nous donnent ceux qui nous sont soumis? n'est-ce pas déclarer tout haut qu'on ne mérite pas l'affection des peuples, quand on en rébute les plus tendres témoignages? peut-on alléguer là-dessus les moments d'humeur et de chagrin que les soins de la grandeur et de l'autorité traînent après soi? l'humeur est-elle donc le privilége des grands, pour être l'excuse de leurs vices?

Hélas! s'il pouvoit être quelquefois permis d'être sombre, bizarre, chagrin, à charge aux autres et à soi-même, ce devroit être à ces infortunés que la faim, la misère, les calamités, les nécessités domestiques, et tous les plus noirs soucis environnent : ils seroient bien plus dignes d'excuse, si portant déjà le deuil, l'amertume, le désespoir souvent dans le cœur, ils en laissoient échapper quelques traits au dehors. Mais que les grands, que les heureux du monde, à qui tout rit, et que les joies et les plaisirs accompagnent partout, prétendent tirer de leur félicité même un privilége qui excuse leurs chagrins bizarres et leurs caprices; qu'il leur soit plus permis d'être fâcheux, inquiets, inabordables, parce qu'ils sont plus heureux; qu'ils regardent comme un droit acquis à la prospérité d'accabler encore du poids de leur humeur des malheureux qui gémissent déjà sous le joug de leur autorité et de leur puissance; grand Dieu! seroit-ce donc là le privilége des grands, ou la punition du mauvais usage qu'ils font de la grandeur? car il est vrai que les caprices et les noirs chagrins semblent être le partage des grands; et l'innocence de la joie et de la sérénité n'est que pour le peuple.

Mais l'affabilité, qui prend sa source dans l'humanité, n'est pas une de ces vertus superficielles qui ne résident que sur le visage : c'est un sentiment qui naît de la tendresse et de la bonté du cœur. L'affabilité ne seroit plus qu'une insulte et une dérision pour les malheureux, si, en leur montrant un visage doux et ouvert, elle leur fermoit nos entrailles, et ne nous rendoit plus accessibles à leurs plaintes que pour nous rendre plus insensibles à leurs peines.

Les malheureux et les opprimés n'ont droit de les approcher que pour trouver auprès d'eux la protection qui leur manque. Oui, mes Frères, les lois qui ont pourvu à la défense des foibles ne suffisent pas pour les mettre à couvert de l'injustice et de l'oppression : la misère ose rarement réclamer les lois établies pour la protéger ; et le crédit souvent leur impose silence.

C'est donc aux grands à remettre le peuple sous la protection des lois : la veuve, l'orphelin, tous ceux qu'on foule et qu'on opprime, ont un droit acquis à leur crédit et à leur puissance ; elle ne leur est donnée que pour eux ; c'est à eux à porter au pied du trône les plaintes et les gémissements de l'opprimé : ils sont comme le canal de communication, et le lien des peuples avec le souverain, puisque le souverain n'est lui-même que le père et le pasteur des peuples. Ainsi ce sont les peuples tout seuls qui donnent aux grands le droit qu'ils ont d'approcher du trône, et c'est pour les peuples tout seuls que le trône lui-même est élevé : en un mot, et les grands et le prince ne sont, pour ainsi dire, que les hommes du peuple.

Mais si, loin d'être les protecteurs de sa foiblesse, les grands et les ministres des rois en sont eux-mêmes les oppresseurs; s'ils ne sont plus que comme ces tuteurs barbares qui dépouillent eux-mêmes leurs pupilles; grand Dieu! les clameurs du pauvre et de l'opprimé monteront devant vous; vous maudirez ces races cruelles; vous lancerez vos foudres sur les géants; vous renverserez tout cet édifice d'orgueil, d'injustice et de prospérité, qui s'étoit élevé sur les débris de tant de malheureux; et leur prospérité sera ensevelie sous ses ruines.

Aussi la prospérité des grands et des ministres des souverains, qui ont été les oppresseurs des peuples, n'a jamais porté que la honte, l'ignominie et la malédiction à leurs descendants. On a vu sortir de cette tige d'iniquité des rejetons honteux, qui ont été l'opprobre de leur nom et de leur siècle : le Seigneur a soufflé sur l'amas de leurs richesses injustes, et l'a dissipé comme de la poussière; et s'il laisse encore traîner sur la terre des restes infortunés de leur race, c'est pour les faire servir de monument éternel à ses vengeances, et perpétuer la peine d'un crime qui perpétue presque toujours avec lui l'affliction et la misère publique dans les empires.

La protection des foibles est donc le seul usage légitime du crédit et de l'autorité ; mais les secours et les largesses qu'ils doivent trouver dans notre abondance forment le dernier caractère de l'humanité.

Oui, mes Frères, si c'est Dieu seul qui vous a fait naître ce que vous êtes, quel a pu être son dessein en répandant avec tant de profusion sur vous les biens de la terre? A-t-il voulu vous faciliter le luxe, les passions et les plaisirs qu'il condamne? sont-ce des présents qu'il vous ait faits dans sa colère? si cela est, si c'est pour vous seuls qu'il vous a fait naître dans la prospérité et dans l'opulence, jouissez-en, à la bonne heure ; faites-vous, si vous le pouvez, une injuste félicité sur la terre ; vivez comme si tout étoit fait pour vous ; multipliez vos plaisirs : hâtez-vous de jouir : le temps est court ; n'attendez plus rien au delà que la mort et le jugement : vous avez reçu ici-bas votre récompense.

Mais, si dans les desseins de Dieu, vos biens doivent être les ressources et les facilités de votre salut, il ne laisse donc des pauvres et des malheureux sur la terre que pour vous : vous leur tenez donc ici-bas la place de Dieu même : vous êtes, pour ainsi dire, leur providence visible : ils ont droit de vous réclamer, et de vous exposer leurs besoins : vos biens sont leurs biens, et vos largesses le seul patrimoine que Dieu leur ait assigné sur la terre.

DEUXIÈME PARTIE.

Et qu'y a-t-il dans votre état de plus digne d'envie que le pouvoir de faire des heureux ? si l'humanité envers les peuples est le premier devoir des grands, n'est-elle pas aussi l'usage le plus délicieux de la grandeur?

Quand toute la religion ne seroit pas elle-même un motif universel de charité envers nos frères, et que notre humanité à leur égard ne seroit payée que par le plaisir de faire des heureux et de soulager ceux qui souffrent, en faudroit-il davantage pour un bon cœur? Quiconque n'est pas sensible à un plaisir si vrai, si touchant, si digne du cœur, il n'est pas né grand, il ne mérite pas même d'être homme. Qu'on est digne de mépris, dit saint Ambroise, quand on peut faire des heureux, et qu'on ne le veut pas ! *Infelix cujus in potestate est tantorum animas a morte defendere, et non est voluntas.*[1]

Il semble même que c'est une malédiction atta-

---

[1] S. Amb. in vita Nab. 13.

chée à la grandeur. Les personnes nées dans une fortune obscure et privée n'envient dans les grands que le pouvoir de faire des grâces et de contribuer à la félicité d'autrui : on sent qu'à leur place on seroit trop heureux de répandre la joie et l'allégresse dans les cœurs en y répandant des bienfaits, et de s'assurer pour toujours leur amour et leur reconnoissance. Si, dans une condition médiocre, on forme quelquefois de ces désirs chimériques de parvenir à de grandes places; le premier usage qu'on se propose de cette nouvelle élévation, c'est d'être bienfaisant, et d'en faire part à tous ceux qui nous environnent : c'est la première leçon de la nature, et le premier sentiment que les hommes du commun trouvent en eux. Ce n'est que dans les grands seuls qu'il est éteint : il semble que la grandeur leur donne un autre cœur, plus dur et plus insensible que celui du reste des hommes ; que plus on est à portée de soulager des malheureux, moins on est touché de leurs misères ; que plus on est le maître de s'attirer l'amour et la bienveillance des hommes, moins on en fait cas ; et qu'il suffit de pouvoir tout, pour n'être touché de rien.

Mais quel usage plus doux et plus flatteur, mes Frères, pourriez-vous faire de votre élévation et de votre opulence? Vous attirer des hommages? mais l'orgueil lui-même s'en lasse. Commander aux hommes et leur donner des lois? mais ce sont là les soins de l'autorité, ce n'en est pas le plaisir. Voir autour de vous multiplier à l'infini vos serviteurs et vos esclaves? mais ce sont des témoins qui vous embarrassent et vous gênent, plutôt qu'une pompe qui vous décore. Habiter des palais somptueux? mais vous vous édifiez, dit Job, des solitudes où les soucis et les noirs chagrins viennent bientôt habiter avec vous. Y rassembler tous les plaisirs? ils peuvent remplir ces vastes édifices, mais ils laisseront toujours votre cœur vide. Trouver tous les jours dans votre opulence de nouvelles ressources à vos caprices? la variété des ressources tarit bientôt; tout est bientôt épuisé; il faut revenir sur ses pas, et recommencer sans cesse ce que l'ennui rend insipide, et ce que l'oisiveté a rendu nécessaire. Employez tant qu'il vous plaira vos biens et votre autorité à tous les usages que l'orgueil et les plaisirs peuvent inventer: vous serez rassasié, mais vous ne serez pas satisfait; ils vous montreront la joie, mais ils ne la laisseront pas dans votre cœur.

Employez-les à faire des heureux, à rendre la vie plus douce et plus supportable à des infortunés que l'excès de la misère a peut-être réduits mille fois à souhaiter, comme Job, que le jour qui les vit naître eût été lui-même la nuit éternelle de leur tombeau: vous sentirez alors le plaisir d'être né grand, vous goûterez la véritable douceur de votre état : c'est le seul privilége qui le rend digne d'envie. Toute cette vaine montre qui vous environne est pour les autres; ce plaisir est pour vous seul : tout le reste a ses amertumes; ce plaisir seul les adoucit toutes : la joie de faire du bien est tout autrement douce et touchante que la joie de le recevoir : revenez-y encore, c'est un plaisir qui ne s'use point; plus on le goûte, plus on se rend digne de le goûter : on s'accoutume à sa prospérité propre, et on y devient insensible; mais on sent toujours la joie d'être l'auteur de la prospérité d'autrui : chaque bienfait porte avec lui ce tribut doux et secret dans notre âme : le long usage qui endurcit le cœur à tous les plaisirs le rend ici tous les jours plus sensible.

Et qu'a la majesté du trône elle-même, Sire, de plus délicieux que le pouvoir de faire des grâces? que seroit la puissance des rois, s'ils se condamnoient à en jouir tout seuls? une triste solitude, l'horreur des sujets, et le supplice du souverain. C'est l'usage de l'autorité qui en fait le plus doux plaisir; et le plus doux usage de l'autorité, c'est la clémence et la libéralité qui la rendent aimable.

Nouvelle raison : outre le plaisir de faire du bien, qui nous paie comptant de notre bienfait; montrez de la douceur et de l'humanité dans l'usage de votre puissance, dit l'Esprit de Dieu, et c'est la gloire la plus sûre et la plus durable où les grands puissent atteindre : *In mansuetudine opera tua perfice, et super hominum gloriam diligeris.*[1]

Non, Sire, ce n'est pas le rang, les titres, la puissance, qui rendent les souverains aimables : ce n'est pas même les talents glorieux que le monde admire, la valeur, la supériorité du génie, l'art de manier les esprits et de gouverner les peuples : ces grands talents ne les rendent aimables à leurs sujets qu'autant qu'ils les rendent humains et bienfaisants. Vous ne serez grand qu'autant que vous leur serez cher : l'amour des peuples a toujours été la gloire la plus réelle et la moins équivoque des souverains ; et les peuples n'aiment guère dans les souverains que les vertus qui rendent leur règne heureux.

Et, en effet, est-il pour les princes une gloire plus pure et plus touchante que celle de régner sur les cœurs ? La gloire des conquêtes est toujours souillée de sang ; c'est le carnage et la mort qui nous y conduit ; et il faut faire des malheureux pour se l'assurer : l'appareil qui l'environne est funeste et lugubre ; et souvent le conquérant lui-même, s'il est humain, est forcé de verser des larmes sur ses propres victoires.

Mais la gloire, Sire, d'être cher à son peuple et de le rendre heureux, n'est environnée que de la joie et de l'abondance : il ne faut point élever de

[1] Eccli. 3. 19.

statues et de colonnes superbes pour l'immortaliser : elle s'élève dans le cœur de chaque sujet un monument plus durable que l'airain et le bronze, parce que l'amour dont il est l'ouvrage est plus fort que la mort : le titre de conquérant n'est écrit que sur le marbre ; le titre de père du peuple est gravé dans les cœurs.

Et quelle félicité pour le souverain, de regarder son royaume comme sa famille, ses sujets comme ses enfants ; de compter que leurs cœurs sont encore plus à lui que leurs biens et leurs personnes ; et de voir, pour ainsi dire, ratifier chaque jour le premier choix de la nation qui éleva ses ancêtres sur le trône ! La gloire des conquêtes et des triomphes a-t-elle rien qui égale ce plaisir ? Mais de plus, Sire, si la gloire des conquérants vous touche, commencez par gagner les cœurs de vos sujets ; cette conquête vous répond de celle de l'univers. Un roi cher à une nation valeureuse comme la vôtre n'a plus rien à craindre que l'excès de ses prospérités et de ses victoires.

Écoutez cette multitude que Jésus-Christ rassasie aujourd'hui dans le désert : ils veulent l'établir roi sur eux : *Ut raperent eum, et facerent eum regem.*[1] Ils lui dressent déjà un trône dans leur cœur, ne pouvant le faire remonter encore sur celui de David et des rois de Juda ses ancêtres : ils ne reconnois-

[1] Joan. 6. 15.

sent son droit à la royauté que par son humanité.
Ah! si les hommes se donnoient des maîtres, ce
ne seroit ni les plus nobles, ni les plus vaillants
qu'ils choisiroient ; ce seroit les plus tendres, les
plus humains, des maîtres qui fussent en même
temps leurs pères.

Heureuse la nation, grand Dieu! à qui vous destinez dans votre miséricorde un souverain de ce
caractère! D'heureux présages semblent nous le
promettre : la clémence et la majesté, peintes sur
le front de cet auguste enfant, nous annoncent déjà
la félicité de nos peuples ; ses inclinations douces
et bienfaisantes rassurent et font croître tous les
jours nos espérances. Cultivez donc, ô mon Dieu,
ces premiers gages de notre bonheur : rendez-le
aussi tendre pour ses peuples que le prince pieux
auquel il doit la naissance, et que vous n'avez fait
que montrer à la terre : il ne vouloit régner, vous
le savez, que pour nous rendre heureux ; nos misères étoient ses misères ; nos afflictions étoient les
siennes ; et son cœur ne faisoit qu'un cœur avec le
nôtre. Que la clémence et la miséricorde croissent
donc avec l'âge dans cet enfant précieux, et coulent en lui avec le sang d'un père si humain et si
miséricordieux : que la douceur et la majesté de
son front soit toujours une image de celle de son
âme: que son peuple lui soit aussi cher qu'il est lui-
même cher à son peuple : qu'il prenne dans la ten-

dresse de la nation pour lui, la règle et la mesure de l'amour qu'il doit avoir pour elle : par-là il sera aussi grand que son bisaïeul, plus glorieux que tous ses ancêtres, et son humanité sera la source de notre félicité sur la terre et de son bonheur dans le ciel.

Ainsi soit-il.

SERMON

POUR LE JOUR

DE L'INCARNATION.

SUR LES CARACTÈRES DE LA GRANDEUR DE JÉSUS-CHRIST.

Hic erit magnus.

Il sera grand. Luc. 1. 32.

Sire,

Quand les hommes augurent d'un jeune prince qu'il sera grand, cette idée ne réveille en eux que des victoires et des prospérités temporelles; ils n'établissent sa grandeur future que sur des malheurs publics; et les mêmes signes qui annoncent l'éclat de sa gloire sont comme des présages sinistres qui ne promettent que des calamités au reste de la terre.

Mais ce n'est pas à ces marques vaines et lugubres de grandeur que l'ange annonce aujourd'hui à Marie que Jésus-Christ sera grand : le langage du ciel et de la vérité ne ressemble pas à l'erreur et à la vanité des adulations humaines ; et Dieu ne parle point comme l'homme.

Jésus-Christ sera grand, parce qu'il sera le Saint et le Fils de Dieu : *Sanctum, vocabitur Filius Dei ;* [1] parce qu'il sauvera son peuple : *Ipse enim salvum faciet populum suum ;* [2] parce que son règne ne finira plus : *Et regni ejus non erit finis.* [3] Tels sont les caractères de sa grandeur : une grandeur de sainteté; une grandeur de miséricorde ; une grandeur de perpétuité et de durée.

Et voilà les caractères de la véritable grandeur. Ce n'est pas, Sire, dans l'élévation de la naissance, dans l'éclat des titres et des victoires, dans l'étendue de la puissance et de l'autorité, que les princes et les grands doivent la chercher : ils ne seront grands, comme Jésus-Christ, qu'autant qu'ils seront saints, qu'ils seront utiles aux peuples, et que leur vie et leur règne deviendra un modèle qui se perpétuera dans tous les siècles ; c'est-à-dire qu'ils auront comme Jésus-Christ une grandeur de sainteté, une grandeur de miséricorde, une grandeur de perpétuité et de durée.

[1] Luc. 1. 35 — [2] Matth. 1. 21. — [3] Luc. 1. 33.

PREMIÈRE PARTIE.

Sire, l'origine éternelle de Jésus-Christ, son titre de Fils de Dieu, qui est le titre essentiel de sa sainteté, l'est aussi de sa grandeur et de son éminence. Il n'est pas appelé grand, parce qu'il compte des rois et des patriarches parmi ses ancêtres, et que le sang le plus auguste de l'univers coule dans ses veines; il est grand, parce qu'il est le Saint et le Fils du Très-Haut : toute sa grandeur a sa source dans le sein de Dieu, d'où il est sorti; et le grand mystère de ses voies éternelles, qui se manifeste aujourd'hui, va puiser tout son éclat dans sa naissance divine.

Nous n'avons de grand que ce qui nous vient de Dieu. Oui, mes Frères, que les grands se vantent d'avoir comme Jésus-Christ des princes et des rois parmi leurs ancêtres : s'ils n'ont point d'autre gloire que celle de leurs aïeux; si toute leur grandeur est dans leur nom; si leurs titres sont leurs uniques vertus; s'il faut rappeler les siècles passés pour les trouver dignes de nos hommages; leur naissance les avilit et les déshonore, même selon le monde. On oppose sans cesse leur nom à leur personne : le souvenir de leurs aïeux devient leur opprobre : les histoires où sont écrites les grandes actions de leurs pères ne sont plus que des témoins qui déposent contre eux : on cherche ces glorieux ancêtres dans leurs indignes successeurs : on redemande à leurs noms les vertus qui ont autrefois honoré la patrie ; et cet amas de gloire dont ils ont hérité n'est plus qu'un poids de honte qui les flétrit et qui les accable.

Cependant la plupart portent sur leur front l'orgueil de leur origine. Ils comptent les degrés de leur grandeur par des siècles qui ne sont plus, par des dignités qu'ils ne possèdent plus, par des actions qu'ils n'ont point faites, par des aïeux dont il ne reste qu'une vile poussière, par des monuments que les temps ont effacés ; et se croient au-dessus des autres hommes, parce qu'il leur reste plus de débris domestiques de la rapidité des temps, et qu'ils peuvent produire plus de titres que les autres hommes de la vanité des choses humaines.

Sans doute une haute naissance est une prérogative illustre à laquelle le consentement des nations a attaché de tout temps des distinctions d'honneur et d'hommage ; mais ce n'est qu'un titre, ce n'est pas une vertu : c'est un engagement à la gloire ; ce n'est pas elle qui la donne : c'est une leçon domestique et un motif honorable de grandeur ; mais ce n'est pas ce qui nous fait grands : c'est une succession d'honneur et de mérite ; mais elle manque, et s'éteint en nous, dès que nous héritons du nom sans hériter des vertus qui l'ont rendu illustre. Nous commençons, pour ainsi dire, une nouvelle race; nous devenons des hommes nouveaux; la noblesse n'est plus que pour notre nom, et la roture pour notre personne.

Mais si, devant le monde même, la naissance sans la vertu n'est plus qu'un vain titre qui nous reproche sans cesse notre oisiveté et notre bassesse; qu'est-elle devant Dieu, qui ne voit de grand et de réel en nous que les dons de sa grâce et de son esprit qu'il y a mis lui-même?

C'est donc notre naissance selon la foi qui fait le plus glorieux de tous nos titres. Nous ne sommes grands, que parce que nous sommes, comme Jésus-Christ, enfants de Dieu, et que nous soutenons la noblesse et l'excellence d'une si haute origine. C'est elle qui élève le chrétien au-dessus des rois et des princes de la terre : c'est par elle que nous entrons aujourd'hui dans tous les droits de Jésus-Christ; que tout est à nous; que tout l'univers n'est que pour nous; que les patriarches et tous les élus des siècles passés sont nos ancêtres; que nous devenons héritiers d'un royaume éternel; que nous jugerons les anges et les hommes; et que nous verrons un jour à nos pieds toutes les nations et les puissances du siècle.

Telle est, Sire, la prérogative des enfants de Dieu. Aussi nos rois ont mis le titre de chrétien à la tête de tous les titres qui entourent et ennoblissent leur couronne; et le plus saint de vos prédécesseurs n'alloit pas chercher la source et l'origine de sa grandeur dans le nombre des villes et des provinces soumises à son empire, mais dans le lieu seul où il avoit été mis par le baptême au nombre des enfants de Dieu.

Mais, Sire, ce n'est pas assez, dit saint Jean, d'en porter le nom, il faut l'être en effet : *Ut filii Dei nominemur et simus.* [1] Si les enfants des rois, dégénérant de leur auguste naissance, n'avoient que des inclinations basses et vulgaires; s'ils se proposoient la fortune d'un vil artisan comme l'objet le plus digne de leur cœur, et seul capable de remplir leurs grandes destinées; si, perdant de vue le trône où ils doivent un jour être élevés, ils ne connoissoient rien de plus grand que de ramper dans la boue, et d'être confondus par leurs sentiments et leurs occupations avec la plus vile populace; quel opprobre pour leur nom et pour la nation qui attendroit de tels maîtres!

Tels, et encore plus coupables, Sire, sont les enfants de Dieu quand ils se dégradent jusqu'à vivre comme les enfants du siècle. La grâce de votre baptême vous a élevé encore plus haut que la gloire de votre naissance, quoiqu'elle soit la plus auguste de l'univers : par celle-ci vous n'êtes qu'un roi temporel; l'autre vous rend héritier d'un royaume éter-

---

[1] S. Joan. Ep. 1. 3. 1.

nel : la première ne vous fait que l'enfant des rois ; par l'autre vous êtes devenu l'enfant de Dieu. Tous les jours nous voyons croître et se développer dans votre majesté des sentiments et des inclinations dignes de la naissance que vous avez eue des rois vos ancêtres ; mais ce ne seroit rien, si vous n'en montriez encore qui répondissent à la grandeur de la naissance que vous tenez de Dieu, lequel vous a mis par le baptême au nombre de ses enfants.

Or, par tout ce qu'exige une naissance royale, jugez, Sire, de ce que doit exiger une naissance toute divine. Si les enfants des rois doivent être au-dessus des autres hommes ; si la moindre bassesse les déshonore ; si le plus léger défaut de courage est une tache qui flétrit tout l'éclat de leur naissance ; si on leur fait un crime d'une simple inégalité d'humeur ; s'il faut qu'ils soient plus vaillants, plus sages, plus circonspects, plus doux, plus affables, plus humains, plus grands que le reste des hommes ; si le monde exige tant des enfants de la terre ; qu'est-ce que Dieu ne doit pas demander des enfants du ciel ? quelle innocence ? quelle pureté de désirs ? quelle élévation de sentiments ? quelle supériorité au-dessus des sens et des passions ? quel mépris pour tout ce qui n'est pas éternel ? qu'il faut être grand pour soutenir l'éminence d'une si haute origine ! Premier caractère de la grandeur de Jésus-Christ, une grandeur de

8.

sainteté : *Hic erit magnus, et filius Altissimi vocabitur.*

DEUXIÈME PARTIE.

Mais, en second lieu, il sera grand, parce qu'il sauvera son peuple : *Ipse enim salvum faciet populum suum;* second caractère de sa grandeur, une grandeur de miséricorde.

Il ne descend sur la terre que pour combler les hommes de ses bienfaits. Nous étions sous la servitude et sous la malédiction ; et il vient rompre nos chaînes et nous mettre en liberté : nous étions ennemis de Dieu, et étrangers à ses promesses ; et il vient nous réconcilier avec lui, et nous rendre citoyens des saints, et enfants d'une nouvelle alliance : nous vivions sans loi, sans joug, sans Dieu dans ce monde ; et il vient être notre loi, notre vérité, notre justice, et répandre l'abondance de ses dons et de ses grâces sur tout l'univers. En un mot, il vient renouveler toute la nature, sanctifier ce qui étoit souillé, fortifier ce qui étoit foible, sauver ce qui étoit perdu, réunir ce qui étoit divisé. Quelle grandeur ! car il n'y a rien de si grand que de pouvoir être utile à tous les hommes.

Et telle est la grandeur où les princes et les souverains, et tout ce qui porte le nom de grand sur la terre, doit aspirer : ils ne peuvent être grands qu'en se rendant utiles aux peuples, et leur portant, comme Jésus-Christ, la liberté, la paix et l'abondance.

Je dis la liberté, non celle qui favorise les passions et la licence : c'est un nouveau joug et une servitude honteuse que ce funeste libertinage ; et la règle des mœurs est le premier principe de la félicité et de l'affermissement des empires. Ce n'est pas celle encore, ou qui s'élève contre l'autorité légitime, ou qui veut partager avec le souverain celle qui réside en lui seul, et sous prétexte de la modérer, l'anéantir et l'éteindre. Il n'y a de bonheur pour les peuples que dans l'ordre et dans la soumission : pour peu qu'ils s'écartent du point fixe de l'obéissance, le gouvernement n'a plus de règle : chacun veut être à lui-même sa loi ; la confusion, les troubles, les dissensions, les attentats, l'impunité, naissent bientôt de l'indépendance ; et les souverains ne sauroient rendre leurs sujets heureux qu'en les tenant soumis à l'autorité, et leur rendant en même temps l'assujettissement doux et aimable.

La liberté, Sire, que les princes doivent à leurs peuples, c'est la liberté des lois. Vous êtes le maître de la vie et de la fortune de vos sujets ; mais vous ne pouvez en disposer que selon les lois : vous ne connoissez que Dieu seul au-dessus de vous, il est vrai ; mais les lois doivent avoir plus d'autorité que vous-même : vous ne commandez pas à des esclaves; vous commandez à une nation libre et belliqueuse, aussi jalouse de sa liberté que de sa fidélité, et dont la soumission est d'autant plus sûre, qu'elle est fondée sur l'amour qu'elle a pour ses maîtres. Ses rois peuvent tout sur elle, parce que sa tendresse et sa fidélité ne mettent point de bornes à son obéissance; mais il faut que ses rois en mettent eux-mêmes à leur autorité, et que plus son amour ne connoît point d'autre loi qu'une soumission aveugle, plus ses rois n'exigent de sa soumission que ce que les lois leur permettent d'en exiger : autrement ils ne sont plus les pères et les protecteurs de leurs peuples, ils en sont les ennemis et les oppresseurs; ils ne règnent pas sur leurs sujets, ils les subjuguent.

La puissance de votre auguste bisaïeul sur la nation a passé celle de tous les rois vos ancêtres : un règne long et glorieux l'avoit affermie; sa haute sagesse la soutenoit, et l'amour de ses sujets n'y mettoit presque plus de bornes : cependant il a su plus d'une fois la faire céder aux lois, les prendre pour arbitres entre lui et ses sujets, et soumettre noblement ses intérêts à leurs décisions.

Ce n'est donc pas le souverain, c'est la loi, Sire, qui doit régner sur les peuples. Vous n'en êtes que le ministre et le premier dépositaire. C'est elle qui doit régler l'usage de l'autorité; et c'est par elle que l'autorité n'est plus un joug pour les sujets, mais une règle qui les conduit, un secours qui les protége, une vigilance paternelle qui ne s'assure leur soumission que parce qu'elle s'assure leur tendresse. Les hommes croient être libres quand ils ne sont gouvernés que par les lois : leur soumission fait alors tout leur bonheur, parce qu'elle fait toute leur tranquillité et toute leur confiance : les passions, les volontés injustes, les désirs excessifs et ambitieux que les princes mêlent à l'usage de l'autorité, loin de l'étendre, l'affoiblissent : ils deviennent moins puissants dès qu'ils veulent l'être plus que les lois; ils perdent en croyant gagner : tout ce qui rend l'autorité injuste et odieuse, l'énerve et la diminue : la source de leur puissance est dans le cœur de leurs sujets ; et quelque absolus qu'ils paroissent, on peut dire qu'ils perdent leur véritable pouvoir dès qu'ils perdent l'amour de ceux qui les servent.

J'ai dit encore la paix et l'abondance, qui sont toujours les fruits heureux de la liberté dont nous venons de parler : et voilà les biens que Jésus-Christ vient apporter sur la terre ; il n'est grand, que parce qu'il est le bienfaiteur de tous les hommes.

Oui, Sire ; il faut être utile aux hommes pour être grand dans l'opinion des hommes. C'est la reconnoissance qui les porta autrefois à se faire des dieux même de leurs bienfaiteurs : ils adorèrent la terre qui les nourrissoit ; le soleil qui les éclairoit ; des princes bienfaisants ; un Jupiter roi de Crète, un Osiris roi d'Égypte, qui avoient donné des lois sages à leurs sujets, qui avoient été les pères de leurs peuples, et les avoient rendus heureux pendant leur règne : l'amour et le respect qu'inspire la reconnoissance fut si vif, qu'il dégénéra même en culte.

Il faut mettre les hommes dans les intérêts de notre gloire, si nous voulons qu'elle soit immortelle ; et nous ne pouvons les y mettre que par nos bienfaits. Les grands talents, et les titres qui nous élèvent au-dessus d'eux, et qui ne font rien à leur bonheur, les éblouissent sans les toucher, et deviennent plutôt l'objet de l'envie que de l'affection et de l'estime publique. Les louanges que nous donnons aux autres se rapportent toujours par quelque endroit à nous-mêmes ; c'est l'intérêt ou la vanité qui en sont les sources secrètes ; car tous les hommes sont vains et n'agissent presque que pour eux, et d'ordinaire ils n'aiment pas à donner en pure perte des louanges qui les humilient, et qui sont comme des aveux publics de la supériorité qu'on a sur eux : mais la reconnoissance l'emporte sur la vanité, et l'orgueil souffre sans peine que nos bienfaiteurs soient en même temps nos supérieurs et nos maîtres.

Non, Sire, un prince qui n'a eu que des vertus

militaires n'est pas assuré d'être grand dans la postérité. Il n'a travaillé que pour lui ; il n'a rien fait pour ses peuples ; et ce sont les peuples qui assurent toujours la gloire et la grandeur du souverain. Il pourra passer pour un grand conquérant ; mais on ne le regardera jamais comme un grand roi : il aura gagné des batailles ; mais il n'aura pas gagné le cœur de ses sujets : il aura conquis des provinces étrangères ; mais il aura épuisé les siennes : en un mot, il aura conduit habilement des armées ; mais il aura mal gouverné ses sujets.

Mais, Sire, un prince qui n'a cherché sa gloire que dans le bonheur de ses sujets ; qui a préféré la paix et la tranquillité, qui seule peut les rendre heureux, à des victoires qui n'eussent été que pour lui seul, et qui n'auroient abouti qu'à flatter sa vanité ; un prince qui ne s'est regardé que comme l'homme de ses peuples ; qui a cru que ses trésors les plus précieux étoient les cœurs de ses sujets ; un prince qui, par la sagesse de ses lois et de ses exemples, a banni les désordres de son état, corrigé les abus, conservé la bienséance des mœurs publiques, maintenu chacun à sa place, réprimé le luxe et la licence, toujours plus funestes aux empires que les guerres et les calamités les plus tristes ; rendu au culte et à la religion de ses pères l'autorité, l'éclat, la majesté, l'uniformité, qui en perpétuent le respect parmi les peuples ; maintenu le sacré dépôt de la foi contre toutes les entreprises des esprits indociles et inquiets ; qui a regardé ses sujets comme ses enfants, son royaume comme sa famille ; et qui n'a usé de sa puissance que pour la félicité de ceux qui la lui avoient confiée : un prince de ce caractère sera toujours grand, parce qu'il l'est dans le cœur des peuples. Les pères raconteront à leurs enfants le bonheur qu'ils eurent de vivre sous un si bon maître ; ceux-ci le rediront à leurs neveux ; et dans chaque famille ce souvenir, conservé d'âge en âge, deviendra comme un monument domestique élevé dans l'enceinte des murs paternels, qui perpétuera la mémoire d'un si bon roi dans tous les siècles.

Non, Sire, ce ne sont pas les statues et les inscriptions qui immortalisent les princes ; elles deviennent tôt ou tard le triste jouet des temps et de la vicissitude des choses humaines. En vain Rome et la Grèce avoient autrefois multiplié à l'infini les images de leurs rois et de leurs Césars, et épuisé toute la science de l'art pour les rendre plus précieuses aux siècles suivants ; de tous ces monuments superbes, à peine un seul est venu jusqu'à nous. Ce qui n'est écrit que sur le marbre et sur l'airain est bientôt effacé ; ce qui est écrit dans les cœurs demeure toujours.

TROISIÈME PARTIE.

Aussi le dernier caractère de la grandeur de Jésus-Christ, c'est la durée et la perpétuité de son règne : *Et regni ejus non erit finis.* Il étoit hier, il est aujourd'hui, et il sera dans tous les siècles : ses bienfaits perpétueront sa royauté et sa puissance : les hommes de tous les temps le reconnoîtront, l'adoreront comme leur chef, leur libérateur, leur pontife toujours vivant, et qui s'offre toujours pour nous à son père ; il sera même le prince de l'éternité; il régnera sur tous les élus dans le ciel, et l'Église triomphante ne sera pas moins son royaume et son héritage que celle qui combat sur la terre. C'est ici une grandeur de perpétuité et de durée.

En effet, la gloire qui doit finir avec nous est toujours fausse. Elle étoit donnée à nos titres plus qu'à nos vertus : c'étoit un faux éclat qui environnoit nos places, mais qui ne sortoit pas de nous-mêmes : nous étions sans cesse entourés d'admirateurs, et vides au-dedans des qualités qu'on admire : cette gloire étoit le fruit de l'erreur et de l'adulation, et il n'est pas étonnant de la voir finir avec elles. Telle est la gloire de la plupart des princes et des grands: on honore leurs cendres encore fumantes, d'un reste d'éloge; on ajoute encore cette vaine décoration à celle de leur pompe funèbre; mais tout s'éclipse et s'évanouit le lendemain : on a honte des louanges qu'on leur a données; c'est un langage suranné et insipide qu'on n'oseroit plus parler : on en voit presque rougir les monuments publics où elles sont encore écrites, et où elles ne semblent subsister que pour rappeler publiquement un souvenir qui les désavoue : ainsi les adulations ne survivent jamais à leurs héros ; et les éloges mercenaires, loin d'immortaliser la gloire des princes, n'immortalisent que la bassesse, l'intérêt et la lâcheté de ceux qui ont été capables de les donner.

Pour connoître la grandeur véritable des souverains et des grands, il faut la chercher dans les siècles qui sont venus après eux : plus même ils s'éloignent de nous, plus leur gloire croît et s'affermit lorsqu'elle a pris sa source dans l'amour des peuples. On dispute encore aujourd'hui à un de vos plus vaillants prédécesseurs les éloges magnifiques que son siècle lui donna à l'envi ; et malgré la gloire de Marignan, on doute si la valeur doit le faire compter parmi les grands rois qui ont occupé votre trône : et avec moins de ces talents brillants qui font les héros, et plus de ces vertus pacifiques qui font les bons rois, son prédécesseur sera toujours grand dans nos histoires, parce qu'il sera toujours cher à la nation dont il fut le père. On ne compte pour rien les éloges donnés aux souverains pendant leur règne, s'ils ne sont répétés sous les règnes suivants : c'est là que la postérité, toujours équitable, ou les dégrade d'une gloire dont ils n'étoient redevables qu'à leur puissance et à leur rang, ou leur conserve un rang qu'ils durent à leur vertu bien plus qu'à leur puissance. Il faut, Sire, que la vie d'un grand roi puisse être proposée comme une règle à ses successeurs, et que son règne devienne le modèle de tous les règnes à venir : c'est par-là qu'il sera, si je l'ose dire, éternel comme le règne de Jésus-Christ : *Et regni ejus non erit finis.*

Le règne de David fut toujours le modèle des bons rois de Juda, et sa durée égala celle du trône de Jérusalem. Ce ne furent pas ses victoires toutes seules qui le rendirent le modèle des rois ses successeurs : Saül en avoit remporté comme lui sur les Philistins et sur les Amalécites. Ce fut sa piété envers Dieu ; son amour pour son peuple ; son zèle pour la loi et pour la religion de ses pères ; sa soumission à Dieu dans les disgrâces ; sa modération dans la victoire et dans la prospérité ; son respect pour les prophètes qui venoient de la part de Dieu l'avertir de ses devoirs et lui ouvrir les yeux sur ses foiblesses ; les larmes publiques de pénitence et de piété dont il baigna son trône pour expier le scandale de sa chute ; les richesses immenses qu'il amassa pour élever un temple au Dieu de ses pères ; sa confiance dans le grand-prêtre et dans les ministres du culte saint ; le soin qu'il prit d'inspirer à son fils Salomon les maximes de la vertu et de la sagesse; et enfin le bon ordre et la justice des lois qu'il établit dans tout Israël.

Voilà, Sire, la grandeur que votre Majesté doit se proposer. Régnez de manière que votre règne puisse être éternel; que non-seulement il vous assure la royauté immortelle des enfants de Dieu, mais encore que dans tous les âges qui suivront, on vous propose aux princes vos successeurs comme le modèle des bons rois.

Ce ne sera pas seulement en remportant des victoires que vous deviendrez un grand roi : ce sera votre amour pour vos peuples, votre fidélité envers Dieu, votre zèle pour la religion de vos pères, votre attention à rendre vos sujets heureux, qui feront de votre règne le plus bel endroit de nos histoires, et le modèle de tous les règnes à venir.

Aimez vos peuples, Sire; et que ces mêmes paroles si souvent portées à vos oreilles trouvent toujours un accès favorable dans votre cœur. Soyez tendre, humain, affable, touché de leurs misères, compatissant à leurs besoins; et vous serez un grand roi, et la durée de votre règne égalera celle de la monarchie. Dieu vous a établi sur une nation qui aime ses princes, et qui, par cela seul, mérite d'en être aimée. Dans un royaume où les peuples naissent, pour ainsi dire, bons sujets, il faut que les souverains en naissant, naissent de bons maîtres.

Vous voyez déjà tous les cœurs voler après vous : Sire, l'amour ne peut se payer que par l'amour; et vous ne seriez pas digne de la tendresse de vos sujets, si vous leur refusiez la vôtre.

Il n'y a point d'autre gloire pour les rois : leur grandeur est toute dans l'amour de leurs peuples; ce sont eux qui perpétuent de siècle en siècle la mémoire des bons princes. Et quelle gloire en effet pour un roi de régner encore après sa mort sur les cœurs de ses sujets! d'être sûr que, dans tous les temps à venir, les peuples, ou regretteront de n'avoir pas vécu sous son règne, ou se féliciteront d'avoir un roi qui lui ressemble! quelle gloire, Sire, de faire dire de soi dans toute la suite des siècles, comme la reine de Saba le disoit de Salomon : Heureux ceux qui le virent, et qui vécurent sous la douceur de ses lois et de son empire ! heureux l'âge qui montra à la terre un si bon maître ! heureuses les villes et les campagnes qui virent revivre sous son règne l'abondance, la paix, la joie, la justice, l'innocence des âges les plus fortunés! heureuse la nation que le ciel favorisera un jour d'un prince qui lui soit semblable!

Grand Dieu ! c'est vous seul qui donnez les bons rois aux peuples ; et c'est le plus grand don que vous puissiez faire à la terre. Vous tenez encore entre vos mains l'enfant auguste que vous destinez à la monarchie : son âge, son innocence, le laissent encore l'ouvrage commencé de vos miséricordes : il n'est pas encore sorti de dessous la main qui le forme et qui l'achève. Grand Dieu ! il est encore temps, formez-le pour le bonheur des peuples à qui vous l'avez réservé ; et que cette prière si souvent ici renouvelée, ne lasse pas votre bonté, puisqu'elle intéresse si fort le salut et la félicité d'une nation que vous avez toujours protégée.

C'est sous les bons rois, que votre culte s'affermit ; que la foi triomphe des erreurs ; que l'affreuse incrédulité est bannie ou obligée de se cacher ; que les nouvelles doctrines sont proscrites ; que les esprits rebelles ne trouvent de protection et de sûreté que dans l'obéissance et dans l'unité ; que vos ministres, paisibles dans l'exercice de leurs fonctions, et veillant sans cesse à la conservation du dépôt, voient l'autorité de l'empire donner les mains à celle du sacerdoce ; et que tous les cœurs, déjà réunis aux pieds du trône, portent la même union et la même concorde aux pieds des autels. Ajoutez donc en lui de jour en jour, ô mon Dieu, de ces traits heureux qui promettent de bons rois à leurs peuples : que l'ouvrage de vos miséricordes croisse et se développe tous les jours en lui avec ses années. Nous ne vous demandons pas qu'il devienne le vainqueur de l'Europe ; nous vous demandons qu'il soit le père de son peuple. C'est la puissance de votre bras qui nous l'a conservé, en frappant autour de son berceau tout le reste de sa famille royale; que ce soit elle qui nous le forme et qui nous le prépare : il est, comme Moïse, l'enfant sauvé des funérailles de toute sa race; qu'il soit comme lui le sauveur et le libérateur de son peuple; et que ce premier prodige, qui l'a retiré du sein de la mort, soit pour nous le présage assuré de ceux que vous nous faites espérer sous son empire.

Ainsi soit-il.

SERMON

POUR

LE DIMANCHE DE LA PASSION.

SUR LA FAUSSETÉ DE LA GLOIRE HUMAINE.

Si ego glorifico meipsum, gloria mea nihil est.

Si je me glorifie moi-même, ma gloire n'est rien. Joan. 8. 54.

Sire,

Si la gloire du monde, sans la crainte de Dieu, étoit quelque chose de réel, quel homme jusque-là avoit paru sur la terre qui eût plus de lieu de se glorifier lui-même que Jésus-Christ?

Outre la gloire de descendre d'une race royale, et de compter les David et les Salomon parmi ses ancêtres, avec quel éclat n'avoit-il pas paru dans le monde?

Suivez-le dans tout le cours de sa vie : toute la nature lui obéit; les eaux s'affermissent sous ses pieds; les morts entendent sa voix; les démons, frappés de sa puissance, vont se cacher loin de lui;

les cieux s'ouvrent sur sa tête et annoncent eux-mêmes aux hommes sa gloire, et sa magnificence; la boue entre ses mains rend la lumière aux aveugles; tous les lieux par où il passe ne sont marqués que par ses prodiges : il lit dans les cœurs ; il voit l'avenir comme le présent; il entraîne après lui les villes et les peuples : personne avant lui n'avoit parlé comme il parle ; et, charmées de son éloquence céleste, les femmes de Juda appellent heureuses les entrailles qui l'ont porté.

Quel homme s'étoit jamais montré sur la terre environné de tant de gloire? et cependant il nous apprend que s'il se l'attribue à lui-même, et que sa gloire ne soit qu'une gloire humaine, sa gloire n'est plus rien : *Si ego glorifico meipsum, gloria mea nihil est.*

La probité mondaine, les grands talents, les succès éclatants, ne sont donc plus rien, dès qu'ils ne sont que les vertus de l'homme; et il n'y a point de gloire véritable sans la crainte de Dieu. C'est ce qui va faire le sujet de ce discours.

PREMIÈRE PARTIE.

Sire, il y a long-temps que les hommes, toujours vains, font leur idole de la gloire : ils la perdent la plupart en la cherchant, et croient l'avoir trouvée quand on donne à leur vanité les louanges qui ne sont dues qu'à la vertu.

Il n'est point de prince ni de grand, malgré la bassesse et le déréglement de ses mœurs et de ses penchants, à qui de vaines adulations ne promettent la gloire et l'immortalité, et qui ne compte sur les suffrages de la postérité, où son nom même ne passera peut-être pas, et où du moins il ne sera connu que par ses vices. Il est vrai que le monde, qui avoit élevé ces idoles de boue, les renverse lui-même le lendemain; et qu'il se venge à loisir dans les âges suivants, par la liberté de ses censures, de la contrainte et de l'injustice de ses éloges.

Il n'attend pas même si tard : les applaudissements publics qu'on donne à la plupart des grands pendant leur vie sont presque toujours à l'instant démentis par les jugements et les discours secrets: leurs louanges ne font que réveiller l'idée de leurs défauts; et à peine sorties de la bouche même de celui qui les publie, elles vont, s'il m'est permis de parler ainsi, expirer dans son cœur qui les désavoue.

Mais, si la gloire humaine est presque toujours dégradée devant le tribunal même du monde, auroit-elle quelque chose de plus réel aux yeux de Dieu, devant qui il n'y a de véritables grands que ceux qui le craignent? *Qui autem timent te, magni erunt apud te per omnia.*[1]

Et pour mettre cette vérité dans un point de vue

[1] Judith, 16. 19.

qui nous la montre tout entière; remarquez, je vous prie, mes Frères, que les hommes ont de tout temps établi la gloire dans l'honneur et la probité, dans l'éminence et la distinction des talents, et enfin dans les succès éclatants.

Or, sans la crainte de Dieu, toute probité humaine est ou fausse, ou du moins elle n'est pas sûre : les plus grands talents deviennent dangereux, ou à celui qui s'en glorifie, ou à ceux auprès desquels il en fait usage : et enfin les succès les plus éclatants, ou prennent leur source dans le crime, ou ne sont souvent que des crimes éclatants eux-mêmes : *Si ego glorifico meipsum, gloria mea nihil est.*

Je dis premièrement, que la probité humaine, sans la crainte de Dieu, est presque toujours fausse, ou du moins qu'elle n'est jamais sûre.

Je sais que le monde se vante d'un fantôme d'honneur et de probité indépendant de la religion : il croit qu'on peut être fidèle aux hommes sans être fidèle à Dieu ; être orné de toutes les vertus que demande la société sans avoir celles qu'exige l'Évangile ; en un mot, être honnête homme sans être chrétien.

On pourroit laisser au monde cette foible consolation, ne pas lui disputer une gloire aussi vaine et aussi frivole que lui-même; et puisqu'il renonce aux vertus des saints, lui passer du moins celles des hommes. C'est l'attaquer par son endroit sensible et dans son dernier retranchement, de vouloir lui ôter le seul nom de bien qui lui reste et qui le console de la perte de tous les autres, et de le déposséder d'un honneur et d'une probité qu'il croit n'appartenir qu'à lui seul, et qu'il dispute même souvent aux justes.

Ne le troublons donc pas dans une possession si paisible, et en même temps si injuste. Convenons qu'au milieu de la dépravation et de la décadence des mœurs publiques, le monde a encore sauvé du débris des restes d'honneur et de droiture ; que, malgré les vices et les passions qui les dominent, paroissent encore sous ses étendards des hommes fidèles à l'amitié, zélés pour la patrie, rigides amateurs de la vérité, esclaves religieux de leur parole, vengeurs de l'injustice, protecteurs de la foiblesse ; en un mot, partisans du plaisir, et néanmoins sectateurs de la vertu.

Voilà les justes du monde, ces héros d'honneur et de probité qu'il fait tant valoir, qu'il oppose même tous les jours avec une espèce d'insulte et d'ostentation aux véritables justes de l'Évangile. Il les dégrade pour élever son idole : il se vante que l'honneur et la véritable probité ne réside que chez lui : il nous laisse l'obscurité, les petitesses, les travers, et tout le faux de la vertu ; et s'en arroge à lui-même l'héroïsme et la gloire. Mais qu'il seroit aisé de venger l'honneur de Dieu contre le culte vain et pompeux que le monde rend à son idole ! il n'y auroit qu'à souffler sur cet édifice d'orgueil et de vanité, à peine en retrouveriez-vous les foibles vestiges.

Ces hommes vertueux, dont le monde se fait tant d'honneur, n'ont au fond souvent pour eux que l'erreur publique : amis fidèles, je le veux ; mais c'est le goût, la vanité ou l'intérêt qui les lie, et dans leurs amis ils n'aiment qu'eux-mêmes : bons citoyens, il est vrai ; mais la gloire et les honneurs qui nous reviennent en servant la patrie, sont l'unique lien et le seul devoir qui les attache : amateurs de la vérité, je l'avoue ; mais ce n'est pas elle qu'ils cherchent, c'est le crédit et la confiance qu'elle leur acquiert parmi les hommes : observateurs de leur parole ; mais c'est un orgueil qui trouveroit de la lâcheté et de l'inconstance à se dédire ; ce n'est pas une vertu qui se fait une religion de ses promesses : vengeurs de l'injustice ; mais, en la punissant dans les autres, ils ne veulent que publier qu'ils n'en sont pas capables eux-mêmes : protecteurs de la foiblesse ; mais ils veulent avoir des panégyristes de leur générosité ; et les éloges des opprimés sont ce que leur offre de plus touchant leur oppression et leur misère. En un mot, dit l'Écriture, on les appelle miséricordieux : ils ont toutes les vertus pour le public ;

mais n'étant pas fidèles à Dieu, ils n'en ont pas une seule pour eux-mêmes : *Multi homines misericordes vocantur; virum autem fidelem quis inveniet?*[1]

Mais, quand la probité du monde ne seroit pas presque toujours fausse, il faudroit convenir du moins qu'elle n'est jamais sûre. La religion toute seule assure la vertu, parce que les motifs qu'elle nous fournit sont partout les mêmes. La honte et l'opprobre en seroient le prix devant les hommes, qu'elle n'en paroîtroit que plus belle et plus glorieuse à l'homme de bien : sa vie même seroit en péril, qu'il ne voudroit pas la racheter aux dépens de sa vertu : le secret et l'impunité ne sont pas pour lui des attraits pour le vice, puisque Dieu est le seul témoin qu'il craint ; et le reproche de sa conscience, la seule peine qui l'afflige : la gloire même et les acclamations publiques le solliciteroient à une entreprise ambitieuse et injuste, qu'il préféreroit le devoir et la règle qui la condamnent, aux applaudissements de l'univers qui l'approuve. Enfin, changez tant qu'il vous plaira les situations d'un véritable juste ; le monde peut varier à son égard ; les suffrages publics qui l'élèvent aujourd'hui, peuvent demain le dégrader et l'abattre ; sa fortune peut changer ; mais sa vertu ne changera point avec sa fortune.

[1] Prov. 20. 6.

Il ne s'agit pas ici de nous alléguer des exemples où la piété la plus estimée s'est démentie plus d'une fois. Outre que le monde est plein de faux justes, et que tous ceux qui en portent le nom aux yeux des hommes n'en ont pas le mérite devant Dieu, c'a été de tout temps l'injustice du monde d'attribuer à la vertu les foiblesses de l'homme. Le juste peut tomber ; mais la vertu seule peut le défendre ou le relever de ses chutes : elle seule marche sûrement, parce que les principes sur lesquels elle s'appuie sont toujours les mêmes : les occasions ne l'autorisent pas contre le devoir, parce que les occasions ne changent jamais rien aux règles : la lumière et les regards publics sont pour elle comme la solitude et les ténèbres : en un mot, elle ne compte les hommes pour rien, parce que Dieu seul, qui la voit, doit être son juge.

Trouvez, si vous le pouvez, la même sûreté dans les vertus humaines. Nées le plus souvent dans l'orgueil et dans l'amour de la gloire, elles y trouvent, un moment après, leur tombeau : formées par les regards publics, elles vont s'éteindre le lendemain, comme ces feux passagers, dans le secret et dans les ténèbres : appuyées sur les circonstances, sur les occasions, sur les jugements des hommes, elles tombent sans cesse avec ces appuis fragiles : les tristes fruits de l'amour-propre, elles sont toujours sous l'inconstance de son empire : enfin, le foible ouvrage de l'homme, elles ne sont, comme lui, à l'épreuve de rien.

Qu'il s'offre à ce vertueux du siècle une occasion sûre de décréditer un ennemi ou de supplanter un concurrent; pourvu qu'il conserve la réputation et la gloire de la modération, il sera peu touché d'en avoir le mérite : que sa vengeance n'intéresse point son honneur, elle ne sera plus indigne de sa vertu : placez-le dans une situation où il puisse accorder sa passion avec l'estime publique, il ne s'embarrassera pas de l'accorder avec son devoir : en un mot, qu'il passe toujours pour homme de bien, c'est la même chose pour lui que de l'être.

Tout Israël paroît applaudir d'abord à la révolte d'Absalom : Achitophel, cet homme si sage et si vertueux dans l'estime publique, et dont les conseils étoient regardés comme les conseils de Dieu, préfère pourtant le parti du crime, où il trouve les suffrages publics et l'espérance de son élévation, à celui de la justice, qui ne lui offre plus que le devoir.

Non, mes Frères, rien n'est sûr dans les vertus humaines, si la vertu de Dieu ne les soutient et ne les fixe. Soyez bienfaisant, juste, généreux, sincère : vous pouvez être utile au public ; mais vous devenez inutile à vous-même : vous faites des œuvres louables aux yeux des hommes ; mais en ferez-vous jamais une véritable vertu ? Tout est faux et vide dans un cœur que Dieu ne remplit point (c'est un roi lui-même qui parle); et connoître votre justice et votre vertu, ô mon Dieu, c'est la seule racine qui porte des fruits d'immortalité, et la source de la véritable gloire : *Vani autem sunt omnes homines in quibus non subest scientia Dei.*[1]

C'est donc en vain qu'on met la véritable gloire dans l'honneur et la probité mondaine : on n'est grand que par le cœur; et le cœur vide de Dieu n'a plus que le faux et les bassesses de l'homme.

DEUXIÈME PARTIE.

Mais peut-être que les vertus civiles toutes seules sont trop obscures, et que la distinction et la supériorité des grands talents nous donnera plus de droit à la gloire.

Hélas! Sire, que sont les grands talents, que de grands vices, si, les ayant reçus de Dieu, nous ne les employons que pour nous-mêmes? que deviennent-ils entre nos mains? souvent l'instrument des malheurs publics; toujours la source de notre condamnation et de notre perte.

Qu'est-ce qu'un souverain né avec une valeur bouillante, et dont les éclairs brillent déjà de toutes parts dès ses plus jeunes ans, si la crainte de Dieu ne le conduit et ne le modère? un astre nouveau

[1] Sap. 13. 1.

et malfaisant qui n'annonce que des calamités à la terre. Plus il croîtra dans cette science funeste, plus les misères publiques croîtront avec lui : ses entreprises les plus téméraires n'offriront qu'une foible digue à l'impétuosité de sa course : il croira effacer par l'éclat de ses victoires leur témérité ou leur injustice : l'espérance du succès sera le seul titre qui justifiera l'équité de ses armes : tout ce qui lui paroîtra glorieux deviendra légitime : il regardera les moments d'un repos sage et majestueux comme une oisiveté honteuse et des moments qu'on dérobe à sa gloire : ses voisins deviendront ses ennemis dès qu'ils pourront devenir sa conquête ; ses peuples eux-mêmes fourniront de leurs larmes et de leur sang la triste matière de ses triomphes : il épuisera et renversera ses propres états pour en conquérir de nouveaux ; il armera contre lui les peuples et les nations ; il troublera la paix de l'univers ; il se rendra célèbre en faisant des millions de malheureux. Quel fléau pour le genre humain ! et s'il y a un peuple sur la terre capable de lui donner des éloges, il n'y a qu'à lui souhaiter un tel maître.

Repassez sur tous les grands talents qui rendent les hommes illustres ; s'ils sont donnés aux impies, c'est toujours pour le malheur de leur nation et de leur siècle. Les vastes connoissances empoisonnées par l'orgueil, ont enfanté ces chefs et ces docteurs célèbres de mensonge qui dans tous les âges ont levé l'étendard du schisme et de l'erreur, et formé, dans le sein même du christianisme, les sectes qui le déchirent.

Ces beaux esprits si vantés, et qui par des talents heureux ont rapproché leur siècle du goût et de la politesse des anciens; dès que leur cœur s'est corrompu, ils n'ont laissé au monde que des ouvrages lascifs et pernicieux, où le poison, préparé par des mains habiles, infecte tous les jours les mœurs publiques, et où les siècles qui nous suivront viendront encore puiser la licence et la corruption du nôtre.

Tournez-vous d'un autre côté. Comment ont paru sur la terre ces génies supérieurs, mais ambitieux et inquiets, nés pour faire mouvoir les ressorts des états et des empires, et ébranler l'univers entier? Les peuples et les rois sont devenus le jouet de leur ambition et de leurs intrigues : les dissensions civiles et les malheurs domestiques ont été les théâtres lugubres où ont brillé leurs grands talents.

Un seul homme obscur, avec ces avantages éminents de la nature, mais sans conscience et sans probité, a pu s'élever, les siècles passés, sur les débris de sa patrie; changer la face entière d'une nation voisine et belliqueuse, si jalouse de ses lois et de sa liberté; se faire rendre des hommages que ses citoyens disputent même à leurs rois; renverser le trône, et donner à l'univers le spectacle d'un souverain dont la couronne ne peut mettre la tête sacrée à couvert de l'arrêt inouï qui le condamna à la perdre.

Esprits vastes, mais inquiets et turbulents, capables de tout soutenir hors le repos ; qui tournent sans cesse autour du pivot même qui les fixe et qui les attache ; et qui, semblables à Samson, sans être animés de son esprit, aiment encore mieux ébranler l'édifice et être écrasés sous ses ruines que de ne pas s'agiter et faire usage de leurs talents et de leur force. Malheur au siècle qui produit de ces hommes rares et merveilleux ! et chaque nation a eu là-dessus ses leçons et ses exemples domestiques.

Mais enfin, si ce n'est pas un malheur pour leur siècle, c'est du moins un malheur pour eux-mêmes. Semblables à un navire sans gouvernail que des vents favorables poussent à pleines voiles ; plus notre course est rapide, plus le naufrage est inévitable : rien n'est si dangereux pour soi que les grands talents dont la foi ne règle pas l'usage : les vaines louanges qu'attirent ces qualités brillantes corrompent le cœur ; et plus on étoit né avec de grandes qualités, plus la corruption est profonde et désespérée. Dieu abandonne l'orgueil à lui-même : ces hommes si vantés expient souvent, dans la honte d'une chute éclatante, l'injustice des applaudissements publics ; leurs vices déshonorent leurs talents : ces vastes génies, nés pour soutenir l'état, ne sont plus, dit Job, que de foibles roseaux qui ne peuvent se soutenir eux-mêmes. On a vu plus d'une fois les pierres même les plus brillantes du sanctuaire s'avilir et se traîner indignement dans la boue; et les plus grands talents sont souvent livrés aux plus grandes foiblesses : *Qui ducit sacerdotes inglorios, et optimates supplantat.*[1]

TROISIÈME PARTIE.

LES succès éclatants et les grands événements qui les suivent, ne méritent pas plus de louanges dans les ennemis de Dieu, et ne leur donnent pas plus de droit à la gloire que leurs talents.

Je sais que le monde y attache de la gloire, et que d'ordinaire chez lui ce ne sont pas les vertus, mais les succès, qui font les grands hommes. Les provinces conquises, les batailles gagnées, les négociations difficiles terminées, le trône chancelant affermi; voilà ce que publient les titres et les inscriptions, et à quoi le monde consacre des éloges et des monuments publics pour en immortaliser la mémoire.

Je ne veux pas qu'on abatte ces marques de la reconnoissance publique : tout ce qui est utile aux hommes est digne en un sens de la reconnoissance

[1] Job, 12. 19.

des hommes : comme l'émulation donne les sujets illustres aux empires, il faut que les récompenses excitent l'émulation, et que les succès voient toujours marcher après eux les récompenses.

Le gouvernement politique ne sonde pas les cœurs ; il ne pèse que les actions : il est même en ce genre des erreurs nécessaires à l'ordre public : tout ce qui l'embellit doit être glorieux : et les mœurs ou les motifs qui ne déshonorent que la personne, ne doivent pas ternir des succès qui ont honoré la patrie.

Mais, s'il est permis au monde d'exalter la gloire de ses héros, il n'est pas défendu à la vérité de ne pas parler comme le monde : hélas ! il en est si peu qu'il ne dégrade lui-même ! Ceux que la distance des temps et des lieux éloigne de ses regards sont les seuls à couvert de ses traits ; ceux qui vivent sous ses yeux n'échappent guère à sa censure ; et il cesse de les admirer dès qu'il a le loisir de les connoître : et en cela ne l'accusons point de malignité et d'injustice ; il faut l'en croire, puisqu'il parle contre lui-même.

Et, en effet, je ne vous dis pas : Percez jusque dans les motifs des actions les plus éclatantes et des plus grands événements : tout en est brillant au dehors, vous voyez le héros : entrez plus avant, cherchez l'homme lui-même ; c'est là que vous ne trouverez plus, dit le Sage, que de la cendre et de la boue : *Cinis est enim cor ejus, et terra supervacua spes illius.*[1]

L'ambition, la jalousie, la témérité, le hasard, la crainte souvent et le désespoir, ont donné les plus grands spectacles et les événements les plus brillants à la terre. David ne devoit peut-être les victoires et la fidélité de Joab qu'à sa jalousie contre Abner. Ce sont souvent les plus vils ressorts qui nous font marcher vers la gloire; et presque toujours les voies qui nous y ont conduits nous en dégradent elles-mêmes.

Aussi, écoutez ceux qui ont approché autrefois de ces hommes que la gloire des succès avoit rendus célèbres; souvent ils ne leur trouvoient de grand que le nom : l'homme désavouoit le héros : leur réputation rougissoit de la bassesse de leurs mœurs et de leurs penchants : la familiarité trahissoit la gloire de leurs succès : il falloit rappeler l'époque de leurs grandes actions, pour se persuader que c'étoit eux qui les avoient faites. Ainsi ces décorations si magnifiques qui nous éblouissent et qui embellissent nos histoires, cachent souvent les personnages les plus vils et les plus vulgaires.

Non, Sire, il n'y a de grand dans les hommes que ce qui vient de Dieu : la droiture du cœur, la vérité, l'innocence et la règle des mœurs, l'empire sur les passions, voilà la véritable grandeur,

[1] Sap. 15. 10.

et la seule gloire réelle que personne ne peut nous disputer : tout ce que les hommes ne trouvent que dans eux-mêmes est sali, pour ainsi dire, par la même boue dont ils sont formés : le sage tout seul, dit un grand roi, est en possession de la véritable gloire ; celle du pécheur n'est qu'un opprobre et une ignominie : *Gloriam sapientes possidebunt, stultorum exaltatio, ignominia.*[1]

La religion, la piété envers Dieu, la fidélité à tous les devoirs qu'il nous impose à l'égard des autres et de nous-mêmes ; une conscience pure et à l'épreuve de tout ; un cœur qui marche droit dans la justice et dans la vérité, supérieur à tous les obstacles qui pourroient l'arrêter, insensible à tous les attraits rassemblés autour de lui pour le corrompre, élevé au-dessus de tout ce qui se passe, et soumis à Dieu seul ; voilà la véritable gloire, et la base de tout ce qui fait les grands hommes. Si vous frappez ce fondement, tout l'édifice s'écroule, toutes les vertus tombent ; et il ne reste plus rien, parce qu'il ne reste que nous-mêmes.

Sire, votre règne seroit plein de merveilles ; vous porteriez la gloire de votre nom jusqu'aux extrémités de la terre ; vos jours ne seroient marqués que par vos triomphes ; vous ajouteriez de nouvelles couronnes à celles des rois vos ancêtres ; l'univers entier retentiroit de vos louanges : si Dieu

[1] Prov. 3. 35.

n'étoit point avec vous ; si l'orgueil, plutôt que la justice et la piété, étoit l'âme de vos entreprises, vous ne seriez point un grand roi : vos prospérités seroient des crimes ; vos triomphes des malheurs publics : vous seriez l'effroi et la terreur de vos voisins ; mais vous ne seriez pas le père de votre peuple : vos passions seroient vos seules vertus ; et, malgré les éloges que l'adulation, la compagne immortelle des rois, vous auroit donnés, aux yeux de Dieu, peut-être même de la postérité, elles ne paroîtroient plus que de véritables vices.

Ce n'est donc pas cette gloire humaine, grand Dieu ! que nous vous demandons pour cet enfant auguste : elle paroît déjà peinte sur la majesté de son front, elle coule même dans ses veines avec le sang des rois ses ancêtres ; et vous l'avez fait naître grand aux yeux des hommes, dès que vous l'avez fait naître du sang des héros : c'est la gloire qui vient de vous. Rehaussez les dons de la nature, dont vous l'avez ennobli, par l'éclat immortel de la piété : ajoutez à toutes les qualités aimables qui le rendent déjà les délices de son peuple, toutes celles qui peuvent le rendre agréable à vos yeux : laissez à sa naissance et à la valeur de la nation le soin de cette gloire qui vient du monde ; nous ne vous demandons, grand Dieu ! que de veiller au soin de sa conservation et de son salut. L'histoire de ses ancêtres est un titre qui nous répond de l'éclat et des

10.

prospérités de son règne ; mais vous seul pouvez répondre de l'innocence et de la sainteté de sa vie: la gloire du monde est comme l'héritage qu'il a reçu de ses pères selon la chair ; mais vous, grand Dieu ! qui êtes son père selon la foi, donnez-lui la sagesse, qui est la gloire et l'héritage de vos enfants.

Que son cœur soit toujours entre vos mains, et son cœur sera encore plus grand que ses succès et ses triomphes : qu'il vous craigne, grand Dieu ! ses ennemis le craindront ; ses peuples l'aimeront ; il deviendra à l'univers un spectacle digne de l'admiration de tous les siècles ; et comme nous n'aurons plus rien à craindre pour sa gloire, nous n'aurons plus rien aussi à souhaiter pour notre bonheur.

Ainsi soit-il.

SERMON

POUR

LE DIMANCHE DES RAMEAUX.

SUR LES ÉCUEILS DE LA PIÉTÉ DES GRANDS.

Ecce rex tuus venit tibi mansuetus.

Voici votre roi qui vient à vous plein de douceur. Matth. 21. 5.

Sire,

Partout ailleurs Jésus-Christ semble n'exercer qu'avec une sorte de ménagement les fonctions éclatantes de son ministère. Il se dérobe aux empressements d'un peuple qui veut l'élever sur le trône : il choisit le sommet solitaire d'une montagne écartée, pour manifester sa gloire à trois disciples : les démons eux-mêmes, qui veulent la publier, sont forcés par ses ordres de la cacher et de la taire.

Aujourd'hui il paroît en roi, et comme un roi qui vient prendre possession de son empire. Il souffre des hommages publics ; il dispose en maître de l'appareil innocent de son triomphe : *Dicite quia Dominus his opus habet.*[1] Il entre dans le temple ; et, par des châtiments éclatants, il rend à ce lieu sacré la majesté que l'indécence d'un trafic honteux lui avoit ôtée. Ce n'est plus cet homme qui se dérobe aux regards publics ; c'est le fils de David, qui donne des lois, qui exerce une autorité suprême, et qui veut avoir tout Jérusalem pour témoin de son zèle et de sa puissance.

Il est donc ici le modèle de la piété des grands. Les vertus privées ne leur suffisent pas ; il leur faut encore les vertus publiques : ce seroit peu de les avoir jusques ici exhortés à la piété; l'essentiel est de leur montrer quelle est la piété de leur état : quoique l'Évangile propose à tous la même doctrine, il ne propose pas à tous les mêmes règles : les devoirs changent avec l'état ; plus il est élevé, plus ils se multiplient ; plus nos places nous rendent redevables au public, plus elles exigent de vertus publiques ; et nous devenons mauvais, si nous ne sommes bons que pour nous-mêmes.

Or, la piété des grands a trois écueils à craindre, qui peuvent changer en vices toutes leurs vertus.

Premièrement, une piété oisive et renfermée en

[1] Matth. 21. 3.

elle-même, qui les éloigne des soins et des devoirs publics.

Secondement, une piété foible, timide, scrupuleuse, qui jette l'indécision dans leurs entreprises et dans toute leur conduite.

Enfin une piété crédule et bornée, facile à recevoir l'impression du préjugé, et incapable de revenir quand une fois elle l'a reçue.

C'est-à-dire qu'il faut à la piété des grands la vigilance publique, qui fait agir ; le courage et l'élévation, qui font décider et entreprendre ; enfin, ou les lumières qui empêchent d'être surpris, ou une noble docilité qui se fait une gloire de revenir dès qu'elle a senti qu'on l'a surprise.

PREMIÈRE PARTIE.

Sire, la piété véritable est l'ordre de la société ; elle laisse chacun à sa place ; fait de l'état où Dieu nous a placés l'unique voie de notre salut ; ne met pas une perfection chimérique dans des œuvres que Dieu ne demande pas de nous ; ne sort pas de l'ordre de ses devoirs pour s'en faire d'étrangers ; et regarde comme des vices les vertus qui ne sont pas de notre état.

Tout ce qui trouble l'harmonie publique est un excès de l'homme, et non un zèle et une perfection de la vertu. La religion désavoue les œuvres les plus saintes qu'on substitue aux devoirs ; et l'on n'est rien devant Dieu quand on n'est pas ce que l'on doit être.

Il y a donc une piété, pour ainsi dire, propre de chaque état. L'homme public n'est point vertueux, s'il n'a que les vertus de l'homme privé : le prince s'égare et se perd par la même voie qui auroit sauvé le sujet ; et le souverain en lui peut devenir très-criminel, tandis que l'homme est irréprochable.

Aussi le premier écueil de la piété des grands est de les retirer des soins publics et de les renfermer en eux-mêmes. Comme l'indolence et l'amour du repos est le vice ordinaire des grands, il devient encore plus dangereux et plus incorrigible quand ils le couvrent du prétexte de la vertu : la gloire peut réveiller quelquefois dans les grands l'assoupissement de la paresse ; mais celui qui a pour principe une piété mal entendue est en garde contre la gloire même, et ne laisse plus de ressources : un reste d'honneur et de respect pour le public et pour la place qu'on occupe rompt souvent les charmes d'une oisiveté honteuse, et rend aux peuples le souverain qui se doit à eux ; mais, quand ce repos indigne est occupé par des exercices pieux, il devient à ses yeux honorable : on peut rougir d'un vice ; mais on se fait honneur de ce qu'on croit une vertu.

Mais, Sire, un grand, un prince n'est pas né pour lui seul; il se doit à ses sujets : les peuples, en l'élevant, lui ont confié la puissance et l'autorité, et se sont réservé en échange ses soins, son temps, sa vigilance : ce n'est pas une idole qu'ils ont voulu se faire pour l'adorer ; c'est un surveillant qu'ils ont mis à leur tête pour les protéger et pour les défendre : ce n'est pas de ces divinités inutiles qui ont des yeux et ne voient point ; une langue et ne parlent point ; des mains et n'agissent point : ce sont de ces dieux qui les précèdent, comme parle l'Écriture, pour les conduire et les défendre : ce sont les peuples qui, par l'ordre de Dieu, les ont faits tout ce qu'ils sont ; c'est à eux à n'être ce qu'ils sont que pour les peuples. Oui, Sire, c'est le choix de la nation qui mit d'abord le sceptre entre les mains de vos ancêtres ; c'est elle qui les éleva sur le bouclier militaire, et les proclama souverains : le royaume devint ensuite l'héritage de leurs successeurs ; mais ils le durent originairement au consentement libre des sujets : leur naissance seule les mit ensuite en possession du trône ; mais ce furent les suffrages publics qui attachèrent d'abord ce droit et cette prérogative à leur naissance : en un mot, comme la première source de leur autorité vient de nous, les rois n'en doivent faire usage que pour nous. Les flatteurs, Sire, vous rediront sans cesse que vous êtes le maître, et que vous n'êtes comptable à personne de vos actions. Il est vrai que personne n'est en droit de vous en demander compte ; mais vous vous le devez à vous-même, et, si je l'ose dire, vous le devez à la France qui vous attend, et à toute l'Europe qui vous regarde : vous êtes le maître de vos sujets ; mais vous n'en aurez que le titre, si vous n'en avez pas les vertus : tout vous est permis ; mais cette licence est l'écueil de l'autorité, loin d'en être le privilége : vous pouvez négliger les soins de la royauté ; mais, comme ces rois fainéants si déshonorés dans nos histoires, vous n'aurez plus qu'un vain nom de roi, dès que vous n'en remplirez pas les fonctions augustes.

Quel seroit donc ce fantôme de piété qui feroit une vertu aux grands et au souverain, de craindre et d'éviter la dissipation des soins publics ; de ne vaquer qu'à des pratiques religieuses, comme des hommes privés et qui n'ont à répondre que d'eux-mêmes ; de se renfermer au milieu d'un petit nombre de confidents de leurs pieuses illusions, et de fuir presque la vue du reste de la terre ? Sire, un prince établi pour gouverner les hommes doit connoître les hommes : le choix des sujets est la première source du bonheur public ; et, pour les choisir, il faut les connoître. Nul n'est à sa place dans un état où le prince ne juge pas par lui-même : le mérite est négligé parce qu'il est, ou trop modeste pour s'empresser, ou trop noble pour devoir son élévation à des sollicitations et à des bassesses : l'intrigue supplante les plus grands talents ; des hommes souples et bornés s'élèvent aux premières places, et les meilleurs sujets demeurent inutiles. Souvent un David, seul capable de sauver l'état, n'emploie sa valeur dans l'oisiveté des champs que contre des animaux sauvages ; tandis que des chefs timides, effrayés de la seule présence de Goliath, sont à la tête des armées du Seigneur. Souvent un Mardochée, dont la fidélité est même écrite dans les monuments publics, qui, par sa vigilance, a découvert autrefois des complots funestes au souverain et à l'empire, seul en état, par sa probité et par son expérience, de donner de bons conseils et d'être appelé aux premières places, rampe à la porte du palais ; tandis qu'un orgueilleux Aman est à la tête de tout, et abuse de son autorité et de la confiance du maître.

Ainsi les fonctions essentielles aux grands ne sont pas la prière et la retraite. Elles doivent les préparer aux soins publics, et non les en détourner ; ils doivent se sanctifier en contribuant au salut et à la félicité de leurs peuples : les grâces de leur état sont des grâces de travail, de soins, de vigilance : quiconque leur promet, dit l'Évangile, qu'ils trouveront Jésus-Christ dans le désert, ou dans le secret de leur palais, est un faux prophète : *Ecce in deserto, ecce in penetralibus, nolite credere.*[1] Ils y seront seuls et livrés à eux-mêmes : Dieu n'est point avec nous dans les situations qu'il ne demande pas de nous ; et le calme où nous nous croyons le plus en sûreté, si la main du Seigneur ne nous y conduit et ne nous y soutient, devient lui-même le gouffre qui nous voit périr sans ressource : une piété oisive et retirée ne sanctifie pas le souverain ; elle l'avilit et le dégrade.

Eh quoi, Sire ! tandis que celui que son rang et sa naissance établissent dépositaire de l'autorité publique, se renfermeroit dans l'enceinte d'un petit nombre de devoirs pieux et secrets ; les soins publics seroient abandonnés ; les affaires demeureroient ; les subalternes abuseroient de leur autorité ; les lois céderoient la place à l'injustice et à la violence ; les peuples seroient comme des brebis sans pasteur ; tout l'état dans la confusion et dans le désordre ? et Dieu, auteur de l'ordre public, regarderoit avec des yeux de complaisance une piété oisive qui le renverse ? et les peuples, exposés à la merci des flots, n'auroient pas droit de dire à ce pilote endormi et infidèle, avec plus de raison que les disciples sur la mer ne le disoient à Jésus-Christ : Seigneur, il vous est donc indifférent que nous périssions ; et notre perte ou notre salut n'est plus une affaire qui vous intéresse ? *Magister, non ad*

[1] Matth. 24. 26.

te pertinet quia perimus?[1] La religion autoriseroit donc des abus que la raison elle-même condamne.

Mais la religion elle-même n'est-elle pas nécessairement liée à l'ordre public? elle tombe ou s'affoiblit avec lui. Les mœurs souffrent toujours de la foiblesse des lois : la confusion du gouvernement est aussi funeste à la piété des peuples qu'au bonheur des empires : le bon ordre de la société est la première base des vertus chrétiennes; l'observance des lois de l'état doit préparer les voies à celles de l'Évangile. L'Église ne doit compter sur rien dans un empire où le gouvernement n'a rien de fixe : aussi les états où la multitude gouverne, et ceux où elle partage la puissance avec le souverain, sans cesse exposés à des révolutions, se départent aussi facilement des lois que du culte de leurs pères : les soulèvements y sont aussi impunis que les erreurs ; et c'est là où l'hérésie a toujours trouvé son premier asile : elle se fortifie au milieu de la confusion des lois et de la foiblesse de l'autorité ; elle doit toujours sa naissance ou son progrès aux troubles et aux dissensions publiques : les règnes les plus foibles et les plus agités ont toujours été parmi nous, comme partout ailleurs, les règnes funestes de son accroissement et de sa puissance ; et, dès que l'harmonie civile se dément, toute la religion elle-même chancelle.

[1] Marc. 4. 38.

Aussi les plus saints rois de Juda, Sire, mêloient les devoirs de la piété avec ceux de la royauté. Le pieux Josaphat, au sortir du temple où il venoit tous les jours offrir ses vœux et ses sacrifices au Dieu de ses pères, envoyoit, dit l'Écriture, dans toutes les villes de Juda, des hommes habiles et des prêtres éclairés, pour rétablir l'autorité des lois et la pureté du culte, que les malheurs des règnes précédents avoient fort altérées.

David lui-même, malgré ces pieux cantiques qui faisoient son occupation et ses plus chères délices, et qui instruiront jusqu'à la fin les peuples et les rois, paroissoit sans cesse à la tête de ses armées et des affaires publiques : ses yeux étoient ouverts sur tous les besoins de l'état; et, ne pouvant suffire seul à tout, il alloit chercher, jusqu'aux extrémités de la Judée, des hommes fidèles, pour les faire asseoir à ses côtés, et partager avec eux les soins qui environnent le trône : *Oculi mei ad fideles terræ, ut sedeant mecum.*[1]

Les plus pieux rois vos prédécesseurs ont toujours été les plus appliqués à leurs peuples. Celui surtout que l'Église honore d'un culte public descendoit même dans le détail des différends de ses sujets; et, comme il en étoit le père, il ne dédaignoit pas d'en être l'arbitre. Jaloux des droits de sa couronne, il vouloit la transmettre à ses succes-

[1] Ps. 100. 6.

seurs avec le même éclat et les mêmes prérogatives qu'il l'avoit reçue de ses pères. Il croyoit que l'innocence de la vie seule ne suffit pas au souverain, qu'il doit vivre en roi pour vivre en saint, et qu'il ne sauroit être l'homme de Dieu, s'il n'est pas l'homme de ses peuples.

Il est vrai, Sire, que la piété dans les grands va quelquefois dans un autre excès. Elle les jette dans une multitude de soins et de détails inutiles; ils se croient obligés de tout voir de leurs yeux et de tout toucher de leurs mains : les plus grandes affaires les trouvent souvent insensibles, tandis que les plus petits objets réveillent leur attention et leur zèle : ils ont les sollicitudes de l'homme privé ; ils n'ont pas celles de l'homme public : ils peuvent avoir la piété du sujet; ils n'ont pas celle du prince. Ce n'est pas à eux cependant à abandonner le gouvernail pour vaquer à des fonctions obscures qui n'intéressent pas la sûreté publique : leurs mains sont premièrement destinées à manier ces ressorts principaux des états, qui font mouvoir toute la machine ; et tout doit être grand dans la piété des grands.

DEUXIÈME PARTIE.

Mais si l'inaction en est le premier écueil, l'incertitude et l'indécision, que traîne d'ordinaire après soi une conscience timide et scrupuleuse, ne paroissent pas moins à craindre.

Ce n'est pas que je prétende autoriser ici cette sagesse profane qui fait toujours marcher les intérêts de l'état avant ceux de l'Évangile; ni cette erreur commune qui ne croit pas l'exactitude des règles de l'Évangile compatible avec les maximes du gouvernement et les intérêts de l'état.

Dieu, qui est auteur des empires, ne l'est-il pas des lois qui les gouvernent? a-t-il établi des puissances qui ne puissent se soutenir que par le crime? et les rois seroient-ils son ouvrage s'ils ne pouvoient régner sans que la fraude et l'injustice fussent les compagnes inséparables de leur règne? N'est-ce pas la justice et le jugement qui soutiennent les trônes? la loi de Dieu ne doit-elle pas être écrite sur le front du souverain, comme la première loi de l'empire? et, s'il falloit toujours la violer pour maintenir la tranquillité des sociétés humaines; ou la loi de Dieu seroit fausse, ou les sociétés humaines ne seroient pas l'ouvrage de Dieu.

Quelle erreur, mes Frères, de se persuader que ceux qui sont en place ne doivent pas regarder de si près à la rigidité des règles saintes; que les empires et les monarchies ne se mènent point par des maximes de religion; que la loi de Dieu est la règle du particulier, mais que les états ont une règle supérieure à la loi de Dieu même; que tout tomberoit dans la langueur et dans l'inaction, si les maximes du christianisme conduisoient les affaires publiques; et qu'il n'est pas possible d'être en même temps et l'homme de l'état et l'homme de Dieu!

Quoi! mes Frères, la justice, la vérité, la bonne foi, seroient funestes au gouvernement des états et des empires? la religion, qui fait tout le bonheur et toute la sûreté des peuples et des rois, en deviendroit elle-même l'écueil? un bras de chair soutiendroit plus sûrement les royaumes que la main de Dieu, qui les a élevés? les peuples ne pourroient devoir l'abondance et la tranquillité qu'à la fraude et à la mauvaise foi de ceux qui les gouvernent? et les ministres des rois ne pourroient acheter que par la perte de leur salut le salut de la patrie? Quel outrage pour la religion et pour tant de bons rois qui n'ont régné heureusement que par elle!

J'avoue, Sire, que lorsque le souverain est ambitieux et médite des entreprises injustes, l'artifice et la mauvaise foi deviennent comme inévitables à ses ministres, ou pour cacher ses mauvais desseins, ou pour colorer ses injustices. Mais que le prince soit juste et craignant Dieu, la justice et la vérité suffiront alors pour soutenir un trône qu'elles-mêmes ont élevé: l'habileté de ses ministres ne sera plus que dans leur équité et dans leur droiture : on ne donnera plus à la fraude et à la dissimulation les noms pompeux d'art de régner et de science des affaires. En un mot, donnez-moi des Davids et des Pharaons amis du peuple de Dieu, et ils pourront avoir des Nathans et des Josephs pour leurs ministres.

C'est donc déshonorer la religion, dit saint Augustin,[1] de croire qu'elle ne doit pas être consultée dans le gouvernement des républiques et des empires. Mais c'est lui faire un égal outrage de prendre dans une piété mal entendue des motifs d'indécision et d'incertitude qui entrevoient partout les apparences du mal, et qui opposent sans cesse un fantôme de religion aux entreprises les plus justes et aux maximes les plus capitales.

C'est à la sagesse humaine et corrompue à être incertaine et timide : toujours enveloppée sous de fausses apparences, elle doit toujours craindre qu'un coup d'œil plus heureux ne la perce enfin et ne la démasque. Mais la sagesse qui vient du ciel nous rend plus décidés et plus tranquilles : on marche avec bien plus de sécurité quand on ne veut marcher que dans la lumière : l'homme vertueux tout seul a droit d'aller, la tête levée, et de défier la prudence timide et incertaine de l'homme trompeur : une sainte fierté sied bien à la vérité.

Aussi, c'est se faire une fausse idée de la piété, de

[1] De Civ. Dei.

se la figurer toujours timide, foible, indécise, scrupuleuse, bornée, se faisant un crime de ses devoirs et une vertu de ses foiblesses; obligée d'agir, et n'osant entreprendre; toujours suspendue entre les intérêts publics et ses pieuses frayeurs; et ne faisant usage de la religion que pour mettre le trouble, et la confusion où elle auroit dû mettre l'ordre et la règle. Ce sont là les défauts que les hommes mêlent souvent à la piété; mais ce ne sont pas ceux de la piété même : c'est le caractère d'un esprit foible et borné ; mais ce n'est pas une suite de l'élévation et de la sagesse de la religion : en un mot, c'est l'excès de la vertu; mais la vertu finit toujours où l'excès commence.

Non, Sire, la piété véritable élève l'esprit, ennoblit le cœur, affermit le courage : on est né pour de grandes choses quand on a la force de se vaincre soi-même : l'homme de bien est capable de tout dès qu'il a pu se mettre par la foi au-dessus de tout : c'est le hasard qui fait les héros; c'est une valeur de tous les jours qui fait le juste : les passions peuvent nous placer bien haut; mais il n'y a que la vertu qui nous élève au-dessus de nous-mêmes.

Quel règne, Sire, plus glorieux en Israël que celui de Salomon, tandis qu'il demeura fidèle à la loi de ses pères? quel gouvernement plus sage et plus absolu? tous les raffinements de la politique ont-ils jamais poussé si loin l'art de régner et de conduire les peuples? quelle gloire et quelle magnificence environnoit son trône! la piété en avilissoit-elle la majesté? Quel prince vit jamais ses sujets plus soumis; ses voisins s'estimer plus heureux de son alliance; et des souverains à la tête des empires plus vastes et plus puissants que le sien, avoir pour sa personne des égards et des déférences qu'ils ne devoient pas à sa couronne? les sages des autres nations ne se regardoient-ils pas comme des insensés devant lui? ne venoit-on pas des contrées les plus éloignées, admirer l'ordre et l'harmonie qui lui faisoit gouverner tous ses sujets comme un seul homme? n'est-ce pas dans les préceptes divins qu'il nous a laissés que les princes apprennent encore tous les jours à régner? et la piété seroit-elle l'écueil du gouvernement, puisque c'est elle seule qui lui valut la sagesse?

Heureux s'il ne fût pas sorti de ses premières voies, et si les égarements de sa vieillesse n'eussent pas flétri la gloire de son règne, et altéré le bonheur de ses sujets! ils ne commencèrent à éprouver des charges excessives, et ne cessèrent d'être heureux que lorsqu'il cessa lui-même d'être fidèle à Dieu; et que, corrompu par les femmes étrangères, il ne mit plus de bornes à ses profusions et à l'oppression de ses peuples, et prépara à son fils le soulèvement qui sépara dix tribus du royaume de David, et leur donna un nouveau maître.

Hélas! les hommes, pour excuser leurs vices, cherchent à décrier la vertu : comme elle est incommode aux passions, ils voudroient se persuader qu'elle est funeste à la conduite des états et des empires, et lui opposer l'intérêt public, pour se cacher à soi-même l'intérêt personnel, qui seul en nous s'oppose à elle. La crainte du Seigneur est la seule source de la véritable sagesse ; et ce qui met l'ordre dans l'homme peut seul le mettre dans les états.

TROISIÈME PARTIE.

Enfin l'indécision et l'incertitude conduisent souvent au préjugé et à la surprise ; c'est le dernier écueil de la piété des grands.

Oui, mes Frères, la piété a ses erreurs comme le vice. Plus on aime la vérité, plus tout ce qui se couvre de ses apparences peut nous séduire : la vertu, simple et sincère, juge des autres par elle-même : c'est presque toujours notre propre obliquité qui nous instruit à la défiance ; on est moins en garde contre la fraude et l'artifice, quand on n'a jamais fait usage que de la droiture et de la simplicité; et les justes sont plus exposés à être surpris, parce qu'ils ignorent eux-mêmes l'art de surprendre.

Mais c'est dans les grands surtout, Sire, que

la piété doit craindre les préjugés et la surprise : outre que les suites en sont plus dangereuses, c'est que nés, disoit autrefois Assuérus, plus droits et plus sincères, ils sont d'autant plus susceptibles de préjugés qu'ils aiment moins la peine de l'examen et l'embarras de la défiance, et qu'ils trouvent plus court et plus aisé de juger sur ce qu'on leur dit, que de l'approfondir et de s'en convaincre : *Dum aures principum simplices, et ex sua natura alios œstimantes, callida fraude decipiunt.*[1]

Et de combien de sortes de préjugés la piété dans les grands ne peut-elle pas les rendre capables! Préjugés de crédulité. C'est la piété elle-même qui ouvre souvent leurs oreilles à la malignité de la calomnie; et plus ils aiment la vertu, plus aisément on leur rend suspects de dissolution et de vice ceux qu'une basse jalousie a intérêt de perdre. Mais tout zèle qui cherche à nuire doit leur être suspect : la véritable piété, ou ne croit pas facilement le mal, ou, loin de le publier, le cache du moins et l'excuse : elle ne cherche pas à rendre son frère odieux à ses maîtres ; elle ne cherche qu'à le réconcilier avec Dieu : les délations secrètes se proposent plus le renversement de la fortune d'autrui, que le règlement de ses mœurs ; et d'ordinaire le délateur découvre plus ses propres vices que les vices de son frère.

Esth. 16. 6.

Préjugés de confiance. L'hypocrite prend souvent auprès d'eux la place de l'homme de bien : ils donnent aux apparences de la piété l'accès, les places, la confiance, qui n'étoient dues qu'à la piété elle-même : ils chargent de soins publics ceux qui, par leurs lumières bornées, n'étoient nés que pour vaquer aux fonctions les plus obscures : des mœurs réglées tiennent lieu auprès d'eux des plus grands talents, et des services les plus importants; et ils décrient la vertu par les faveurs mêmes dont ils l'honorent.

Enfin, préjugés de zèle. C'est ici où les princes les plus pieux ont trouvé souvent dans leur zèle même l'écueil de leur piété : les Constantin, les Théodose, ont vu autrefois leur amour pour l'Église se tourner contre l'Église même, et favoriser l'erreur par un zèle de la vérité. Les princes, Sire, ne doivent toucher à la religion que pour la protéger et pour la défendre : leur zèle n'est utile à l'Église que lorsqu'il est demandé par les pasteurs : les sollicitations des dépositaires de la doctrine sont les seules qui doivent avoir du crédit auprès d'eux, lorsqu'il s'agit de la doctrine elle-même; toute autre voix que la voix unanime des pasteurs doit leur être suspecte. C'est ici où ils ne doivent se réserver que l'honneur de la protection, et leur laisser celui de la décision et du jugement : les évêques sont leurs sujets; mais ils sont leurs pères selon la foi : leur naissance les soumet à l'autorité du trône ; mais sur les mystères de la foi, l'autorité du trône fait gloire de se soumettre à celle de l'Église. Les princes n'en sont que les premiers enfants ; et nos rois ont toujours regardé le titre de ses fils aînés comme le plus beau titre de leur couronne : ils n'ont point d'autre droit que de faire exécuter ses décrets, et, en s'y soumettant les premiers, donner l'exemple de la soumission aux autres fidèles. Dès qu'ils ont voulu aller plus loin, et usurper sur la doctrine un droit réservé au sacerdoce, ils ont aigri les maux de l'Église loin d'y remédier : leurs tempéraments ont été de nouvelles plaies, et ont enfanté de nouveaux excès : toutes les conciliations inventées pour calmer les esprits rebelles et les ramener à l'unité les ont autorisés dans leur séparation et leur révolte ; et leur autorité a toujours perpétué les erreurs quand elle a voulu se mêler toute seule de les rapprocher de la vérité. Ils peuvent environner l'arche et la garder comme David ; mais ce n'est pas à eux à y porter les mains : le trône est élevé pour être l'appui et l'asile de la doctrine sainte ; mais il ne doit jamais en être la règle, ni le tribunal d'où partent ses décisions.

Hélas ! si les passions et les intérêts humains n'environnoient pas le trône, sans doute la piété des souverains seroit la plus sûre ressource de l'Église : mais souvent, ou l'on fait agir leur religion contre leurs propres intérêts, ou l'on se sert du vain prétexte de leurs intérêts pour les faire agir contre la religion même.

Les préjugés sont donc presque inévitables à la piété des grands : mais c'est l'obstination dans le préjugé qui rend le mal plus incurable. Il ne leur est pas honteux d'avoir pu être surpris : hélas! comment pourroient-ils s'en défendre? tout ce qui les environne presque s'étudie à les tromper : est-il étonnant que l'attention se relâche quelquefois, et qu'ils puissent se laisser séduire? l'artifice est plus habile et plus persévérant que la défiance; il prend toutes les formes, et met à profit tous les moments : et, quand tous ceux presque qui nous approchent ont intérêt que nous nous trompions, nos précautions elles-mêmes les aident souvent à nous conduire au piége.

Mais, Sire, s'il n'est pas honteux aux princes d'être surpris, malheur inévitable à l'autorité suprême ; il leur est glorieux d'avouer qu'ils ont pu l'être : rien n'est plus grand dans le souverain que de vouloir être détrompé, et d'avoir la force de convenir soi-même de sa méprise. Assuérus ne crut point déroger à la majesté de l'empire, en déclarant, même par un édit public, que sa bonne foi avoit été surprise par les artifices d'Aman. C'est un mauvais orgueil de croire qu'on ne peut avoir tort;

c'est une foiblesse de n'oser reculer, quand on sent qu'on nous a fait faire une fausse démarche : les variations qui nous ramènent au vrai, affermissent l'autorité loin de l'affoiblir : ce n'est pas se démentir que de revenir de sa méprise : ce n'est pas montrer aux peuples l'inconstance du gouvernement ; c'est leur en étaler l'équité et la droiture. Les peuples savent assez et voient assez souvent que les souverains peuvent se tromper ; mais ils voient rarement qu'ils sachent se désabuser et convenir de leur méprise : il ne faut pas craindre qu'ils respectent moins la puissance qui avoue son tort et et qui se condamne elle-même ; leur respect ne s'affoiblit qu'envers celle ou qui ne le connoît pas, ou qui le justifie : et dans leur esprit, rien ne déshonore l'autorité que la foiblesse qui se laisse surprendre, et la mauvaise gloire qui croiroit s'avilir en convenant de son erreur et de sa surprise.

Sire, fermez l'oreille aux mauvais conseils et aux insinuations dangereuses de l'adulation : mais comme elles se couvrent du voile du bien public, et que tôt ou tard elles trouvent accès auprès du trône ; si l'inattention vous les a fait suivre, que l'intérêt seul de votre gloire, quand vous serez détrompé, vous les fasse à l'instant désavouer. Il est encore plus glorieux d'avouer sa surprise que de n'avoir pas été surpris : rien n'est plus beau dans le souverain qui ne dépend de personne, que de vouloir toujours dépendre de la vérité : on craindra de vous en imposer, quand l'imposture et l'adulation démasquée n'aura plus à attendre que votre désaveu et votre colère. C'est l'orgueil des rois tout seul qui autorise et enhardit les adulations et les mauvais conseils : et s'il est vrai que ce sont d'ordinaire les adulateurs qui font les mauvais rois, il est encore plus vrai que ce sont les mauvais rois qui forment et multiplient les adulateurs.

C'est en évitant ces écueils, que la piété des grands deviendra respectable; qu'ils lui rendront la gloire et la dignité que les dérisions du monde ou les foiblesses de la fausse vertu lui ont presque ôtée; et qu'on n'entendra plus se perpétuer parmi les hommes ce blasphème si injurieux à la religion : Que les princes pieux sont les moins propres à gouverner, et que la piété peut en faire de grands saints, mais qu'elle n'en fera jamais de grands rois.

Puissent ces discours licencieux, Sire, ne jamais blesser l'innocence de vos oreilles! mais si l'adulation ose les porter un jour jusques au pied de votre trône; qu'il en sorte des éclairs et des foudres pour confondre ces ennemis de la religion et de votre véritable gloire! Écoutez ces adulations impies comme des blasphèmes contre la majesté des rois, comme des outrages faits à vos plus glorieux ancêtres, aux Charlemagne, aux saint Louis, à votre auguste bisaïeul : c'est par une piété tendre et sincère qu'ils devinrent de grands rois ; leur zèle pour la religion les a encore plus illustrés que leurs victoires ; les louanges que l'Église leur donnera à jamais, dureront autant que l'Église elle-même : leurs grandes actions, ou auroient été ensevelies dans la révolution des temps, ou n'eussent eu qu'un éclat vulgaire, si la piété ne les eût immortalisées.

Soyez, Sire, comme eux le défenseur de la gloire de Dieu, et il ne permettra pas que la vôtre s'efface jamais de la mémoire des hommes : justifiez, en vous proposant ces grands modèles, que la piété ne déshonore point les rois ; que les passions toutes seules avilissent le trône et dégradent le souverain ; qu'on n'est pas digne de régner quand on ne règne pas sur soi-même ; et que pour être dans les âges suivants aussi grand qu'eux aux yeux des hommes, il faut avoir été comme eux fidèle à Dieu.

Grand Dieu! plus le trône est environné de piéges, plus les rois ont besoin que vous les environniez de votre protection et des secours de votre grande miséricorde : mais plus une tendre jeunesse et une enfance délaissée à elle-même et à tous les périls de la royauté expose cet enfant auguste, plus il doit devenir l'objet de vos soins et de votre tendresse paternelle.

Armez de bonne heure l'innocence de son cœur

contre les dérisions qui avilissent la piété, et contre les écueils de la piété même : donnez-lui ces vertus qui sanctifient l'homme, et qui font en même temps le grand roi : faites qu'il respecte ceux qui vous servent, et qu'il serve lui-même le Dieu de ses pères avec cette majesté qui seule peut rendre les rois respectables.

Jetez les yeux sur lui du haut du ciel, grand Dieu! et voyez ici à vos pieds cet enfant auguste et précieux, la seule ressource de la monarchie, l'enfant de l'Europe, le gage sacré de la paix des peuples et des nations : les entrailles de votre miséricorde n'en sont-elles pas émues? regardez-le, grand Dieu! avec les yeux et la tendresse de toute la nation.

Écoutez la première voix de son cœur innocent, qui vous dit ici, comme autrefois un saint roi : Dieu de mes pères, regardez-moi : laissez-vous toucher de pitié à la vue des périls que mon âge et mon rang me préparent, et qui vont m'entourer de toutes parts au sortir de l'enfance : *Respice in me, et miserere mei :* [1] soyez vous-même le défenseur de mon trône et de ma jeunesse : conservez l'empire à l'enfant de tant de rois, et qui ne connoît pas de titre plus glorieux que d'être le premier-né de vos enfants : *Da imperium puero tuo.*

Mais que la conservation d'une couronne terres-

---

[1] Ps. 85. 16.

tre, grand Dieu! ne soit pas le seul de vos bienfaits : sauvez le fils d'Adélaïde, des Blanche, des Clotilde, et de tant de pieuses princesses qui me portent encore devant vous dans leur sein comme l'enfant de leur amour et de leurs plus chères espérances : *Et salvum fac filium ancillæ tuæ:* et, puisque l'innocence attire toujours sur elle vos regards les plus propices et les plus tendres, conservez-la-moi, grand Dieu! aussi long-temps que ma couronne, afin qu'après avoir régné par vous heureusement sur la terre, je puisse régner avec vous éternellement dans le ciel.

Ainsi soit-il.

SERMON

POUR

LE VENDREDI SAINT.

SUR LES OBSTACLES QUE LA VÉRITÉ TROUVE
DANS LE CŒUR DES GRANDS.

Astiterunt reges terræ, et principes convenerunt in unum, adversus Dominum, et adversus Christum ejus.

Les rois de la terre se sont présentés, et les princes se sont assemblés contre le Seigneur et contre son Christ. Ps. 2. 2.

Sire,

Toutes les puissances de la terre semblent se réunir aujourd'hui pour condamner Jésus-Christ à la mort; et la mort de Jésus-Christ n'est qu'une condamnation éclatante des passions des grands et des puissants de la terre.

C'est un pontife éternel qui s'offre lui-même pour son peuple, comme la seule victime capable d'expier ses iniquités, et d'apaiser la colère de Dieu:

c'est un ministre et un envoyé de son père, qui rend témoignage par son sang à la vérité de sa mission et de son ministère : c'est un roi qui entre en possession par sa mort de l'empire de l'univers : il réunit en sa personne tous les titres glorieux dont l'orgueil des hommes se pare.

Cependant ce pontife est livré aujourd'hui par la jalousie des grands-prêtres : ce ministre et cet envoyé du ciel oppose en vain son innocence à l'ambition et à la lâcheté d'un ministre de César : ce roi, à qui toutes les nations ont été données comme son héritage, devient le jouet de l'indifférence et de la vaine curiosité d'un roi usurpateur de la Judée. Il falloit que tout ce qui porte le nom de grand sur la terre, la jalousie des pontifes, la lâcheté de Pilate et l'indifférence d'Hérode, en condamnant Jésus-Christ, fissent éclater sa grandeur et sa puissance : *Astiterunt reges terræ*, etc.

De toutes les instructions que nous offre aujourd'hui le spectacle de la croix, il n'en est pas ici de plus convenable; et, puisque nous ne saurions en exposer à votre piété toutes les circonstances, contentons-nous de vous y montrer les obstacles que la vérité trouve dans le cœur des grands de la terre; c'est-à-dire, Jésus-Christ condamné à la mort par les passions des grands, et les passions des grands condamnées par la mort de Jésus-Christ.

PREMIÈRE PARTIE.

Sire, la vérité, toujours odieuse aux grands, trouve encore aujourd'hui sur la terre les mêmes ennemis qui l'attachèrent autrefois avec Jésus-Christ sur la croix : la jalousie la persécute ; un lâche intérêt la sacrifie ; l'indifférence la méprise, et la tourne même en risée.

Mais de toutes les passions que les hommes opposent à la vérité, la jalousie est la plus dangereuse, parce qu'elle est la plus incurable : c'est un vice qui mène à tout, parce qu'on se le déguise toujours à soi-même ; c'est l'ennemi éternel du mérite et de la vertu ; tout ce que les hommes admirent l'enflamme et l'irrite ; il ne pardonne qu'au vice et à l'obscurité ; et il faut être indigne des regards publics pour mériter ses égards et son indulgence.

Si les prodiges de Jésus-Christ avoient moins éclaté dans la Judée, les princes des prêtres, moins éblouis de sa gloire, ne lui eussent pas disputé son innocence ; et leur zèle jaloux ne l'auroit pas trouvé digne de mort, s'il ne l'eût été des louanges et des acclamations publiques : *Quid facimus, quia hic homo multa signa facit?*[1]

Telle est l'impression de haine et de jalousie que la grande renommée de Jésus-Christ fait sur le cœur des pontifes et des prêtres, des dépositaires

[1] Joan. 11. 47.

Petit Carême.

de la loi et de la religion. Mais, hélas! faut-il que le sanctuaire lui-même devienne presque toujours l'asile d'une passion si méprisable; que les dons éclatants de l'Esprit de paix et de charité mettent l'amertume et la division parmi ses ministres; que la moisson si abondante, et qui manque d'ouvriers, excite des sentiments de jalousie parmi le petit nombre de ceux qui travaillent; que les anges destinés au ministère ne puissent arracher les scandales du royaume de Jésus-Christ sans y en mettre souvent un nouveau; que, dès la naissance de l'Évangile, cette triste zizanie se soit glissée parmi ses plus saints ouvriers; et que l'Église souvent soit presque aussi affligée par le faux zèle qui la défend que par l'erreur même qui l'attaque? Pourvu que Jésus-Christ soit annoncé, la gloire n'en est-elle pas commune à tous ceux qui l'aiment? ne partageons-nous pas ses triomphes, dès que nous ne combattons que pour lui? et tous les succès qui agrandissent son royaume ne deviennent-ils pas les nôtres? C'est lui seul qui donne l'accroissement; et nos foibles travaux ne sont plus comptés pour rien, dès que nous les comptons nous-mêmes pour quelque chose.

Tous les traits les plus odieux semblent se réunir dans un cœur où domine cette passion injuste de l'envie. Cependant c'est le vice, et comme la contagion universelle des cours, et souvent la première source de la décadence des empires : il n'est point de bassesse que cette passion, ou ne consacre, ou ne justifie : elle éteint même les sentiments les plus nobles de l'éducation et de la naissance ; et, dès que ce poison a gagné le cœur, on trouve des âmes de boue où la nature avoit d'abord placé des âmes grandes et bien nées.

La mauvaise foi n'est plus comptée pour rien : ces grands prêtres cherchent eux-mêmes de faux témoignages contre Jésus-Christ ; eux qui devoient proscrire ces hommes infâmes qui font un trafic honteux de la vérité et de l'innocence des autres hommes, ils se les associent, et favorisent le crime qui favorise leur passion.

C'est ainsi que ce vice ne rougit point de se faire des appuis honteux et méprisables. Les hommes les plus décriés et les plus perdus, on les adopte, dès qu'ils veulent bien adopter et servir l'amertume secrète qui nous dévore : ils nous deviennent chers, dès qu'ils peuvent devenir les vils instruments de notre passion ; et ce qui devoit les rendre encore plus hideux à nos yeux, efface en un instant toutes leurs taches. Le monde ne manque jamais de ces hommes vendus à l'iniquité, dont l'unique emploi est de noircir auprès des grands ceux qui ont le malheur de leur déplaire, ou qui plaisent trop pour être de leur goût ; et ces hommes corrompus, et qu'on devroit bannir de la société, ne manquent jamais de trouver des grands qui les écoutent et qui les protégent. On érige en mérite le zèle qu'ils étalent pour nos intérêts, et on leur fait une vertu d'un ministère infâme dont on rougit tout bas soi-même : Doëg l'Iduméen devient cher à Saül, dès qu'il devient le ministre de sa jalousie et de sa haine contre David.

Mais de quoi n'est pas capable un cœur que la jalousie noircit et envenime ! Non-seulement on applaudit à l'imposture; mais on ne craint pas de s'en rendre coupable soi-même. Ces pontifes, témoins des prodiges et de la sainteté de Jésus-Christ, ne pouvant ignorer qu'il est fils de David, et descendu des rois de Juda; ayant ouï de sa propre bouche qu'il falloit rendre à Dieu ce qui est à Dieu, et à César ce qui est à César; le font pourtant passer pour un séditieux, un ennemi de César, et qui veut en usurper la souveraine puissance ; un impie qui veut renverser la loi et le temple de ses pères ; enfin pour un homme de néant, né dans la boue et dans la plus vile populace.

Cette passion amère est comme une frénésie qui change tous les objets à nos yeux : rien ne nous paroît plus sous sa forme naturelle. David a beau remporter des victoires sur les Philistins et assurer la couronne à son maître; aux yeux de Saül ce n'est plus qu'un ambitieux qui veut monter lui-même sur le trône. En vain Jérémie justifie la vérité de ses prédictions par les événements et par la sainteté de sa vie ; les prêtres, jaloux de sa réputation, publient que c'est un imposteur et un traître qui annonce les malheurs et la ruine entière de Jérusalem, plus pour décourager ses citoyens et favoriser l'ennemi, que pour prévenir la destruction entière de sa patrie.

Tout s'empoisonne entre les mains de cette funeste passion : la piété la plus avérée n'est plus qu'une hypocrisie mieux conduite ; la valeur la plus éclatante, une pure ostentation, ou un bonheur qui tient lieu de mérite ; la réputation la mieux établie, une erreur publique où il entre plus de prévention que de vérité ; les talents les plus utiles à l'état, une ambition démesurée qui ne cache qu'un grand fonds de médiocrité et d'insuffisance ; le zèle pour la patrie, un art de se faire valoir et de se rendre nécessaire ; les succès même les plus glorieux, un assemblage de circonstances heureuses qu'on doit à la bizarrerie du hasard plus qu'à la sagesse des mesures ; la naissance la plus illustre, un grand nom sur lequel on est enté, et qu'on ne tient pas de ses ancêtres.

Enfin la langue du jaloux flétrit tout ce qu'elle touche ; et ce langage si honteux est pourtant le langage commun des cours : c'est lui qui lie les sociétés et les commerces : chacun se cache la plaie secrète de son cœur ; et chacun se la communique :

on a honte du nom du vice; et l'on se fait honneur du vice même.

Enfin il emprunte même les apparences du zèle et de l'amour du bien public : les intérêts de la nation et la conservation du temple et de la loi, paroissent consacrer la jalousie des pontifes contre Jésus-Christ.

Le zèle du bien public devient tous les jours comme la décoration et l'apologie de ce vice. Il semble qu'on ne craint que pour l'état, et on n'envie que les places de ceux qui gouvernent : on blâme les choix du maître comme tombant sur des sujets incapables ; mais ce n'est pas l'intérêt public qui nous pique, c'est la jalousie et le chagrin de n'avoir pas été nous-mêmes choisis : les places où nous aspirions ne sont jamais, selon nous, données au mérite; la faveur du maître et le bien de l'état ne nous paroissent jamais aller ensemble : on se donne pour amateur de la patrie, et on n'en aime que les honneurs et les prééminences. Aman trouve la puissance et la religion des Juifs dangereuse à l'empire ; mais ce n'est pas l'état qu'il a dessein de sauver, c'est Mardochée qu'il veut perdre. Les courtisans de Darius accusent Daniel d'avoir violé la loi des Perses ; mais ce n'est pas de la majesté de la loi dont ils sont jaloux, c'est la gloire et la faveur de Daniel qu'ils haïssent.

Tout est plein dans les cours de ces zèles de jalousie : on étale le titre de bon citoyen, et on cache dessous celui de jaloux : on a sans cesse l'état dans la bouche, et la jalousie dans le cœur : on paroît contristé quand les événements sont malheureux, et ne répondent pas aux vues et aux mesures de ceux qui sont en place ; et l'on s'applaudit plus du blâme qui en retombe sur eux, qu'on n'est touché des maux qui en peuvent revenir à la patrie.

Et voilà un des plus tristes effets de cette passion infortunée. Ces pontifes demandent que le sang du juste soit sur eux et sur leurs enfants : la désolation du temple et de la cité sainte, la cessation des sacrifices, la dispersion de Juda, la perte de tout ne leur paroît rien, pourvu que l'innocent périsse.

Et combien de fois a-t-on vu des hommes publics sacrifier l'état à leurs jalousies particulières ; faire échouer des entreprises glorieuses à la patrie, de peur que la gloire n'en rejaillît sur leurs rivaux ; ménager des événements capables de renverser l'empire, pour ensevelir leurs concurrents sous ses ruines, et risquer de tout perdre pour faire périr un seul homme ? Les histoires des cours et des empires sont remplies de ces traits honteux, et chaque siècle presque en a vu de tristes exemples. Mais le véritable zèle du bien public ne cherche qu'à se rendre utile ; et à l'homme vertueux et qui aime l'état, les services tiennent lieu de récompense.

Première passion dans les pontifes, qui livre aujourd'hui Jésus-Christ ; la jalousie : mais, en second lieu, c'est un lâche intérêt dans Pilate, qui le condamne.

DEUXIÈME PARTIE.

Oui, mes Frères, la passion, le dieu des grands, c'est la fortune. Ils veulent plaire à César, et c'est le seul devoir qui les occupe : tout ce qui favorise leur élévation s'accorde toujours avec leur conscience; la probité qui nuiroit à leur fortune, et qui leur feroit perdre la faveur du maître, n'est plus pour eux que la vertu des sots. Mais dès-là qu'on craint plus la disgrâce de César que le reproche de sa conscience, si l'on n'a pas encore sacrifié l'honneur et la probité, ce n'est pas le cœur et la volonté, c'est l'occasion qui a manqué aux plus grands crimes.

En effet, il paroît d'abord dans le caractère de Pilate des restes de droiture et de probité : sa conscience s'élève en faveur de l'innocent; il semble lui-même plaider sa cause ; il n'ose le délivrer, et il souhaite pourtant qu'on le délivre : premier degré de l'ambition, la lâcheté. On aime le devoir et l'équité lorsqu'il est utile ou glorieux de se déclarer pour elle ; qu'on peut compter sur les suffrages publics; que notre fermeté va nous donner en spectacle au monde, et que nous devenons plus grands aux yeux des hommes par la défense héroïque de la vérité, que nous ne l'aurions été par la dissimulation et la souplesse : nous cherchons la gloire et les applaudissements dans le devoir; et presque toujours c'est la vanité qui donne des défenseurs à la vérité.

A la lâcheté succède la crainte. On menace Pilate de l'indignation de César : *Si hunc dimittis, non es amicus Cæsaris;*[1] à cette raison tous les droits les plus sacrés s'évanouissent, et ne sont plus comptés pour rien. On n'est pas digne de soutenir la justice et la vérité quand on peut aimer quelque chose plus qu'elle : une démarche opposée à l'honneur et à la conscience est bien plus à craindre, pour une âme noble, que la colère de César. Mais d'ailleurs, Sire, c'est servir la gloire du prince que de ne pas servir à ses passions : il est beau d'oser s'exposer à son indignation plutôt que de manquer à la fidélité qu'on lui a jurée ; et, si les princes comme vous peuvent compter sur un ami fidèle, il faut qu'ils le cherchent parmi ceux qui les ont assez aimés pour avoir eu le courage d'oser quelquefois leur déplaire : plus ceux qui leur applaudissent sans cesse sont nombreux ; plus l'homme vertueux qui ne se joint point aux adulations publiques doit leur être respectable. Mais cet héroïsme de fidélité est rare dans les cours : à peine se trouva-

[1] Joan. 19. 12.

t-il un Daniel dans l'empire parmi tous les satrapes, qui ne connoissoient point d'autre loi que la volonté du prince. Telle est la destinée des souverains : la même puissance qui multiplie autour d'eux les adulateurs, y rend aussi les amis plus rares.

Aussi la crainte de déplaire à César conduit Pilate au dernier degré de la lâcheté ; il abandonne et livre Jésus-Christ. Les cris de ce peuple furieux ne peuvent être calmés que par le sang du juste : s'exposer à leur violence, ce seroit allumer le feu de la sédition : il vaut encore mieux que l'innocent périsse, que si toute la nation alloit se révolter contre César; et il faut acheter le bien public par un crime.

Et voilà toujours le grand prétexte de l'abus que ceux qui sont en place font de l'autorité : il n'est point d'injustice que le bien public ne justifie : il semble que le bonheur et la sûreté publique ne puisse subsister que par des crimes ; que l'ordre et la tranquillité des empires ne soient jamais dus qu'à l'injustice et à l'iniquité ; et qu'il faille renoncer à la vertu pour se dévouer à la patrie.

Non, Siré, je l'ai déjà dit ailleurs, et on ne sauroit trop le redire, la loi de Dieu est toute la force et toute la sûreté des lois humaines : tout ce qui attire la colère du ciel sur les états ne sauroit faire le bonheur des peuples; l'ordre et l'utilité publique ne peuvent être le fruit du crime : on sert mal la patrie quand on la sert aux dépens des règles saintes : c'est saper les fondements de l'édifice pour l'embellir et l'élever plus haut; c'est, en affoiblissant ses principaux appuis, y ajouter de vains ornements qui hâtent sa ruine. Les empires ne peuvent se soutenir que par l'équité des mêmes lois qui les ont formés; et l'injustice a bien pu détrôner des souverains, mais elle n'a jamais affermi les trônes : les ministres qui ont outré la puissance des rois l'ont toujours affoiblie; ils n'ont élevé leurs maîtres que sur la ruine de leurs états ; et leur zèle n'a été utile aux Césars qu'autant qu'il a respecté les lois de l'empire.

C'est donc la jalousie dans les princes des prêtres, qui persécute aujourd'hui Jésus-Christ; un vil intérêt dans Pilate, qui le livre; et enfin une indifférence criminelle dans Hérode, qui en fait un sujet de mépris et de risée.

Hélas! quelle autre destinée pouvoit se promettre la doctrine de l'Évangile en se montrant à une cour superbe et voluptueuse? La doctrine sainte n'offre rien qui ne combatte l'orgueil et la volupté; et il n'y a de grand pour ceux qui habitent les palais des rois, que le plaisir et la gloire. Si vous n'y paroissez pas sous ces étendards, ou l'on vous prend pour un censeur et un ennemi, ou ils vous méprisent comme un homme d'une autre espèce, et un nouveau venu qui vient porter au milieu d'eux un langage inouï et des manières étrangères.

Nous-mêmes, dans ces chaires chrétiennes qui seules leur parlent encore le langage de la vérité ; nous-mêmes nous venons souvent ici affoiblir ce langage divin; respecter ce que nous devrions combattre ; adoucir par des idées humaines la sévérité des règles saintes ; autoriser presque leurs préjugés avant d'oser combattre leurs passions ; et, sous prétexte de ne pas les révolter contre la vérité, la leur rendre presque méconnoissable.

Hérode, instruit des merveilles qu'on publioit de Jésus-Christ, s'attend à lui voir opérer des prodiges ; et, dans cette attente, il le voit arriver à sa cour avec joie : ce n'est pas la vérité qui l'intéresse, c'est une vaine curiosité qu'il veut satisfaire, et faire servir Jésus-Christ de spectacle à son loisir et à son oisiveté. Car c'est de tout temps que la plupart des princes et des grands ont fait de la religion un spectacle : les mystères les plus augustes et les plus terribles, égayés par tous les attraits d'une harmonie recherchée, deviennent pour eux comme des réjouissances profanes qui les amusent : ils ne cherchent que le plaisir des sens, jusque dans les devoirs d'un culte qui n'est établi que pour les combattre : il faut que la religion, pour leur plaire, emprunte les joies et tout l'appareil du siècle ; et qu'un spectacle digne des anges ait encore besoin de décoration pour être un spectacle digne d'eux.

Hérode fait à Jésus-Christ des questions vaines

et frivoles : *Interrogabat eum multis sermonibus;*[1] de ces questions où l'orgueil et l'irréligion ont plus de part que l'amour de la vérité ; qu'on propose plutôt pour se faire une gloire de ses doutes, que par un désir sincère de les éclaircir ; de ces questions qui n'aboutissent à rien qu'à nous affermir dans l'incrédulité, qui n'ont de sérieux que l'aveuglement d'où elles prennent leur source ; de ces questions où l'on discourt des vérités éternelles du salut comme de ces vérités douteuses et peu intéressantes que Dieu a livrées à l'oisiveté et à la dispute des hommes, où l'on traite ce qui doit décider du bonheur ou du malheur éternel, comme un problème indifférent dont les deux côtés ont leur vraisemblance, et où l'on peut opter ; de ces questions enfin qui sont plutôt des dérisions secrètes de la foi, que les recherches respectueuses d'un véritable fidèle.

Et voilà le seul usage que la plupart des grands font de Jésus-Christ ; des questions éternelles sur la religion : *Interrogabat eum multis sermonibus;* faisant de Jésus-Christ et de sa doctrine un sujet oiseux et frivole d'entretien et de contestation, au lieu d'en faire l'objet de leur espérance et de leur culte ; s'informant de la vérité d'un avenir et de cette autre patrie qui nous attend après le trépas, avec moins d'intérêt qu'ils n'écouteroient les rela-

[1] Luc. 23. 9.

tions d'une terre inconnue et peut-être fabuleuse, où nul mortel n'a pu encore aborder; parlant des faits miraculeux qui établissent la certitude et la divinité de la religion de leurs pères, avec la même incertitude qu'ils parleroient d'un point peu important d'histoire qu'on n'a pas encore éclairci ; et par la manière peu sérieuse dont ils veulent s'instruire de la foi, montrant qu'ils l'ont tout-à-fait perdue.

Aussi Jésus-Christ n'oppose qu'un silence profond à la vanité des questions d'Hérode. On ne mérite les réponses de la vérité que lorsque c'est le désir de la connoître qui l'interroge ; et c'est dans le cœur de ceux qui parlent et disputent plus sur la religion, qu'elle est d'ordinaire plus effacée. Oui, mes Frères, on a déjà trouvé la vérité quand on la cherche de bonne foi : il ne faut pour la trouver, ni creuser dans les abîmes, ni s'élever au-dessus des airs; il ne faut que l'écouter au dedans de nous-mêmes. Un cœur innocent et docile entend d'abord sa voix ; les doutes et les recherches que forme l'orgueil, loin de la rapprocher de nous, ferment les yeux à sa lumière : elle aveugle les sages et les juges orgueilleux de ses mystères, et ne se communique qu'à ceux qui font gloire d'en être les disciples. La soumission est la source des lumières : plus on veut raisonner, plus on s'égare : plus on doute, plus Dieu permet que les doutes augmentent : la raison, une fois sortie de la règle, ne trouve plus rien qui l'arrête ; plus elle avance, plus elle se creuse de précipices. Aussi l'hérésie, d'abord timide dans sa naissance, va toujours croissant, et ne garde plus de mesures dans ses progrès : elle n'en vouloit d'abord, parmi nous, qu'aux abus prétendus du culte ; elle a depuis attaqué le culte lui-même : elle se plaignoit que nous dégradions Jésus-Christ de sa qualité de médiateur ; elle a enfanté des disciples qui l'ont dégradé de sa divinité et de sa naissance éternelle : elle vouloit réformer la religion ; elle a fini par les approuver toutes, ou, pour mieux dire, par n'en plus avoir et n'en plus connoître aucune : elle prétendoit s'en tenir à la lettre aux livres saints ; et cette lettre a été pour elle une lettre de mort, et ses faux prophètes y ont puisé un fanatisme et des visions sur l'avenir que l'événement a démenties et dont elle a rougi elle-même. Non, mes Frères, la foi est le seul point qui peut fixer l'esprit humain : si vous passez au delà, vous n'avez plus de route assurée ; vous entrez dans une terre ténébreuse et couverte des ombres de la mort ; vous n'y voyez plus que des fantômes, les tristes enfants des ténèbres ; et, comme la raison n'a plus de frein, l'erreur aussi n'a plus de bornes.

En effet, les questions d'Hérode le conduisent à faire de Jésus-Christ un sujet de risée : *Sprevit autem illum Herodes;*[1] et toute sa cour suit son exemple : *cum exercitu suo.* La vertu la plus pure, dès qu'elle déplaît au souverain, est bientôt digne de l'oubli et du mépris même du courtisan : c'est le goût du prince qui décide presque toujours pour eux de la vérité et du mérite : leur religion est toute, pour ainsi dire, sur le visage du maître : c'est là leur loi et leur évangile ; et ils n'ont rien de plus fixe dans leur culte que les caprices et les passions de l'idole qu'ils adorent.

Aussi l'attention, Sire, la plus essentielle que les rois doivent à la place où Dieu les a fait asseoir, c'est de rendre la religion respectable, en ne se permettant jamais la plus légère dérision qui puisse en blesser la majesté. Les plus jeunes années de votre auguste bisaïeul ne le virent jamais s'écarter de cette règle : ce fut pour lui la règle de tous les temps et de tous les lieux : son respect pour la religion de ses pères imposa toujours devant lui un silence éternel à l'impiété : son langage fut toujours le langage du premier roi chrétien, c'est-à-dire le langage respectable de la foi : l'irréligion étoit le seul crime auquel il ne pardonnoit point : tout étoit sérieux pour lui sur cet article : nulle joie, nul plaisir n'autorisa jamais devant lui la moindre dérision qui pût intéresser le culte de ses ancêtres : religieux jusqu'au milieu des réjouissances d'une cour jeune

[1] Luc. 23. 11.

et florissante, la foi ne souffrit jamais des plaisirs et des dissipations inévitables à la jeunesse des rois. Sur ce point, Sire, tout devient capital dans la bouche d'un souverain : une simple légèreté va autoriser la licence de l'impiété, ou faire de nouveaux impies : on croit plaire en enchérissant ; et les railleries du maître deviennent bientôt des blasphèmes dans la bouche du courtisan.

Telles sont les passions que les grands opposent à la vérité, et qui condamnent Jésus-Christ à la mort. Que ne puis-je achever, et vous montrer les passions des grands condamnées par la mort de Jésus-Christ !

Hélas ! en est-il une seule que sa croix ne confonde ? Il ne meurt que pour rendre témoignage à la vérité, il en est le premier martyr ; et les grands craignent la vérité, et il est rare qu'elle ait accès auprès de leur trône. Il n'est roi que pour être la victime de son peuple ; et les peuples sont d'ordinaire la victime de l'ambition des princes et des rois. Les marques de son autorité, son sceptre, sa couronne, sont les instruments de ses souffrances ; et l'unique usage que les grands font de leur autorité, c'est de la faire servir à leurs plaisirs injustes. Au milieu de ses peines et de ses douleurs, il n'est occupé que de nos intérêts ; et les grands, au milieu de leurs plaisirs, ne daignent pas même s'occuper des peines et des souffrances de leurs frères. Il souffre à notre place ; et les grands croient que tout doit souffrir pour eux. Il vient de tous les peuples ne faire qu'un peuple, réconcilier toutes les nations, éteindre toutes les guerres ; et c'est la vanité des grands qui les allume et qui les éternise sur la terre. Que dirai-je ? il n'est roi que parce qu'il est sauveur ; ses bienfaits forment tous ses titres ; ses qualités glorieuses ne sont que les différents offices de son amour pour nous ; tout ce qu'il est de plus grand, il ne l'est que pour les hommes, il est tout à nos usages ; et les grands comptent le reste des hommes pour rien, et ne croient être nés que pour eux-mêmes.

Voilà, Sire, le grand modèle des rois. Du haut de sa croix, il instruit les grands et les princes de la terre : Regardez, leur dit-il, et faites selon ce modèle : j'ai quitté mon royaume, et je suis descendu de ma gloire pour sauver mes sujets ; vous n'êtes rois que pour eux, et leur bonheur doit être l'unique objet de tous les soins attachés à votre couronne. Oui, Sire, c'est un roi qui donne sa vie pour son peuple ; et il ne vous demande que votre amour pour le vôtre : c'est un roi qui ne va conquérir le monde que pour l'acquérir à Dieu ; ne combattez que pour lui, et vous serez toujours sûr de la victoire : c'est un roi qui fait de la croix son trône et le lieu de ses douleurs et de ses souffrances ; regardez le vôtre comme un lieu de soins et de travail, et non comme le siége de la volupté et de la mollesse : c'est un roi qui ne veut régner que sur les cœurs; l'usage le plus glorieux de votre autorité, c'est celui qui vous assurera l'amour de vos peuples : c'est un roi qui vient apporter la paix, la vérité, la justice aux hommes, et qui ne veut que les rendre heureux; Sire, régnez pour notre bonheur, et vous régnerez pour le vôtre.

O mon Sauveur! c'est aujourd'hui que vous commencez à régner vous-même sur toutes les nations; vos derniers soupirs sont comme les prémices sacrées de votre règne; et c'est par la croix que vous allez conquérir l'univers. Grand Dieu! que ce soit elle qui affermisse le règne de l'enfant précieux que vous voyez ici à vos pieds; que la religion en consacre les prémices et en couronne la durée : ce sont ses glorieux ancêtres qui l'ont placée parmi nous sur le trône; que ce soit elle qui y soutienne l'enfant auguste qui ne peut vous offrir encore que son innocence, la foi de ses pères, les malheurs qui ont entouré son berceau royal, et la tendresse la plus vive de ses sujets.

Conservez l'enfant de tant de saints et de tant de protecteurs de la foi sainte : ils exposèrent autrefois leur vie et leur couronne pour aller recouvrer votre héritage; conservez le sien à cet enfant précieux, afin qu'il puisse un jour défendre et protéger l'Église que le Père vous donne aujourd'hui comme l'héritage que vous avez acquis par votre sang : ils revinrent chargés des dépouilles sacrées de la croix ; que ce dépôt saint dont ils enrichirent cette ville régnante, que ce gage précieux de la piété de ses pères, sollicite aujourd'hui surtout vos grâces en sa faveur : n'abandonnez pas l'héritier de tant de princes qui ont été les premiers défenseurs de votre nom et de votre gloire. Les coups de votre colère l'ont épargné au milieu des débris de son auguste famille; laissez-nous, grand Dieu, jouir de votre bienfait, que nous avons acheté si cher : que ce reste heureux de tant de têtes augustes que nous avons vues tomber à la fois répare nos pertes et essuie nos larmes : comblez-le lui seul de toutes les grâces que vous aviez réservées dans vos trésors éternels à tant de princes qui devoient régner à sa place, et auxquels sa couronne étoit destinée : réunissez en lui tout ce que vous deviez partager sur les autres ; et que son règne rassemble toutes les bénédictions et tous les genres de bonheur que nous nous promettions séparément sous les règnes des princes qu'une mort prématurée nous a enlevés, et auxquels vous n'avez refusé sans doute sur la terre une couronne que la naissance leur destinoit, que pour leur en préparer dans le ciel une éternelle.

Ainsi soit-il.

SERMON

POUR

LE JOUR DE PÂQUES.

SUR LE TRIOMPHE DE LA RELIGION.

Exspolians principatus et potestates, traduxit confidenter palam triumphans illos in semetipso.

Jésus-Christ ayant désarmé les principautés et les puissances, il les a menées hautement en triomphe à la face de tout le monde, après les avoir vaincues en sa propre personne. Col. 2. 15.

Sire,

Les vains triomphes des conquérants n'étoient qu'un spectacle d'orgueil, de larmes, de désespoir et de mort : c'étoit le triomphe lugubre des passions humaines ; et ils ne laissoient après eux que les tristes marques de l'ambition des vainqueurs et de la servitude des vaincus.

Le triomphe de Jésus-Christ est aujourd'hui,

pour les nations mêmes qui deviennent sa conquête, un triomphe de paix, de liberté et de gloire.

Il triomphe de ses ennemis ; mais pour les délivrer et les associer à sa puissance : il triomphe du péché ; mais, en effaçant et attachant à la croix cet écrit fatal de notre condamnation, il en fait couler sur nous une source de sainteté et de grâce : il triomphe de la mort ; mais pour nous assurer l'immortalité.

Telle est la gloire de la religion : elle n'offre d'abord que les opprobres et les souffrances de la croix ; mais c'est un triomphe glorieux, et le plus grand spectacle que l'homme puisse donner à la terre. Rien ici-bas n'est plus grand que la vertu : tous les autres genres de gloire, on les doit au hasard ou à l'adulation, et à l'erreur publique ; celle-ci, on ne la doit qu'à Dieu et à soi-même. On en fait une honte aux princes et aux puissants ; et cependant c'est par elle seule qu'ils peuvent être grands, puisque c'est par elle seule qu'ils peuvent triompher de leurs ennemis, de leurs passions, et de la mort même.

Exposons ces vérités si honorables à la foi, et consacrons à la gloire de la religion l'instruction de ce dernier jour, qui est le grand jour des triomphes de Jésus-Christ.

PREMIÈRE PARTIE.

Sire, la gloire des princes et des grands a trois écueils à craindre sur la terre : la malignité de l'envie, ou les inconstances de la fortune qui l'obscurcissent; les passions qui la déshonorent; enfin, la mort même qui l'ensevelit, et qui change en censures les vaines adulations qui l'avoient exaltée.

La religion seule les met à couvert de ces écueils inévitables, et où toute la gloire humaine vient d'ordinaire échouer : elle les élève au-dessus des événements et de l'envie ; elle leur assujettit leurs passions; enfin, elle leur assure, après leur mort, la gloire que la malignité leur avoit peut-être refusée pendant leur vie. C'est ce qui fait aujourd'hui le triomphe de Jésus-Christ; et c'est ce modèle glorieux que nous proposons aux grands de la terre.

Toute la gloire de sa sainteté et de ses prodiges n'avoit pu le sauver des traits de l'envie; et son innocence avoit paru succomber aux puissances des ténèbres qui l'avoient opprimée. Mais sa résurrection attache à son char de triomphe ces principautés et ces puissances mêmes : sa gloire sort triomphante du sein de ses opprobres : sa croix devient le signal éclatant de sa victoire : la Judée seule l'avoit rejeté, et l'univers entier l'adore.

Oui, mes Frères, quelle que puisse être la gloire des grands sur la terre, elle a toujours à craindre : premièrement, la malignité de l'envie qui cherche à l'obscurcir. Hélas ! c'est à la cour surtout où cette vérité n'a pas besoin de preuve. Quelle est la vie la plus brillante où l'on ne trouve des taches? où sont les victoires qui n'aient une de leurs faces peu glorieuse au vainqueur? quels sont les succès où les uns ne prêtent au hasard les mêmes événements dont les autres font honneur aux talents et à la sagesse? quelles sont les actions héroïques qu'on ne dégrade en y cherchant des motifs lâches et rampants? en un mot, où sont les héros dont la malignité et peut-être la vérité ne fasse des hommes?

Tant que vous n'aurez que cette gloire où le monde aspire, le monde vous la disputera : ajoutez-y la gloire de la vertu; le monde la craint et la fuit, mais le monde pourtant la respecte.

Non, Sire, un prince qui craint Dieu et qui gouverne sagement ses peuples, n'a plus rien à craindre des hommes. Sa gloire toute seule auroit pu faire des envieux; sa piété rendra sa gloire même respectable : ses entreprises auroient trouvé des censeurs; sa piété sera l'apologie de sa conduite : ses prospérités auroient excité la jalousie ou la défiance de ses voisins; il en deviendra par sa piété l'asile et l'arbitre : ses démarches ne seront jamais suspectes, parce qu'elles seront toujours annoncées par la justice : on ne sera pas en garde contre son ambition, parce que son ambition sera toujours réglée par ses droits : il n'attirera point sur ses états le fléau de la guerre, parce qu'il regardera comme un crime de la porter sans raison dans les états étrangers : il réconciliera les peuples et les rois, loin de les diviser pour les affoiblir et élever sa puissance sur leurs divisions et sur leur foiblesse : sa modération sera le plus sûr rempart de son empire : il n'aura pas besoin de garde qui veille à la porte de son palais ; les cœurs de ses sujets entoureront son trône et brilleront autour à la place des glaives qui le défendent : son autorité lui sera inutile pour se faire obéir ; les ordres les plus sûrement accomplis sont ceux que l'amour exécute ; et la soumission sera sans murmure, parce qu'elle sera sans contrainte : toute sa puissance l'auroit rendu à peine maître de ses peuples ; par la vertu il deviendra l'arbitre même des souverains. Tel étoit, Sire, un de vos plus saints prédécesseurs, à qui l'Église rend des honneurs publics, et qu'elle regarde comme le protecteur de votre monarchie. Les rois ses voisins, loin d'envier sa puissance, avoient recours à sa sagesse : ils s'en remettoient à lui de leurs différends et de leurs intérêts : sans être leur vainqueur, il étoit leur juge et leur arbitre ; et la vertu toute seule lui donnoit sur toute l'Europe un empire bien plus sûr et plus glorieux que n'auroient pu lui donner ses victoires. La puissance ne nous fait que des sujets et des esclaves : la vertu toute seule nous rend maîtres des hommes.

Mais si elle nous met au-dessus de l'envie, c'est elle encore qui nous rend supérieurs aux événements. Oui, Sire, les plus grandes prospérités ont toujours ici-bas des retours à craindre : Dieu, qui ne veut pas que notre cœur s'attache où notre trésor et notre bonheur ne se trouvent point, fait quelquefois du plus haut point de notre élévation le premier degré de notre décadence : la gloire des hommes, montée à son plus grand éclat, s'attire, pour ainsi dire, à elle-même des nuages : l'histoire des états et des empires n'est elle-même que l'histoire de la fragilité et de l'inconstance des choses humaines : les bons et les mauvais succès semblent s'être partagé la durée des ans et des siècles ; et nous venons de voir le règne le plus long et le plus glorieux de la monarchie finir par des revers et par des disgrâces.

Mais sur les débris de cette gloire humaine, votre pieux et auguste bisaïeul sut s'en élever une plus solide et plus immortelle. Tout sembla fondre et s'éclipser autour de lui ; mais c'est alors que nous le vîmes à découvert lui-même, plus grand par la simplicité de sa foi et par la constance de sa piété que par l'éclat de ses conquêtes : ses prospérités nous avoient caché sa véritable gloire ; nous n'avions vu que ses succès ; nous vîmes alors toutes ses vertus : il falloit que ses malheurs égalassent ses prospérités ; qu'il vît tomber autour de lui tous les princes les appuis de son trône ; que votre vie même fût menacée, cette vie si chère à la nation, et le seul gage de ses miséricordes que Dieu laisse encore à son peuple ; il falloit qu'il demeurât tout seul avec sa vertu pour paroître tout ce qu'il étoit : ses succès inouïs lui avoient valu le nom de grand ; ses sentiments héroïques et chrétiens dans l'adversité, lui en ont assuré pour tous les âges à venir le nom et le mérite.

Non, mes Frères, il n'est que la religion qui puisse nous mettre au-dessus des événements; tous les autres motifs nous laissent toujours entre les mains de notre foiblesse. La raison de la philosophie promettoit la constance à son sage, mais elle ne la donnoit pas : la fermeté de l'orgueil n'étoit que la dernière ressource du découragement; et l'on cherchoit une vaine consolation en faisant semblant de mépriser des maux qu'on n'étoit pas capable de vaincre. La plaie qui blesse le cœur ne peut trouver son remède que dans le cœur même ; or la religion toute seule porte son remède dans le cœur : les vains préceptes de la philosophie nous prêchoient une insensibilité ridicule, comme s'ils avoient pu éteindre les sentiments naturels sans éteindre la nature elle-même : la foi nous laisse sensibles; mais elle nous rend soumis, et cette sensibilité fait elle-même tout le mérite de notre soumission : notre sainte philosophie n'est pas insensible aux peines ; mais elle est supérieure à la douleur. C'étoit ôter aux hommes la gloire de la fermeté dans les souffrances, que de leur en ôter le sentiment; et la sagesse païenne ne vouloit les rendre insensibles que parce qu'elle ne pouvoit les rendre soumis et patients : elle apprenoit à l'orgueil à cacher, et non à surmonter ses sensibilités et ses foiblesses : elle formoit des héros de théâtre, dont les grands sentiments n'étoient que pour les spectateurs, et aspiroit plus à la gloire de paroître constant qu'à la vertu même de la constance.

Mais la foi nous laisse tout le mérite de la fermeté, et ne veut pas même en avoir l'honneur devant les hommes : elle sacrifie à Dieu seul les sentiments de la nature, et ne veut, pour témoin de son sacrifice, que celui seul qui peut en être le rémunérateur : elle seule donne de la réalité à toutes les autres vertus, parce qu'elle seule en bannit l'orgueil qui les corrompt, ou qui n'en fait que des fantômes.

Ainsi, qu'on vante l'élévation et la supériorité de vos lumières; qu'une haute sagesse vous fasse regarder comme l'ornement et le prodige de votre siècle : si cette gloire n'est qu'au dehors ; si la religion, qui seule élève le cœur, n'en est pas la première base ; le premier échec de l'adversité renversera tout cet édifice de philosophie et de fausse sagesse; tous ces appuis de chair s'écrouleront sous votre main ; ils deviendront inutiles à votre malheur : on cherchera vos grandes qualités dans votre découragement ; et votre gloire ne sera plus qu'un poids ajouté à votre affliction, qui vous la rendra plus insupportable. Le monde se vante de faire des heureux ; mais la religion toute seule peut nous rendre grands au milieu de nos malheurs mêmes.

DEUXIÈME PARTIE.

Premier triomphe de Jésus-Christ : il triomphe de la malignité de l'envie, et de tous les opprobres qu'elle lui avoit attirés de la part de ses ennemis. Mais il triomphe encore du péché : il emmène captif ce premier auteur de la captivité de tous les hommes : il nous rétablit dans tous les droits glorieux dont nous étions déchus, et nous rend par la grâce la supériorité sur nos passions, que nous avions perdue avec l'innocence.

Second avantage de la religion : elle nous élève au-dessus de nos passions, et c'est le plus haut degré de gloire où l'homme puisse ici-bas atteindre. Oui, mes Frères, en vain le monde insulte tous les jours à la piété par des dérisions insensées ; en vain, pour cacher la honte des passions, il fait presque à l'homme de bien une honte de la vertu ; en vain il la représente, aux grands surtout, comme une foiblesse et comme l'écueil de leur gloire ; en vain il autorise leurs passions par les grands exemples qui les ont précédés, et par l'histoire des souverains qui ont allié la licence des mœurs avec un règne glorieux et l'éclat des victoires et des conquêtes : leurs vices, venus jusqu'à nous, et rappelés d'âge en âge, formeront jusqu'à la fin le trait honteux qui efface l'éclat de leurs grandes actions, et qui déshonore leur histoire.

Plus même ils sont élevés, plus le déréglement des mœurs les dégrade ; et *leur ignominie*, dit l'Esprit de Dieu, *croît à proportion de leur gloire.*[1] Outre que leur rang, en les plaçant au-dessus de nos têtes, expose leurs vices comme leur personne aux yeux du public : quelle honte, lorsque ceux qui sont établis pour régler les passions de la multitude, deviennent eux-mêmes les vils jouets de leurs passions propres ; et que la force, l'autorité, la pudeur des lois se trouve confiée à ceux qui ne connoissent de loi que le mépris public de toute bienséance, et leur propre foiblesse ! Ils dévoient régler les mœurs publiques ; et ils les corrompent : ils étoient donnés de Dieu pour être les protecteurs

[1] 1. Mac. 1. 42.

de la vertu ; et ils deviennent les appuis et les modèles du vice.

Toute la gloire humaine ne sauroit jamais effacer l'opprobre que leur laisse le désordre des mœurs et l'emportement des passions : les victoires les plus éclatantes ne couvrent pas la honte de leurs vices : on loue les actions, et l'on méprise la personne : c'est de tout temps qu'on a vu la réputation la plus brillante échouer contre les mœurs du héros ; et ses lauriers flétris par ses foiblesses : le monde, qui semble mépriser la vertu, n'estime et ne respecte pourtant qu'elle : il élève des monuments superbes aux grandes actions des conquérants ; il fait retentir la terre du bruit de leurs louanges ; une poésie pompeuse les chante et les immortalise ; chaque Achille a son Homère ; l'éloquence s'épuise pour leur donner du lustre : l'appareil des éloges est donné à l'usage et à la vanité ; l'admiration secrète et les louanges réelles et sincères, on ne les donne qu'à la vertu et à la vérité.

Et en effet, le bonheur ou la témérité ont pu faire des héros ; mais la vertu toute seule peut former de grands hommes : il en coûte bien moins de remporter des victoires que de se vaincre soi-même : il est bien plus aisé de conquérir des provinces et de dompter des peuples, que de dompter une passion : la morale même des païens en est convenue. Du moins les combats où préside la fermeté, la grandeur du courage, la science militaire, sont de ces actions rares que l'on peut compter aisément dans le cours d'une longue vie; et quand il ne faut être grand que certains moments, la nature ramasse toutes ses forces, et l'orgueil, pour un peu de temps, peut suppléer à la vertu. Mais les combats de la foi sont des combats de tous les jours : on a affaire à des ennemis qui renaissent de leur propre défaite : si vous vous lassez un instant, vous périssez : la victoire même a ses dangers; l'orgueil, loin de vous aider, devient le plus dangereux ennemi que vous ayez à combattre : tout ce qui vous environne fournit des armes contre vous ; votre cœur lui-même vous dresse des embûches; il faut sans cesse recommencer le combat. En un mot, on peut être quelquefois plus fort ou plus heureux que ses ennemis; mais qu'il est grand d'être toujours plus fort que soi-même!

Telle est pourtant la gloire de la religion : la philosophie découvroit la honte des passions; mais elle n'apprenoit pas à les vaincre, et ses préceptes pompeux étoient plutôt l'éloge de la vertu que le remède du vice.

Il étoit même nécessaire à la gloire et au triomphe de la religion que les plus grands génies, et toute la force de la raison humaine se fût épuisée pour rendre les hommes vertueux. Si les Socrate et les Platon n'avoient pas été les docteurs du monde avant Jésus-Christ, et n'eussent pas entrepris en vain de régler les mœurs et de corriger les hommes par la force seule de la raison; l'homme auroit pu faire honneur de sa vertu à la supériorité de sa raison, ou à la beauté de la vertu même: mais ces prédicateurs de la sagesse ne firent point de sages; et il falloit que les vains essais de la philosophie préparassent de nouveaux triomphes à la grâce.

C'est elle enfin qui a montré à la terre le véritable sage, que tout le faste et tout l'appareil de la raison humaine nous annonçoit depuis si long-temps. Elle n'a pas borné toute sa gloire, comme la philosophie, à essayer d'en former à peine un dans chaque siècle parmi les hommes : elle en a peuplé les villes, les empires, les déserts; et l'univers entier a été pour elle un autre lycée, où, au milieu des places publiques,¹ elle a prêché la sagesse à tous les hommes. Ce n'est pas seulement parmi les peuples les plus polis qu'elle a choisi ses sages; le Grec et le Barbare, le Romain et le Scythe, ont été également appelés à sa divine philosophie : ce n'est pas aux savants tout seuls qu'elle a réservé la connoissance sublime de ses mystères; le simple a prophétisé comme le sage, et les ignorants eux-mêmes sont devenus ses docteurs et ses apôtres : il falloit que la véritable sagesse pût devenir la sagesse de tous les hommes.

¹ Prov. 8. 1, 3, 4.

Que dirai-je? sa doctrine étoit insensée en apparence; et les philosophes soumirent leur raison orgueilleuse à cette sainte folie : elle n'annonçoit que des croix et des souffrances; et les Césars devinrent ses disciples : elle seule vint apprendre aux hommes que la chasteté, l'humilité, la tempérance, pouvoient être assises sur le trône; et que le siége des passions et des plaisirs pouvoit devenir le siége de la vertu et de l'innocence : quelle gloire pour la religion!

Mais, Sire, si la piété des grands est glorieuse à la religion, c'est la religion toute seule qui fait la gloire véritable des grands. De tous leurs titres, le plus honorable c'est la vertu : un prince, maître de ses passions; apprenant sur lui-même à commander aux autres; ne voulant goûter de l'autorité que les soins et les peines que le devoir y attache; plus touché de ses fautes que des vaines louanges qui les lui déguisent en vertus; regardant comme l'unique privilége de son rang l'exemple qu'il est obligé de donner aux peuples; n'ayant point d'autre frein ni d'autre règle que ses désirs, et faisant pourtant à tous ses désirs un frein de la règle même; voyant autour de lui tous les hommes prêts à servir à ses passions, et ne se croyant fait lui-même que pour servir à leurs besoins; pouvant abuser de tout, et se refusant même ce qu'il auroit eu droit de se permettre; en un mot, entouré de tous les attraits du vice, et ne leur montrant jamais que la vertu : un prince de ce caractère est le plus grand spectacle que la foi puisse donner à la terre : une seule de ses journées compte plus d'actions glorieuses que la longue carrière d'un conquérant ; l'un a été le héros d'un jour, l'autre l'est de toute la vie.

TROISIÈME PARTIE.

C'est ainsi que Jésus-Christ triomphe aujourd'hui du péché : mais il triomphe encore de la mort ; il nous ouvre les portes de l'immortalité, que le péché nous avoit fermées ; et le sein même de son tombeau enfante tous les hommes à la vie éternelle.

C'est le dernier trait qui achève le triomphe de la religion. L'impiété ne donnoit à l'homme que la même fin qu'à la bête : tout devoit mourir avec son corps ; et cet être si noble, seul capable d'aimer et de connoître, n'étoit pourtant qu'un vil assemblage de boue que le hasard avoit formé, et que le hasard seul alloit dissoudre pour toujours.

La superstition païenne lui promettoit au-delà du tombeau une félicité oiseuse, où les vains fantômes des sens devoient faire tout le bonheur d'un homme qui ne peut être heureux que par la vérité.

La religion nous ouvre des espérances plus nobles et plus sublimes : elle rend à l'homme l'immortalité, que l'impiété de la philosophie avoit voulu lui ravir, et substitue la possession éternelle du bien souverain à ces champs fabuleux et à ces idées puériles de bonheur que la superstition avoit imaginées.

Mais cette immortalité, qui est la plus douce espérance de la foi, n'est promise qu'à la foi même : ses promesses sont la récompense de ses maximes; et pour ne mourir jamais, même devant les hommes, il faut avoir vécu selon Dieu.

Oui, mes Frères, cette immortalité même de renommée, que la vanité promet ici-bas dans le souvenir des hommes, les grands ne peuvent la mériter que par la vertu.

La mort est presque toujours l'écueil et le terme fatal de leur gloire : les vaines louanges, dont on les avoit abusés pendant leur vie, descendent presque aussitôt avec eux dans l'oubli du tombeau : ils ne survivent pas long-temps à eux-mêmes ; ou, s'il en reste quelque souvenir parmi les hommes, ils en sont plus redevables à la malignité des censures qu'à la vanité des éloges : leurs louanges n'ont eu que la même durée que leurs bienfaits : ils ne sont plus rien dès qu'ils ne peuvent plus rien : leurs adulateurs mêmes deviennent leurs censeurs (car l'adulation dégénère toujours en ingratitude); de nouvelles espérances forment un nouveau langage ; on élève sur les débris de la gloire du mort, la gloire du vivant ; on embellit de ses dépouilles et de ses vertus celui qui prend sa place. Les grands sont proprement le jouet des passions des hommes; leur gloire n'a point de consistance assurée, et elle augmente ou diminue avec les intérêts de ceux qui les louent.

Combien de princes, vantés pendant leur vie, n'ont pas même laissé leur nom à la postérité! et que sont les histoires des états et des empires, qu'un petit reste de noms et d'actions échappé de cette foule innombrable qui, depuis la naissance des siècles, est demeurée dans l'oubli!

Qu'ils vivent selon Dieu, et leur nom ne périra jamais de la mémoire des hommes : les princes religieux sont écrits en caractères ineffaçables dans les annales de l'univers. Les victoires et les conquêtes sont de tous les siècles et de tous les règnes, et elles s'effacent, pour ainsi dire, les unes les autres dans nos histoires : mais les grandes actions de piété, plus rares, y conservent toujours tout leur éclat. Un prince pieux se démêle toujours de la foule des autres princes dans la postérité: sa tête et son nom s'élèvent au-dessus de toute cette multitude, comme celle de Saül s'élevoit au-dessus de toute la multitude des tribus : sa gloire va même croissant en s'éloignant; et plus les siècles se corrompent, plus il devient un grand spectacle par sa vertu.

Oui, Sire, on a presque oublié les noms de ces

premiers conquérants qui jetèrent dans les Gaules les premiers fondements de votre monarchie : ils sont plus connus par les fables et par les romans que par les histoires ; et l'on dispute même s'il faut les mettre au nombre de vos augustes prédécesseurs : ils sont demeurés comme ensevelis dans les fondements de l'empire qu'ils ont élevé ; et leur valeur, qui a perpétué la conquête du royaume à leurs descendants, n'a pu y perpétuer leur mémoire.

Mais le premier prince qui a fait asseoir avec lui la religion sur le trône des François, a immortalisé tous ses titres par celui de chrétien : la France a conservé chèrement la mémoire du grand Clovis : la foi est devenue, pour ainsi dire, la première et la plus sûre époque de l'histoire de la monarchie ; et nous ne commençons à connoître vos ancêtres que depuis qu'ils ont commencé eux-mêmes à connoître Jésus-Christ.

Les saints rois dont les noms sont écrits dans nos annales, seront toujours les titres les plus précieux de la monarchie, et les modèles illustres que chaque siècle proposera à leurs successeurs.

C'est sur la vie, Sire, de ces pieux princes vos ancêtres qu'on a déjà fixé vos premiers regards : on vous anime tous les jours à la vertu par ces grands exemples. Souvenez-vous des Charlemagne et des saint Louis, qui ajoutèrent à l'éclat de la couronne que vous portez, l'éclat immortel de la justice et de la piété; c'est ce que répètent tous les jours à votre Majesté de sages instructions : ne remontez pas même si haut; vous touchez à des exemples d'autant plus intéressants qu'ils doivent vous être plus chers; et la piété coule de plus près dans vos veines avec le sang d'un père pieux et d'un auguste bisaïeul.

Vous êtes, Sire, le seul héritier de leur trône; puissiez-vous l'être de leurs vertus! puissent ces grands modèles revivre en vous par l'imitation, plus encore que par le nom! puissiez-vous devenir vous-même le modèle des rois, vos successeurs!

Déjà, si notre tendresse ne nous séduit pas; si une enfance cultivée par tant de soins et par des mains si habiles, et où l'excellence de la nature semble prévenir tous les jours celle de l'éducation, ne nous fait pas de nos désirs de vaines prédictions; déjà s'ouvrent à nous de si douces espérances : déjà nous voyons briller de loin les premières lueurs de notre prospérité future : déjà la majesté de vos ancêtres, peinte sur votre front, nous annonce vos grandes destinées. Puissiez-vous donc, Sire, et ce souhait les renferme tous, puissiez-vous être un jour aussi grand que vous nous êtes cher!

Grand Dieu! si ce n'étoient là que mes vœux et mes prières; les dernières sans doute que mon ministère, attaché désormais par les jugements secrets de votre providence au soin d'une de vos églises, me permettra de vous offrir dans ce lieu auguste; si ce n'étoient là que mes vœux et mes prières; eh! qui suis-je, pour espérer qu'elles pussent monter jusqu'à votre trône? mais ce sont les vœux de tant de saints rois qui ont gouverné la monarchie, et qui, mettant leurs couronnes devant l'autel éternel aux pieds de l'Agneau, vous demandent pour cet enfant auguste la couronne de justice qu'ils ont eux-mêmes méritée.

Ce sont les vœux du prince pieux surtout qui lui donna la naissance, et qui, prosterné dans le ciel, comme nous l'espérons, devant la face de votre gloire, ne cesse de vous demander que cet unique héritier de sa couronne le devienne aussi des grâces et des miséricordes dont vous l'aviez prévenu lui-même.

Ce sont les vœux de tous ceux qui m'écoutent, et qui, ou chargés du soin de son enfance, ou attachés de plus près à sa personne sacrée, répandent ici leur cœur en votre présence, afin que cet enfant précieux, qui est comme l'enfant de nos soupirs et de nos larmes, non-seulement ne périsse pas, mais devienne lui-même le salut de son peuple.

Que dirai-je encore? ce sont, ô mon Dieu! les vœux que toute la nation vous offre aujourd'hui par ma bouche; cette nation que vous avez protégée dès le commencement, et qui, malgré ses crimes, est encore la portion la plus florissante de votre Église.

Pourrez-vous, grand Dieu! fermer à tant de vœux les entrailles de votre miséricorde? Dieu des vertus, tournez-vous donc vers nous : *Deus virtutum, convertere.*[1] Regardez du haut du ciel, et voyez, non les dissolutions publiques et secrètes, mais les malheurs de ce premier royaume chrétien, de cette vigne si chérie que votre main elle-même a plantée, et qui a été arrosée du sang de tant de martyrs! *Respice de cœlo, et vide, et visita vineam istam quam plantavit dextera tua.* Jetez sur elle vos anciens regards de miséricorde : et si nos crimes vous forcent encore de détourner de nous votre face ; que l'innocence du moins de cet auguste enfant que vous avez établi sur nous, vous rappelle et vous rende à votre peuple : *Et super filium hominis, quem confirmasti tibi.*

Vous nous avez assez affligés, grand Dieu! essuyez enfin les larmes que tant de fléaux que vous avez versés sur nous dans votre colère, nous font répandre : faites succéder des jours de joie et de miséricorde à ces jours de deuil, de courroux et de vengeance : que vos faveurs abondent où vos châtiments avoient abondé ; et que cet enfant si cher

[1] Ps. 79. 15, 16.

soit pour nous un don qui répare toutes nos pertes.

Faites-en, grand Dieu, un roi selon votre cœur, c'est-à-dire, le père de son peuple, le protecteur de votre Église, le modèle des mœurs publiques, le pacificateur plutôt que le vainqueur des nations, l'arbitre plus que la terreur de ses voisins ; et que l'Europe entière envie plus notre bonheur, et soit plus touchée de ses vertus, qu'elle ne soit jalouse de ses victoires et de ses conquêtes.

Exaucez des vœux si tendres et si justes, ô mon Dieu ! et que ces faveurs temporelles soient pour nous un gage de celles que vous nous préparez dans l'éternité.

Ainsi soit-il.

FIN DU PETIT CARÊME.

SERMON

SUR

LES VICES ET LES VERTUS

DES GRANDS.

Ostendit ei omnia regna mundi, et gloriam eorum; et dixit ei : Hæc omnia tibi dabo, si cadens adoraveris me.

Le démon montra à Jésus-Christ tous les royaumes du monde, et toute la pompe et la gloire qui les environnent; et il lui dit : Je vous donnerai toutes ces choses, si, en vous prosternant devant moi, vous m'adorez. Matth. 4. 8, 9.

Sire,

Les prospérités humaines ont toujours été un des piéges les plus dangereux dont le démon s'est servi pour perdre les hommes : il sait que l'amour de la gloire et de l'élévation nous est si naturel, que rien ne nous coûte pour y parvenir; et que l'usage en est si séduisant, que rien n'est plus rare que la piété environnée de grandeur et de puissance.

Cependant, mes Frères, c'est Dieu seul qui élève les grands et les puissants ; qui vous place au-dessus des autres, afin que vous soyez les pères des peuples, les consolateurs des affligés, les asiles des foibles, les soutiens de l'Église, les protecteurs de la vertu, les modèles de tous les fidèles.

Souffrez donc, mes Frères, qu'entrant dans l'esprit de notre Évangile, je vous expose ici les périls et les avantages de votre état ; et qu'avant que d'entrer dans le détail des devoirs de la vie chrétienne, dont je dois vous entretenir durant ces jours de salut, je vous marque, à l'entrée presque de cette carrière, les obstacles et les facilités que vous offre, pour les accomplir, l'élévation où la Providence vous a fait naître.

Il y a de grandes tentations attachées à votre état, je l'avoue ; mais aussi il s'y trouve de grandes ressources : on y naît, ce semble, avec plus de passions que le reste des hommes ; mais aussi on peut y pratiquer plus de vertus : les vices y ont plus de suite ; mais aussi la piété y devient plus utile : en un mot, on y est bien plus coupable que le peuple quand on y oublie Dieu ; mais aussi on y a bien plus de mérite quand on lui est fidèle.

Mon dessein donc aujourd'hui est de vous représenter les grands biens ou les grands maux qui accompagnent toujours vos vertus ou vos vices ; est de vous faire sentir ce que peut pour le bien ou pour le mal l'élévation où vous êtes nés ; est enfin de vous rendre le désordre odieux en vous développant les suites inexplicables que vos passions traînent après elles, et la piété aimable par les utilités incompréhensibles qui suivent toujours vos bons exemples. Ce ne seroit pas assez de vous marquer les périls de votre état, il faut aussi vous en découvrir les avantages : la chaire chrétienne invective d'ordinaire contre les grandeurs et la gloire du siècle ; mais il seroit inutile de vous parler sans cesse de vos maux, si l'on ne vous en présentoit en même temps les remèdes. C'est ces deux vérités que je me propose de réunir dans ce discours, en vous exposant quelles sont les suites infinies des vices des grands et des puissants, et quelles sont les utilités inestimables de leurs vertus. *Ave, Maria.*

PREMIÈRE PARTIE.

Un jugement très-sévère est réservé à ceux qui sont élevés, dit l'Esprit de Dieu : on fera miséricorde aux pauvres et aux petits ; mais le Seigneur déploiera toute la puissance de son bras pour châtier les grands et les puissants : *Exiguo conceditur misericordia ; potentes autem potenter tormenta patientur.*[1]

Ce n'est pas, mes Frères, que le Seigneur rejette les grands et les puissants, comme dit l'Écriture, puisqu'il est puissant lui-même ; ou que le rang et l'élévation soient auprès de lui des titres odieux qui éloignent ses grâces, et fassent presque tout seuls notre crime. Il n'y a point en lui d'acception de personne ; il est le Seigneur des cèdres du Liban, comme de l'hysope qui croît dans les plus profondes vallées ; il fait lever son soleil sur les plus hautes montagnes comme sur les lieux les plus bas et les plus obscurs ; il a formé les astres du ciel comme les vers qui rampent sur la terre ; les grands sont même les images plus naturelles de sa grandeur et de sa gloire, les ministres de son autorité, les canaux de ses libéralités et de sa magnificence ; et je ne viens pas ici, mes Frères, selon le langage ordinaire, prononcer des anathèmes contre les grandeurs humaines, et vous faire un crime de votre état, puisque votre état vient de Dieu, et qu'il ne s'agit pas tant d'en exagérer les périls que de vous montrer les moyens infinis de salut attachés à l'élévation où la Providence vous a fait naître.

Mais je dis, mes Frères, que les péchés des grands

[1] Sap. 6. 7.

et des puissants ont deux caractères d'énormité qui les rendent infiniment plus punissables devant Dieu que les péchés du commun des fidèles : premièrement, le scandale; secondement, l'ingratitude.

Le scandale. Il n'est point de crime, mes Frères, auquel l'Évangile laisse moins d'espérance de pardon qu'à celui d'être un sujet de chute à nos frères: Malheur à l'homme qui scandalise, dit Jésus-Christ; il lui seroit plus avantageux d'être précipité au fond de la mer, que de devenir une occasion de perte et de scandale au plus petit d'entre mes disciples.[1] Premièrement, parce que vous perdez une âme qui devoit jouir éternellement de Dieu. Secondement, parce que vous faites périr votre frère pour lequel Jésus-Christ étoit mort. Troisièmement, parce que vous devenez le ministre des desseins du démon pour la perte des âmes. Quatrièmement, parce que vous êtes cet homme de péché, cet antechrist dont parle l'Apôtre; car Jésus-Christ a sauvé l'homme, et vous le perdez; Jésus-Christ a formé de véritables adorateurs à son père, et vous les lui ôtez; Jésus-Christ nous a acquis par son sang, et vous lui ravissez sa conquête; Jésus-Christ est le médecin des âmes, et vous en êtes le corrupteur; il est leur voie, et vous êtes leur piége; il est le pasteur qui vient chercher les brebis qui péris-

[1] Matth. 18. 6, 7.

sent, et vous êtes le loup dévorant qui tuez et perdez les ouailles que son Père lui avoit données. Cinquièmement enfin, parce que tous les autres péchés meurent, pour ainsi dire, avec le pécheur; mais les fruits de ses scandales seront immortels, ils survivront à ses cendres, ils subsisteront après lui, et ses crimes ne descendront pas avec lui dans le tombeau de ses pères.

Achan fut puni avec tant de rigueur pour avoir pris seulement une règle d'or parmi les dépouilles que le Seigneur s'étoit consacrées : mon Dieu! quelle sera donc la punition de celui qui ravit à Jésus-Christ une âme qui étoit sa dépouille précieuse, rachetée, non avec de l'or et de l'argent, mais de tout le sang divin de l'Agneau sans tache? Le veau d'or fut réduit en poussière pour avoir fait prévariquer Israël : grand Dieu! et tout l'éclat qui environne les grands et les puissants les mettroit-il à couvert de votre colère, dès qu'ils ne sont élevés que pour être à votre peuple une occasion de chute et d'idolâtrie? Le serpent d'airain lui-même, ce monument sacré des miséricordes du Seigneur sur Juda, fut brisé pour avoir été une occasion de scandale aux tribus : mon Dieu! et le pécheur déjà si odieux par ses propres crimes, sera-t-il épargné, lorsqu'il devient un piège et une pierre d'achoppement à ses frères?

Or, mes Frères, voilà le premier caractère qui

accompagne toujours vos péchés, vous que le rang et la naissance élèvent sur le commun des fidèles : le scandale. Les âmes vulgaires et obscures ne vivent que pour elles seules : confondues dans la foule et cachées aux yeux des hommes par la bassesse de leur destinée, Dieu seul est le témoin secret de leurs voies et le spectateur invisible de leurs chutes ; si elles tombent, ou si elles demeurent fermes, c'est pour le Seigneur tout seul qui les voit et qui les juge : le monde, qui ignore même leurs noms, n'est pas plus instruit de leurs exemples : leur vie n'a point de suite : ils peuvent faire des chutes, mais ils tombent tout seuls ; et, s'ils ne se sauvent pas, leur perte du moins se borne à eux, et ne devient pas celle de leurs frères.

Mais les personnes nées dans l'élévation, deviennent comme un spectacle public sur lequel tous les regards sont attachés : ce sont ces maisons bâties sur la montagne, qui ne sauroient se cacher, et que leur situation toute seule découvre ; ces flambeaux luisants qui traînent partout avec eux l'éclat qui les trahit et qui les montre. C'est le malheur de la grandeur et des dignités ; vous ne vivez plus pour vous seul ; à votre perte ou à votre salut est attachée la perte ou le salut de tous ceux qui vous environnent ; vos mœurs forment les mœurs publiques ; vos exemples sont les règles de la multitude ; vos actions ont le même éclat que vos titres :

il ne vous est plus permis de vous égarer à l'insu du public; et le scandale est toujours le triste privilége que votre rang ajoute à vos fautes.

Je dis le scandale, premièrement d'imitation. Les hommes imitent toujours le mal avec plaisir, mais surtout lorsque de grands exemples le leur proposent; ils trouvent alors une sorte de vanité dans leurs égarements, parce que c'est par-là qu'ils vous ressemblent : le peuple regarde comme un bon air de marcher sur vos traces; la ville croit se faire honneur en prenant tout le mauvais de la cour; vos mœurs forment un poison qui gagne les peuples et les provinces, qui infecte tous les états, qui change les mœurs publiques, qui donne à la licence un air de noblesse et de bon goût, et qui substitue à la simplicité de nos pères et à l'innocence des mœurs anciennes, la nouveauté de vos plaisirs, de votre luxe, de vos profusions, et de vos indécences profanes. Ainsi c'est de vous que passent jusque dans le peuple les modes immodestes, la vanité des parures, les artifices qui déshonorent un visage où la pudeur toute seule devroit être peinte, la fureur des jeux, la facilité des mœurs, la licence des entretiens, la liberté des passions, et toute la corruption de nos siècles.

Et d'où croyez-vous, mes Frères, que vienne cette licence effrénée qui règne parmi les peuples? Ceux qui vivent loin de vous, dans les provinces les plus reculées, conservent encore du moins quelque reste de l'ancienne simplicité et de la première innocence; ils vivent dans une heureuse ignorance de la plupart des abus dont votre exemple a fait des lois. Mais plus les pays se rapprochent de vous, plus les mœurs changent, plus l'innocence s'altère, plus les abus sont communs; et le plus grand crime des peuples, c'est la science de vos mœurs et de vos usages. Dès que les chefs des tribus furent entrés dans les tentes des filles de Madian, tout Juda prévariqua, et il s'en trouva peu qui se conservassent purs de l'iniquité commune. Grand Dieu! que le compte des riches et des puissants sera un jour terrible, puisque, outre leurs passions infinies, ils se trouveront encore coupables devant vous des désordres publics, de la dépravation des mœurs, de la corruption de leur siècle; et que les péchés des peuples deviendront leurs crimes propres!

Secondement, un scandale de complaisance. On cherche à vous plaire en vous imitant; vos inférieurs, vos créatures, vos esclaves, se font de la ressemblance de vos mœurs une voie pour arriver à votre bienveillance; ils copient vos vices, parce que vous les leur comptez comme des vertus; ils entrent dans vos goûts, pour entrer dans votre confiance; ils s'étudient à l'envi, ou de vous suivre, ou de vous surpasser, parce que vous n'aimez en eux que ce qui vous ressemble. Hélas! mes Frères,

15.

combien d'âmes foibles, nées avec des principes de vertu, et qui, loin de vous n'auroient trouvé en elles que des dispositions favorables au salut, ont trouvé, dans l'obligation où leur fortune les mettoit de vous imiter, le piége de leur innocence !

Troisièmement, un scandale d'impunité. Vous ne sauriez plus reprendre dans ceux qui dépendent de vous, les abus et les excès que vous vous permettez vous-même : vous êtes obligé de leur souffrir ce que vous ne voulez pas vous interdire : il faut fermer les yeux à des désordres que vous autorisez par vos mœurs; et, de peur de vous condamner vous-même, faire grâce à ceux qui vous ressemblent. Une femme mondaine, et tout occupée de plaire, répand sur tout son domestique un air de licence et de mondanité ; sa maison devient un écueil d'où l'innocence ne sort jamais entière ; chacun imite au dedans les passions qu'elle fait éclater au dehors ; et il faut qu'elle dissimule ces déréglements, parce que ses mœurs ne laissent plus rien à faire à ses censures. Vous le savez, mes Frères, et la dignité de la chaire chrétienne ne me défend pas de le dire ici ; quel désordre, dans ces maisons destinées et ouvertes à un jeu éternel, parmi ce peuple de domestiques que la vanité a multiplié à l'infini ! que vos plaisirs coûtent cher à ces infortunés, qui, loin de vos yeux, n'ayant plus de frein qui les retienne, et cherchant à occuper une oisiveté où vos amusements les laissent, sentent autoriser par vos exemples les inclinations déréglées qui leur viennent de la bassesse de leur éducation et d'un sang vil et méprisable! O mon Dieu! si celui qui néglige le soin des siens est devant vous pire qu'un infidèle; quel est donc le crime de celui qui les scandalise, et qui leur fait trouver la mort et la condamnation où ils auroient dû trouver des secours de salut et l'asile de leur innocence!

Quatrièmement, un scandale d'office et de nécessité. Combien d'infortunés périssent pour servir à vos plaisirs et à vos passions injustes! Les arts dangereux ne subsistent que pour vous; les théâtres ne sont élevés que pour fournir à vos délassements criminels; les harmonies profanes ne retentissent de toutes parts, et ne corrompent tant de cœurs que pour flatter la corruption du vôtre; les ouvrages funestes à l'innocence ne passent à la dernière postérité qu'à la faveur de vos noms et de votre protection. C'est vous seuls, mes Frères, qui donnez à la terre des poëtes lascifs, des auteurs pernicieux, des écrivains profanes : c'est pour vous plaire que ces corrupteurs des mœurs publiques perfectionnent leurs talents, et cherchent dans un succès qui n'a pour but que la perte des âmes, leur élévation et leur fortune : c'est vous seuls qui les protégez, qui les récompensez, qui les produisez, qui leur ôtez même, en les honorant de votre familiarité, ce caractère de honte et d'infamie que les lois de l'Église et de l'état leur avoient laissé, et qui les flétrissoit aux yeux des hommes.

Ainsi c'est par vous que les peuples participent à ces désordres; que ce poison infecte les villes et les provinces; que ces plaisirs publics deviennent la source des misères et de la licence publique; que tant de victimes infortunées renoncent à la pudeur pour servir à vos plaisirs, et cherchant à soulager la médiocrité de leur fortune par l'usage des talents que vos passions toutes seules ont rendus utiles et recommandables, viennent sur des théâtres criminels chanter des passions pour flatter les vôtres, périr pour vous plaire, perdre leur innocence en la faisant perdre à ceux qui les écoutent, devenir des écueils publics et le scandale de la religion, porter même le malheur et la dissension dans vos familles; et vous punir, femme du monde, de l'appui et du crédit que vous leur donnez par votre présence et par vos applaudissements, en devenant l'objet criminel de la passion et de la mauvaise conduite de vos enfants, et partageant peut-être avec vous-même le cœur de votre mari, et ruinant sans ressource ses affaires et sa fortune.

Cinquièmement, un scandale de durée. C'est peu, mes Frères, que la corruption de nos siècles soit presque le seul ouvrage des grands et des puissants; les siècles à venir vous devront peut-être encore une partie de leur licence et de leurs désordres. Ces poésies profanes qui n'ont vu le jour qu'à votre occasion, corrompront encore des cœurs dans les âges qui nous suivront : ces auteurs dangereux que vous honorez de votre protection, passeront entre les mains de nos neveux ; et vos crimes se multiplieront avec le venin dangereux qu'ils portent avec eux, et qui se communiquera d'âge en âge : vos passions mêmes immortalisées dans les histoires, après avoir été un scandale pour votre siècle, le deviendront encore aux siècles suivants; la lecture de vos égarements conservés à la postérité se fera encore des imitateurs après votre mort ; on ira encore chercher des leçons de crime dans le récit de vos aventures ; et vos désordres ne mourront point avec vous. Les voluptés de Salomon fournissent encore des blasphèmes et des dérisions aux impies, et des motifs de sécurité au libertinage : l'emportement de la femme de Putiphar s'est conservé jusqu'à nous, et son rang a immortalisé sa foiblesse. Telle est la destinée des vices et des passions des grands et des puissants : ils ne vivent pas pour leur siècle seul ; ils vivent pour les siècles à venir, et la durée de leur scandale n'a point d'autres bornes que celle de leur nom.

Vous le savez vous-mêmes, mes Frères, encore

aujourd'hui ne lit-on pas tous les jours avec un nouveau péril ces mémoires scandaleux faits dans le siècle de nos pères, qui ont conservé jusqu'à nous les désordres des cours précédentes, et immortalisé les passions des principales personnes qui les composoient ? Les dérèglements d'un peuple obscur et du reste des hommes qui vivoient alors, sont demeurés ensevelis dans l'oubli ; leurs passions ont fini avec eux ; leurs vices obscurs comme leurs noms, ont échappé à l'histoire, et ils sont à notre égard comme s'ils n'avoient jamais été : et tout ce qui nous reste de ces âges passés, ce sont les égarements de ceux que leur rang et leur naissance distinguoient dans leur siècle ; ce sont leurs passions qui en inspirent tous les jours de nouvelles par la naïveté du style et par la licence des auteurs qui nous les ont conservées ; et l'unique privilége de leur condition, c'est que les vices des petits ont fini avec leur vie, au lieu que ceux des grands et des puissants renaissent, pour ainsi dire, de leurs cendres, passent d'âge en âge, sont gravés dans les monuments publics, et ne s'effacent plus de la mémoire des hommes. Quels crimes, grand Dieu ! qui sont le scandale de tous les siècles, l'écueil de tous les états, et qui serviront jusqu'à la fin d'attrait au vice, de prétexte au pécheur, et de modèle au déréglement et à la licence !

Enfin un scandale de séduction. Vos exemples,

en honorant le vice, rendent la vertu méprisable: la vie chrétienne devient un ridicule dont on a honte devant vous : l'extérieur de la piété est un mauvais air dont on se cache en votre présence, comme d'un travers qui déshonore. Combien d'âmes touchées de Dieu ne résistent à sa grâce et à son esprit, que de peur de perdre auprès de vous ce degré de confiance qu'une longue société de plaisir leur a donné! Combien d'âmes dégoûtées du monde n'osent se déclarer et revenir à Dieu, pour ne pas s'exposer à vos dérisions insensées; imitent encore vos mœurs et vos plaisirs, dont la grâce les a détrompées, et donnent à la complaisance et à des égards injustes pour votre rang mille démarches dont leur propre goût et leur nouvelle foi les éloigne !

Je ne parle pas, mes Frères, des préjugés contre la vertu, que vous perpétuez dans le monde ; de ces discours déplorables contre les gens de bien, que votre autorité confirme, qui de vous passent jusqu'au peuple, et maintiennent dans tous les états ces vieilles préventions contre la piété, et ces dérisions éternelles des justes, qui ôtent à la vertu toute sa dignité, et confirment les pécheurs dans le vice.

Et de là, mes Frères, que de justes séduits ! que de foibles entraînés ! que d'âmes chancelantes retenues dans le désordre ! que d'impies et de libertins rassurés! quel obstacle devenez-vous au fruit de notre ministère! que de cœurs préparés n'opposent à la force de la vérité que nous annonçons que les longs engagements qui les lient à vos mœurs et à vos plaisirs, et ne trouvent que vous seuls en eux qui servent comme de mur et de bouclier à la grâce! Mon Dieu! quel fléau pour un siècle, quel malheur pour les peuples, qu'un grand selon le monde, qui ne vous craint pas, qui ne vous connoît pas, et qui méprise vos lois et vos ordonnances éternelles! c'est un présent que vous faites aux hommes dans votre colère, et la plus terrible marque de votre indignation sur les villes et sur les royaumes.

Oui, mes Frères, voilà ce que vous êtes quand vous n'êtes pas à Dieu. Voilà le premier caractère de vos fautes, le scandale : votre destinée décide d'ordinaire de celle des peuples ; les désordres des petits sont toujours la suite de vos désordres ; et les péchés de Jacob, dit le Prophète, c'est-à-dire du peuple et des tribus, ne viennent que de Samarie, le siége des grands et des puissants : *Quod scelus Jacob? nonne Samaria?*[1]

Mais quand le scandale, inséparable des péchés des grands et des puissants, n'y ajouteroit pas un nouveau degré d'énormité qui leur est propre; l'ingratitude, qui en fait le second caractère, suffiroit

[1] Mich. 1. 5.

pour attirer sur eux cet abandon de Dieu qui ferme pour toujours ses entrailles à la bonté et à la miséricorde.

Je dis l'ingratitude, mes Frères : car Dieu vous a préférés à tant de malheureux qui gémissent dans l'obscurité et dans l'indigence ; il vous a élevés ; il vous a fait naître au milieu de l'éclat et de l'abondance ; il vous a choisis sur tout le peuple pour vous combler de bienfaits ; il a rassemblé sur vous seuls les biens, les honneurs, les titres, les distinctions et tous les avantages de la terre ; il semble que sa providence ne veille que pour vous seuls, tandis que tant d'infortunés mangent un pain de tribulation et d'amertume ; la terre ne semble produire que pour vous seuls, le soleil ne se lever et ne se coucher que pour vous seuls ; le reste des hommes même ne paroissent nés que pour vous, et pour servir à votre grandeur et à vos usages ; il semble que le Seigneur n'est occupé que de vous seuls, tandis qu'il oublie tant d'âmes obscures dont les jours sont des jours de douleur et de misère, et pour lesquelles il semble qu'il n'y a point de Dieu sur la terre : et cependant vous tournez contre Dieu tout ce que vous avez reçu de lui ; votre abondance sert à vos passions ; votre élévation facilite vos plaisirs; et ses bienfaits deviennent vos crimes.

Oui, mes Frères, tandis que mille malheureux sur lesquels sa main s'appesantit avec tant de rigueur; tandis qu'une populace obscure, pour qui la vie n'a rien que de dur et de triste, l'invoque, le bénit, lève les mains vers lui dans la simplicité de son cœur, le regarde comme son père, et lui donne des marques d'une piété simple et d'une religion sincère : vous, mes Frères, qu'il accable de bienfaits; vous, pour qui le monde tout entier semble fait, vous ne le connoissez pas; vous ne daignez pas lever les yeux vers lui; vous ne pensez pas seulement s'il y a un Dieu au-dessus de vous qui se mêle des choses de la terre; vous lui rendez pour action de grâces des outrages ; et la religion n'est que pour le peuple.

Hélas! mes Frères, vous trouvez si noir et si indigne lorsque ceux dont l'élévation étoit votre ouvrage, vous oublient, vous méconnoissent, se déclarent contre vous, et n'usent du crédit dont ils vous sont redevables que pour vous éloigner et pour vous détruire! Mais, mes Frères, ils ne font que vous rendre ce que vous faites envers Dieu. Votre élévation n'est-elle pas son ouvrage? n'est-ce pas sa main toute seule qui a séparé vos ancêtres de la foule, et qui les a placés à la tête des peuples? n'est-ce pas la disposition seule de la Providence qui vous a fait naître d'un sang illustre, et qui vous a fait trouver tout d'un coup en naissant, et sans qu'il vous en coûtât rien, ce qu'une vie entière de soins et de peines n'auroit pas pu même vous faire attendre? Qu'aviez-vous à ses yeux plus que tant d'infortunés qu'il laisse dans la misère? Ah! s'il n'avoit eu égard qu'aux qualités naturelles de l'âme, à la droiture, à la pudeur, à l'innocence, à la modestie; combien d'âmes obscures, nées avec toutes ces vertus, auroient dû vous être préférées, et occuper la place où vous êtes! s'il n'eût consulté que l'usage que vous deviez faire un jour de ses bienfaits, combien de malheureux, dans la même situation où vous vous trouvez, auroient été l'exemple des peuples, les protecteurs de la vertu, et glorifié le Seigneur dans leur abondance, eux qui, dans leur indigence même, l'invoquent et le bénissent, au lieu que vous le faites blasphémer, et que votre exemple devient une séduction pour son peuple!

Et cependant il vous choisit, et il les rejette; il les humilie, et il vous élève; il est pour eux un maître dur et sévère, et pour vous un père libéral et magnifique. Que pouvoit-il faire davantage pour vous engager à le servir et à lui être fidèles? qu'y a-t-il de plus puissant que les bienfaits pour attirer les cœurs, et pour s'assurer des hommages? C'est de vous seul, Seigneur, disoit David au milieu de sa prospérité, que vient la magnificence qui m'environne, la gloire de mon nom, la puissance où je suis élevé; et il est juste, ô mon Dieu, de vous glorifier dans vos dons, de mesurer ce que je vous dois sur ce que vous avez fait pour moi, et de faire servir mon élévation et tout ce que je suis à votre gloire : *Tua est, Domine, magnificentia, et potentia, et gloria..... Nunc igitur, Deus noster, confitemur tibi, et laudamus nomen tuum inclytum.*[1]

Et cependant, mes Frères, plus il a fait pour vous, plus vous vous élevez contre lui. Ce sont les riches et les puissants qui vivent sans autre Dieu dans ce monde que leurs plaisirs injustes ; c'est vous seuls qui lui disputez les plus légers hommages, qui vous croyez dispensés de tout ce que sa loi a de pénible et de sévère, qui ne croyez être nés que pour jouir de vous-mêmes, pour faire servir ses bienfaits à vos passions, et qui laissez au simple peuple le soin de le servir, de lui rendre grâces, et d'observer avec religion les ordonnances de sa loi sainte.

Ainsi, souvent, mes Frères, le peuple l'adore, et vous l'outragez ; le peuple l'apaise, et vous l'irritez ; le peuple l'invoque, et vous l'oubliez ; le peuple le sert avec un bon zèle, et vous méprisez ses serviteurs ; le peuple lève sans cesse les mains vers lui, et vous doutez même s'il existe, vous qui seuls ressentez les effets de sa libéralité et de sa puissance : ses châtiments lui forment des adorateurs, et ses bienfaits ne lui valent que des dérisions et des outrages.

[1] 1 Paral. 29. 11, 13.

Je dis ses bienfaits, mes Frères : car il ne les a pas même tous bornés à votre égard aux biens extérieurs de la fortune. Il vous a fait naître encore avec des dispositions plus favorables à la vertu que le simple peuple ; un cœur plus noble et plus élevé, des inclinations plus heureuses, des sentiments plus dignes de la grandeur de la foi ; plus de lumière, plus d'élévation, plus de connoissance, plus d'instruction, plus de goût pour les bonnes choses : vous avez reçu de la nature ces inclinations fortunées qui se communiquent avec le sang, des passions plus douces, des mœurs plus cultivées, des bienséances plus voisines de la vertu ; cette politesse qui adoucit l'humeur ; cette dignité qui retient les saillies du tempérament ; cette humanité qui rend plus sensible aux impressions de la grâce. De combien de bienfaits abusez-vous donc, mes Frères, quand vous ne vivez pas selon Dieu ? Quel monstre d'ingratitude qu'un grand, qu'un homme comblé d'honneur et de prospérité, et qui ne lève jamais les yeux au ciel pour adorer la main qui les lui dispense !

Et d'où croyez-vous aussi, mes Frères, que viennent les calamités publiques, les fléaux qui affligent les villes et les provinces ? Ce n'est que pour punir l'usage injuste que vous faites de l'abondance, que Dieu frappe quelquefois de stérilité les terres et les campagnes : sa justice, indignée que vous employiez contre lui ses propres bienfaits, les soustrait à vos passions; répand son indignation sur la terre; permet les guerres et les dissensions; renverse vos fortunes; éteint vos familles; fait sécher la racine de votre postérité; fait passer à des mains étrangères vos titres et vos possessions, et vous rend les exemples éclatants de l'inconstance des choses humaines, et les monuments anticipés de sa colère contre les cœurs ingrats et insensibles aux soins paternels de sa providence.

Voilà, mes Frères, les deux caractères inséparables de vos péchés; le scandale et l'ingratitude : voilà ce que vous êtes quand vous n'êtes pas fidèles à Dieu : voilà à quoi peut-être vous n'avez pas fait attention. Vous ne sauriez être médiocrement coupables dès que vous l'êtes : les passions sont les mêmes dans le peuple et parmi les puissants; mais il s'en faut bien que le crime soit égal, et souvent un seul de vos crimes entraîne plus de malheurs, et a devant Dieu des suites plus étendues et plus terribles, qu'une vie entière d'iniquité dans une âme obscure et vulgaire. Mais aussi, mes Frères, vos vertus ont le même avantage et la même destinée ; et c'est ce qui me reste à vous dire dans la dernière partie de ce discours.

DEUXIÈME PARTIE.

Si le scandale et l'ingratitude sont les suites inséparables des vices et des passions des personnes élevées; leurs vertus aussi ont deux caractères particuliers qui les rendent infiniment plus agréables à Dieu que celles du commun des fidèles : premièrement, l'exemple; secondement, l'autorité. Et voilà, mes Frères, une vérité bien consolante pour vous que la Providence a fait naître dans l'élévation, et bien capable de vous animer à servir Dieu et de vous rendre la vertu aimable. Car ce seroit vous tromper que de regarder l'état où vous êtes nés, comme un obstacle au salut et aux devoirs que la religion nous impose. J'avoue que les écueils y sont plus dangereux que dans une destinée plus obscure, les tentations plus vives et plus fréquentes; et en vous marquant les avantages que vous pouvez trouver dans l'élévation par rapport au salut, je ne prétends pas en dissimuler les périls que Jésus-Christ nous a marqués lui-même dans l'Évangile.

Je veux seulement établir cette vérité, que vous pouvez faire plus pour Dieu que le simple peuple; qu'il revient à la religion infiniment plus d'avantages de la piété d'une seule personne élevée, que de celle presque d'un peuple entier de fidèles; et que vous êtes d'autant plus coupables quand vous oubliez Dieu, qu'il tireroit plus de gloire de votre fidélité, et que vos vertus ont des suites plus étendues pour l'utilité de l'Église et pour l'édification des fidèles.

La première, c'est l'exemple. Une âme d'entre le peuple qui craint Dieu ne le glorifie que dans son cœur; c'est un enfant de lumière qui marche pour ainsi dire dans les ténèbres : elle lui rend des hommages; mais elle ne lui en attire point : renfermée dans l'obscurité de sa fortune, elle ne vit que sous les yeux de Dieu seul; elle souhaite que son nom soit glorifié, et lui rend par ses désirs la gloire qu'elle ne peut lui rendre par ses exemples : ses vertus sont utiles à son salut; mais elles sont comme perdues pour le salut de ses frères : elle est ici-bas comme ce trésor caché dans la terre, que le champ de Jésus-Christ porte à son insu, et dont il ne fait aucun usage.

Mais pour vous, mes Frères, qui vivez exposés aux regards publics et à la vue de tous les peuples, vos exemples de vertu deviennent aussi éclatants que vos noms; vous répandez la bonne odeur de Jésus-Christ partout où celle de votre rang et de vos titres est répandue; vous faites glorifier le nom du Seigneur partout où le vôtre se fait connoître : la même élévation qui apprend à tous les hommes que vous êtes sur la terre, leur apprend aussi ce que vous faites pour le ciel : les avantages de la nature découvrent partout en vous les merveilles de la grâce : les peuples, les villes, les provinces, qui entendent sans cesse répéter vos noms, sentent réveiller avec eux l'idée de vertu que vos exemples y ont attachée. Vous honorez la piété dans l'esprit du public; vous la prêchez à ceux que vous ne connoissez pas : vous devenez, dit le Prophète, comme un signal de vertu élevé au milieu des peuples : tout un royaume a les yeux sur vous, et parle de vos exemples ; et jusque dans les cours étrangères votre piété devient un événement aussi connu que votre naissance. Le bruit de la sagesse de Salomon étoit répandu dans toutes les cours de l'Orient, dit l'Écriture ; et celle d'Éthan, l'Ezrahite, d'Héman et de Calcol, les principaux des enfants de Mahol, n'étoit pas moins connue à Jérusalem, malgré la distance des lieux qui les faisoit vivre si loin de la Palestine.

Or, dans cet éclat, quel attrait de vertu pour les peuples ! Premièrement, les grands modèles touchent bien plus, et la piété devient comme un bon air pour le peuple, dès que l'exemple des grands l'autorise. Secondement, l'idée de foiblesse que les hommes attachent à la vertu tombe, dès qu'elle est ennoblie de vos noms, pour ainsi dire, et qu'on peut lui faire honneur de vos exemples. Troisièmement, la modestie et la frugalité n'ont plus rien de honteux pour le reste des hommes, dès qu'ils voient en vous qu'on peut être grand et modeste, et que la fuite du luxe et de la profusion, non-seulement ne fait point de honte aux petits, mais donne même une nouvelle dignité à l'élévation et à la naissance. Quatrièmement, combien d'âmes foibles rougiroient de la vertu, que votre exemple rassure, qui ne craignent plus de marcher après vous, et qui trouvent même beau de suivre vos traces! Cinquièmement, combien d'âmes trop sensibles encore aux intérêts de la terre, craindroient que la piété ne fût un obstacle à leur élévation, et trouveroient peut-être dans cette tentation l'écueil de tous leurs désirs de pénitence, si elles n'apprenoient, en vous voyant, que la piété est utile à tout, et qu'en attirant les grâces du ciel elle n'éloigne pas celles de la terre! Sixièmement, vos inférieurs, vos créatures, vos esclaves, tous ceux qui dépendent de vous, trouvent la vertu bien plus aimable depuis qu'elle est devenue un moyen sûr de vous plaire, et que le même progrès qu'ils font dans la piété, ils le font dans votre confiance et dans votre estime.

Enfin, mes Frères, quel honneur pour la religion, lorsqu'elle peut montrer en vos personnes qu'elle sait encore se former des justes qui méprisent les honneurs, les dignités, les richesses; qui vivent au milieu des prospérités sans en être éblouis;

qui sont élevés aux premières places sans perdre de vue les biens éternels; qui possèdent tout comme ne possédant rien ; qui sont plus grands que le monde entier, et regardent comme de la boue tous les avantages de la terre, dès qu'ils deviennent un obstacle aux promesses que la foi leur montre dans le ciel! Quelle confusion pour les impies de sentir, en vous voyant marcher dans les voies du salut au milieu de toutes les prospérités humaines, que la vertu n'est pas un pis-aller ; qu'en vain ils tâchent de se persuader qu'on n'a recours à Dieu que lorsque le monde nous manque, puisque, comblés des faveurs du monde, vous ne laissez pas d'aimer l'opprobre de Jésus-Christ! Quelle consolation même pour notre ministère de pouvoir nous servir de vos exemples dans ces chaires chrétiennes pour confondre les pécheurs d'une destinée plus obscure; de pouvoir leur citer vos vertus pour les faire rougir de leurs vices ; de pouvoir leur faire honte de toutes les vaines excuses qu'ils nous opposent, en leur alléguant votre fidélité à la loi de Dieu ; en leur montrant que les périls qui les environnent ne sont pas plus grands que les vôtres ; que les objets des passions au milieu desquels ils vivent sont moins séduisants ; que le monde ne leur offre pas plus de charmes et plus d'illusion qu'il vous en offre ; que si la grâce peut se former des cœurs fidèles jusque dans les palais des rois, elle peut s'en former à plus forte raison dans le tumulte des villes et sous le toit du citoyen et du magistrat; et qu'ainsi on trouve le salut partout, et que notre état ne devient un prétexte favorable à nos passions que lorsque la corruption de notre cœur est la véritable raison qui les autorise!

Oui, mes Frères, je le répète, vous donnez, quand vous servez Dieu, une nouvelle force à notre ministère; plus de poids aux vérités que nous annonçons aux peuples; plus de confiance à notre zèle; plus de dignité à la parole de Jésus-Christ; plus de crédit à nos censures; plus de consolation à nos travaux ; et, en jetant les yeux sur vous, le monde trouve la décision des vérités qu'il nous avoit contestées. Que de biens, mes Frères, reviennent donc à l'Église de vos exemples! vous donnez du crédit à la piété; vous honorez la religion dans l'esprit des peuples; vous animez les justes de tous les états; vous consolez les serviteurs de Dieu ; vous répandez dans tout un royaume une odeur de vie qui confond le vice et qui autorise la vertu; vous maintenez les règles de l'Évangile contre les maximes du monde : on vous cite dans les villes et dans les provinces les plus éloignées pour encourager les foibles et agrandir le royaume de Jésus-Christ : les pères apprennent vos noms à leurs enfants pour les animer à la vertu; et, sans le savoir, vous devenez le modèle des peuples, l'entretien des petits, l'édification des familles, l'exemple de tous les états et de tous les ordres. A peine les principaux des tribus dans le désert, et les femmes les plus distinguées, eurent apporté à Moïse leurs ornements les plus précieux pour la construction du tabernacle, que tout le peuple, entraîné par leur exemple, vint en foule offrir ses dons et ses présents, et qu'il fallut que Moïse mît des bornes à leurs pieux empressements, et modérât l'excès de leurs largesses.

Ah! mes Frères, que de biens, encore une fois, vos seuls exemples peuvent faire parmi les peuples! les plaisirs publics décriés, dès que vous ne les autorisez plus par votre présence; les modes indécentes proscrites, dès que vous les négligez; les usages dangereux surannés, dès que vous les abandonnez; la source de presque tous les désordres tarie, dès que vous vivez selon Dieu : et de là que d'âmes préservées! que de malheurs prévenus! que de crimes arrêtés! que de maux empêchés! Quel gain pour la religion, qu'une seule personne élevée qui vit selon la foi! quel présent Dieu fait à la terre, à un royaume, à un peuple, quand il lui donne des grands et des puissants qui vivent dans sa crainte! Et quand l'intérêt seul de votre âme, mes Frères, ne suffiroit pas pour vous rendre la vertu aimable; l'intérêt de tant d'âmes à qui vous êtes une occasion de salut en vivant selon

Dieu, ne devroit-il pas préférer la crainte et l'amour de sa loi à tous les vains plaisirs de la terre? Est-il de plaisir plus doux pour un bon cœur que de devenir une source de salut et de bénédiction pour ses Frères?

Et ce qu'il y a ici d'heureux pour vous, mes Frères, c'est que vous ne vivez pas seulement pour votre siècle; je l'ai déjà dit, vos exemples passeront jusques aux siècles suivants : les vertus des simples fidèles périssent, pour ainsi dire, avec eux; mais vos vertus seront conservées dans nos histoires avec vos noms. Vous deviendrez un modèle de piété pour nos neveux, comme vous l'avez été pour les peuples qui ont vécu avec vous; vos rangs et vos emplois, vous liant aux principaux événements qui se passent dans notre siècle, vous feront passer avec eux jusques aux siècles à venir; les cours qui succéderont à la nôtre, trouveront encore l'histoire de vos mœurs et de vos saints exemples mêlée avec l'histoire publique de nos jours ; vous donnerez encore du crédit à la piété dans les âges qui nous suivront; le souvenir de vos vertus, conservé dans nos annales, y servira encore d'instruction à vos descendants qui les liront : et l'on pourra dire un jour de vous, comme de ces hommes célèbres et pleins de gloire et de justice dont parle l'Écriture, que votre piété n'a pas fini avec vous; que le souvenir de vos vertus passera d'âge en âge; que les peuples raconteront jusqu'à la fin votre sagesse et vos exemples; que l'Église publiera vos louanges; et que les biens que vous avez faits, et l'odeur de votre vie se conservera toujours au milieu de nous avec les descendants qui naîtront de la gloire de votre sang, et qui succéderont à vos noms et à vos titres : *Quorum pietates non defuerunt; cum semine eorum permanent bona.*[1]

Mais ce n'est pas tout, mes Frères : l'exemple rend vos vertus un bien public, et c'est là leur premier caractère; mais l'autorité, qui en est le second, achève et soutient les biens infinis que vos exemples ont commencés : et quand je dis l'autorité, mes Frères, que ne puis-je développer ici tout ce que cette idée me découvre d'immense dans les suites fécondes de la piété des grands et des puissants !

Premièrement, la protection de la vertu. La vertu timide est souvent opprimée, parce qu'elle manque ou de hardiesse pour se montrer, ou de protection pour se défendre : la vertu obscure est souvent méprisée, parce que rien ne la relève aux yeux des sens, et que le monde est ravi de pouvoir faire un crime à la piété de l'obscurité de ceux qui la pratiquent. Mais dès que vous en prenez vous-mêmes le parti, mes Frères, ah ! la vertu ne manque plus de protection : vous devenez les interprètes

[1] Eccli. 44. 10, 11.

des gens de bien auprès du prince, déjà si favorable lui-même à la piété, et les canaux par lesquels ils trouvent tous les jours accès auprès du trône; vous mettez en place des hommes justes qui deviennent des exemples publics; vous produisez des serviteurs de Dieu, des hommes pleins de lumière, de science et de vertu, qui seroient demeurés dans la poussière, et qui, à la faveur de votre nom et de votre appui, paroissent dans le public; mettent en œuvre leurs talents; enrichissent quelquefois l'Église d'ouvrages saints et chrétiens; contribuent à l'édification des fidèles, à l'instruction des peuples, à la consommation des saints; apprennent les règles de la vertu à ceux qui les ignorent, les apprendront à nos neveux, et feront passer dans tous les siècles suivants, avec les monuments pieux de leur zèle, les fruits immortels de la protection dont vous avez honoré la vertu, et de votre amour pour les justes.

Que dirai-je, mes Frères? vous soutenez le zèle des gens de bien dans les entreprises saintes, et votre protection les anime et leur fait surmonter tous les obstacles dont le démon traverse toujours les œuvres qui doivent glorifier Dieu et contribuer au salut des âmes. Que d'établissements utiles aujourd'hui, et qui sont une source de bénédiction dans l'Église, n'ont dû autrefois leur naissance qu'au crédit d'une seule personne élevée, à qui

Dieu avoit mis dans le cœur de protéger une œuvre dont il devoit tirer un jour tant de gloire! que de pieux desseins et avantageux à l'Église exécutés auroient échoué, si l'autorité d'un juste en place et élevé dans l'Église n'eût aplani toutes les voies qui sembloient en rendre l'exécution impossible! que de saints ministres de Jésus-Christ, soutenus dans leurs fonctions, auroient cédé aux contradictions et privé par leur retraite les peuples de leurs instructions et de leurs exemples, si leur vertu n'eût trouvé dans la piété des grands et des puissants, une protection qui assuroit la paix à leur troupeau et l'autorité à leur ministère!

Que dirai-je encore, mes Frères? vous rendez par vos exemples la vertu respectable à ceux qui ne l'aiment pas; et ce n'est plus une honte d'être chrétien, dès que par-là on vous ressemble: vous ôtez à l'impiété cet air de confiance et d'ostentation avec lequel elle ose tous les jours paroître; et le libertinage n'est plus un bon air dès que votre conduite l'improuve: vous maintenez parmi les peuples la religion de nos pères; vous conservez la foi aux siècles qui nous suivront; et souvent il ne faut qu'un grand dans un royaume, ferme dans la foi, pour arrêter le progrès de l'erreur et des nouveautés, et conserver à tout un état la foi de ses ancêtres. La seule Esther conserva le peuple et la loi de Dieu dans un grand empire; le seul Mathathias tint bon contre les autels étrangers, et empêcha les superstitions de prévaloir au milieu de Juda; et la France ne doit les lumières de l'Évangile et la connoissance de Jésus-Christ qu'à la piété d'une sainte princesse qui conquit à la foi, avec le cœur d'un époux infidèle, un royaume qui depuis en a toujours été le plus ferme appui et la portion la plus pure et la plus florissante. Oh! mes Frères, que vous êtes grands quand vous êtes à Jésus-Christ! et que votre naissance et votre élévation paroissent avec bien plus d'éclat et de dignité dans les fruits immenses de votre piété que dans le faste de vos passions, et tout le vain attirail des magnificences humaines!

Secondement, les récompenses de la vertu. Vous la mettez en honneur en lui donnant, dans le choix des places qui dépendent de vous, les préférences qui lui sont dues, et ne confiant les emplois qu'à ceux dont la piété mérite la confiance publique; en ne comptant sur la fidélité des subalternes qu'autant qu'ils sont fidèles à Dieu, et recherchant principalement dans les hommes la droiture de la conscience et l'innocence des mœurs, sans quoi tous les autres talents ne forment plus qu'un mérite équivoque qui devient ou nuisible ou inutile.

Et de là, mes Frères, quel nouveau bien pour le public! quel bonheur pour un royaume où les gens de bien occupent les premières places, où les emplois sont les récompenses de la vertu, où les affaires publiques ne sont confiées qu'à ceux qui cherchent plus les intérêts publics que leurs intérêts propres, et qui ne comptent pour rien le gain du monde entier s'ils venoient à perdre leur âme!

Quel avantage pour les peuples lorsqu'ils trouvent leurs pères dans leurs juges; les protecteurs de leurs foiblesses dans les arbitres de leur destinée; les consolateurs de leurs peines dans les interprètes de leurs intérêts! que d'abus prévenus! que de larmes essuyées! que d'injustices évitées! quelle paix dans les familles! quelle consolation pour les malheureux! quel honneur même pour la vertu, lorsque les peuples sont ravis de la voir en place, et que le monde lui-même, tout monde qu'il est, est pourtant bien aise d'avoir des gens de bien pour défenseurs et pour juges! quel attrait pour la vertu, lorsqu'on voit qu'elle est devenue le chemin des grâces, et qu'outre les promesses du siècle à venir, elle a encore pour elle les récompenses de la terre! *Promissionem habens vitæ quæ nunc est; et futuræ.*[1]

Et ne dites pas, mes Frères, qu'en récompensant la vertu on ne corrige pas les pécheurs, et qu'on multiplie seulement les hypocrites. Je sais jusqu'où l'amour de l'élévation peut pousser les hommes, et quels abus ils sont capables de faire

[1] 1. Tim. 4. 8.

de la religion pour arriver à leurs fins : mais du moins vous obligez le vice de se cacher; du moins vous lui ôtez l'éclat et la sécurité qui le répand et le communique; vous conservez du moins l'extérieur de la religion parmi les peuples; vous multipliez du moins les exemples de la piété parmi les fidèles; et s'il n'y a pas moins de déréglement, les scandales du moins sont plus rares.

Enfin, les saintes largesses de la vertu. Mais je sens que mon sujet m'entraîne, et il est temps de finir. Oui, mes Frères, que de nouveaux biens encore pour les peuples dans l'usage chrétien et charitable de vos richesses! vous mettez l'innocence à couvert; vous préparez des asiles de pénitence aux crimes; vous rendez la vertu aimable aux malheureux par les ressources qu'ils trouvent dans la vôtre; vous assurez aux maris la fidélité de leurs épouses, aux pères le salut de leurs enfants, aux pasteurs la sûreté de leurs brebis, la paix aux familles, la consolation aux affligés, l'innocence à la veuve délaissée, un secours à l'orphelin, le bon ordre au public, à tous l'appui de leur vertu ou le remède de leurs vices.

Et ici, mes Frères, comprenez, si vous pouvez, les fruits immenses de votre vertu, et les avantages inexplicables qu'en retire l'Église. Que de scandales évités! que de crimes prévenus! que de maux publics arrêtés! que de foibles conservés! que de justes affermis! que de pécheurs rappelés! que d'âmes retirées du précipice! Que vous contribuez, mes Frères, quand vous servez Dieu, à la gloire de l'Église, à l'agrandissement du royaume de Jésus-Christ, à l'honneur de la religion, à la consommation des saints, au salut de tous les fidèles! Qu'il se trouvera un jour d'élus dans le ciel de toute langue et de toute tribu, qui mettront à vos pieds leur couronne d'immortalité, comme pour confesser publiquement qu'ils vous en sont redevables! Quelle consolation pour vous de pouvoir vous dire à vous-mêmes qu'en servant Dieu vous lui attirez des serviteurs, et que votre piété devient une source de bénédictions pour les peuples! Non, mes Frères, s'il y a quelque chose de flatteur dans l'élévation, ah! ce n'est pas les vaines distinctions que l'usage y attache; c'est d'y pouvoir devenir, en servant Dieu, la source des biens publics, le soutien de la religion, la consolation de l'Église, et les principaux instruments dont Dieu se sert pour l'accomplissement de ses desseins de miséricorde sur les hommes.

Que vous perdez donc, mes Frères, en ne vivant pas selon Dieu! que l'Église perd en vous perdant! que nous perdons nous-mêmes lorsque vous nous manquez! de combien d'avantages privez-vous les fidèles! quelles consolations vous ôtez-vous à vous-mêmes! quelle joie dans le ciel pour la conversion d'un seul pécheur élevé dans le siècle! Que vous êtes coupables, mes Frères, quand vous ne vivez pas selon Dieu ! Vous ne pouvez ni vous perdre ni vous sauver tout seuls: vous ressemblez ou à ce dragon de l'Apocalypse, qui, en tombant du ciel où il étoit élevé, entraîne par sa chute la plupart des étoiles dans l'abîme ; ou à ce serpent mystérieux dont parle Jésus-Christ, qui, étant élevé sur la terre, attire heureusement tout après lui : vous êtes établis pour la perte ou pour le salut de plusieurs, des plaies ou des ressources publiques. Puissiez-vous, mes Frères, connoître vos véritables intérêts; sentir ce que vous êtes dans les desseins de Dieu, ce que vous pouvez pour sa gloire, ce qu'il attend de vous, ce qu'en attend l'Église, ce que nous en attendons nous-mêmes! Ah! vous avez une si grande idée de votre rang et de vos places par rapport au monde!

Mais, mes Frères, permettez-moi de vous le dire, vous n'en connoissez pas encore toute la grandeur ; vous ne voyez qu'à demi ce que vous êtes; vous êtes encore bien plus grands par rapport à la piété, et les priviléges de votre vertu sont bien plus brillants et plus singuliers que ceux de vos titres. Puissiez-vous, mes Frères, remplir toute votre destinée! Et vous, ô mon Dieu! touchez, durant ces jours de salut, par la force de la vérité que vous mettez dans nos bouches, les grands et les puissants; attirez à vous des cœurs dont la conquête vous assure celle du reste des fidèles ; ayez pitié de vos peuples en sanctifiant ceux que votre providence a mis à leur tête ; sauvez Israël en sauvant ceux qui le régissent ; donnez à votre Église de grands exemples qui perpétuent la vertu d'âge en âge, et qui aident jusqu'à la fin à former cette assemblée immortelle de justes, qui vous bénira dans tous les siècles.

Ainsi soit-il.

DISCOURS

PRONONCÉ

A UNE BÉNÉDICTION DES DRAPEAUX

DU RÉGIMENT DE CATINAT.

Posuerunt signa sua, signa; et non cognoverunt sicut in exitu super summum.

Ils ont mis leurs drapeaux dans le temple comme un présage de leur victoire; et ils n'ont pas connu quelle étoit la fin de cette pieuse solennité. Ps. 73. 4, 5.

CE n'est pas pour vous rappeler ici des idées de feu et de sang, et, par le souvenir de vos victoires passées, vous animer à de nouvelles, que je viens, dans le sanctuaire de la paix, mêler un discours évangélique à une cérémonie sainte. La parole dont j'ai l'honneur d'être le ministre, est une parole de réconciliation et de vie, destinée à réunir les Grecs et les Barbares; à faire habiter ensemble, selon l'expression d'un prophète, les lions, les aigles et les agneaux; à rassembler sous un même chef toute langue, toute tribu et toute nation; à calmer les passions des princes et des peuples; confondre leurs intérêts, anéantir leurs jalousies, borner leur ambition, inspirer les mêmes désirs à ceux qui doivent avoir la même espérance ; et si elle propose quelquefois des guerres et des combats, ce sont des guerres qui se terminent toutes dans le cœur, et des combats de la grâce.

D'ailleurs, je me souviens que je parle sous l'autel même de l'Agneau qui est venu pacifier le ciel et la terre ; dans un temple consacré au chef d'une légion sainte qui sut préférer le culte de Jésus-Christ à celui des statues de l'empereur, et laisser fièrement les aigles de l'empire pour suivre l'étendard de la croix; et enfin, que je parle à une troupe illustre qui ne connoît les périls que pour les affronter; que mille actions distinguent plus que le nom du fameux général qu'elle a l'honneur d'avoir à sa tête, et le mérite de celui qui la commande; et qui attend plutôt de moi des leçons de piété que de valeur, et des avis pour faire la guerre saintement, que des exhortations pour la bien faire.

Souffrez donc, Messieurs, que, laissant là le corps pour ainsi dire, et les dehors de cette cérémonie, je vous en développe l'esprit ; que, sans approfondir ce qu'elle a d'antique et de curieux, je m'arrête à ce qu'elle peut avoir d'utile ; et que, loin de vous

17.

entretenir de la gloire des armes et du cas que tous les peuples en ont toujours fait, je vous parle des périls de cet état, et des moyens d'y acquérir une gloire immortelle et solide.

Pourquoi croyez-vous en effet que les nations les plus barbares aient toutes eu une espèce de religion militaire, et que le culte se soit toujours trouvé mêlé parmi les armes? Pourquoi croyez-vous que les Romains fussent si jaloux de mettre leurs aigles et leurs dieux à la tête de leurs légions, et que les autres peuples affectassent de prendre ce qu'il y avoit de plus sacré dans leurs superstitions, et en traçassent les figures et les symboles sur leurs étendards; sinon pour empêcher que le tumulte et l'agitation des guerres ne fît oublier ce qu'on doit aux dieux qui y président, et afin qu'à force de les avoir sans cesse devant les yeux, on fût comme dans une heureuse impuissance de les perdre de vue? Pourquoi croyez-vous que les Israélites, dans leurs marches et dans leurs combats, fussent toujours précédés du serpent d'airain; que Constantin, devenu la conquête de la croix, fît élever ce signal de toutes les nations au milieu de ses armées; que nos rois, dans leurs entreprises contre les infidèles, allassent recevoir l'étendard sacré aux pieds des autels; et qu'enfin encore aujourd'hui l'Église consacre par des prières de paix et de charité ces signes déplorables de la guerre et de la dissension ; sinon pour vous faire souvenir que la guerre même est une manière de culte religieux ; que c'est le Dieu des armées qui préside aux victoires et aux batailles ; que les conquérants ne sont bien souvent entre ses mains que des instruments de colère dont il se sert pour châtier les péchés des peuples ; qu'il n'est point de véritable valeur que celle qui prend sa source dans la religion et dans la piété; et qu'après tout, les guerres et les révolutions des états ne sont que des jeux aux yeux de Dieu, et un changement de scène dans l'univers; que lui seul ne change point, et seul a de quoi fixer les agitations et les désirs insatiables du cœur humain?

Il est vrai, Messieurs, que la piété, si pénible même dans les cloîtres où tout l'inspire, si rare dans le siècle où les devoirs communs de la religion la soutiennent, trouve, dans les dissipations et la licence des armes, des obstacles et des écueils où les plus belles espérances de l'éducation, les plus heureux présages du naturel, les plus tendres précautions de la grâce, viennent tous les jours tristement échouer.

C'est là qu'on voit quelquefois le peuple de Dieu, sous les yeux même d'un Josué, d'un général sage et religieux, donner dans tous les excès et les crimes des nations. C'est là que des chrétiens mettent tous les jours leur gloire dans leur confusion;

et se font un mérite de leur ignominie. C'est là que l'impiété est un bon air ; la foi, une foiblesse ; la religion, un songe ; les vérités du salut, le partage des âmes oiseuses ; les terreurs de l'éternité, une vaine frayeur ; et la sainteté de nos mystères, souvent l'assaisonnement des débauches. C'est là que le Dieu que nous adorons, n'est nommé que pour être insulté ; que le crime est une bienséance ; la volupté, un mérite; la fureur, une distinction. C'est là que ceux que la politesse, le rang ou l'intérêt même, sous un prince qui ne compte pour rien la valeur lorsqu'elle est toute seule, éloignent de ces excès, bornent toute leur régularité à l'ambition, la gloire et la vengeance ; et ne se relâchent, ce semble, sur les autres passions, que pour être plus vifs sur celles-ci. C'est là que les plus sages sont ceux qui ne sont occupés que de leur fortune et de leur avancement ; qui sacrifient tout, bien, repos, conscience, à leur gloire ; qui, insensibles sur la félicité des saints, et sur les biens solides de l'éternité, ne sont occupés qu'à saisir un fantôme qui leur échappe avant qu'ils le tiennent, et à se ménager des établissements qui sont fondés sur le sable et dans une cité qui n'est pas permanente. C'est là, en un mot, que Dieu n'est pas plus connu qu'au milieu des peuples infidèles, et que la plus haute vertu n'est pas de n'avoir point de passions, mais de n'en avoir que de nobles et de brillantes.

Sont-ce là, ô mon Dieu, des hommes armés pour votre querelle et pour la défense de vos autels? Vous, qui ne voulez pas que le pécheur raconte vos justices et devienne le protecteur de votre alliance, pourriez-vous confier à des bras sacriléges le soin de rétablir votre culte et la majesté de vos temples? Et qu'importe que vous soyez déshonoré par les crimes des fidèles ou par l'infidélité de vos ennemis? qu'importe que votre royaume s'agrandisse, si vous ne devez pas régner sur les cœurs? qu'importe que les dispersions d'Israël se rassemblent, si les tribus restées à Jérusalem surpassent même les profanations des sujets de Jéroboam?

Ceux qui vivent dans la tranquillité des villes, et loin des dangers de la guerre, peuvent se calmer sur les désordres de leur vie par l'espoir d'une vieillesse plus régulière et d'une mort chrétienne. Et en effet, Messieurs, le loisir que l'âge ou une lente infirmité laissent aux réflexions; le long usage des plaisirs et le dégoût ou les désagréments qui les suivent; l'expérience du monde et de ses inutilités, dont un bon esprit même se lasse et revient tôt ou tard; les perfidies et les supercheries du commerce, qui toutes seules sont capables de dégoûter une âme bien faite et lui faire prendre le parti de la retraite et de la piété; tout cela aide les opérations de la grâce dans le cœur des mondains; leur fait faire tous les jours mille projets éloignés de conversion ; les arrache peu à peu à leurs foiblesses, et quelquefois fait que, fatigués du monde, ils se donnent à Jésus-Christ.

Je sais que cette espérance des pécheurs périt souvent ; que se flatter d'une conversion tardive, c'est insulter à la grâce et à la justice d'un Dieu vengeur ; que renvoyer à des années de langueur et d'infirmité l'affaire du salut, c'est la manquer ; qu'on ne recueille pendant l'hiver que ce qu'on a semé durant les jours de l'été ; que notre Dieu n'est pas un Dieu de tous les jours ; que, négligé, il néglige à son tour ; et que la vertu qui vient si tard n'est d'ordinaire qu'une impuissance du vice, une régularité de l'âge plutôt que du cœur, et une bienséance qu'on doit au monde autant qu'à Jésus-Christ. Cependant la religion ne veut pas qu'on désespère ; et plus d'une fois, ô mon Dieu, vous avez appelé des ouvriers à la onzième heure du jour, et guéri des paralytiques de trente ans, peut-être pour prévenir par ces prodiges le désespoir des vrais pénitents, et peut-être aussi pour amuser la fausse confiance des pécheurs.

Mais pour vous, Messieurs, qui, au milieu des périls et des fureurs de la guerre, pouvez tous les jours dire comme David, que vous n'êtes séparés que d'un seul degré de la mort : *Uno tantum gradu ego morsque dividimur;*[1] vous qui ne devez compter

[1] 1. Reg. 20. 3.

sur la vie que comme sur un trésor que vous tenez exposé sur un grand chemin ; qui touchez tous les moments à l'éternité, et qui ne tenez au monde et à ses plaisirs que par le plus foible de tous les liens : ah! qu'est-ce qui peut vous rassurer lorsque vous vous livrez à des passions d'ignominie? et de quel espoir pouvez-vous vous amuser vous-mêmes? Est-ce ces moments que vous accordez à la religion sur le point d'un combat, qui flattent votre espérance? est-ce la prière et les bénédictions d'un ministre? Mais vous qui êtes de bonne foi, quelle est alors, je vous prie, la situation de votre cœur? vous est-il jamais arrivé de repasser, en pareille occasion, dans l'amertume de votre cœur, toutes les années de votre vie? avez-vous jamais pensé, dans ces circonstances, à offrir au Seigneur un cœur contrit et humilié, et à invoquer ses miséricordes sur les misères de votre âme? La gloire, le devoir, le péril, vous ne voyez que cela. Les retours sur la conscience sont alors moins de saison que jamais ; on éloigne même ces pensées, comme dangereuses à la valeur ; on redouble les plaisirs et les excès pour faire diversion et s'empêcher soi-même de s'en occuper ; et l'on passe, hélas! presque toujours du crime et de la débauche à la mort. Horrible destinée, ô mon Dieu! et si commune cependant aux personnes à qui je parle! Vous le savez, mes Frères; et mille fois dans la fureur des combats vous avez vu disparoître en un instant les compagnons de vos excès ; vous les avez vus ne mettre presque qu'un intervalle entre une impiété et le dernier soupir, et un coup fatal venir les enlever à vos côtés dans le temps même peut-être qu'ils faisoient encore avec vous des projets de crime.

Et pourquoi leur infortune ne vous ébranleroit-elle pas? pourquoi ne vous instruiriez-vous pas dans le malheur de leur surprise? Est-ce parce que ces exemples sont trop fréquents, que vous n'en êtes plus frappés? c'est-à-dire, que vous vous rassurez à mesure que le péril augmente. Pourquoi ne vous laisseriez-vous pas toucher à la bonté et à la longanimité de votre Dieu, qui ne vous a sauvés de tant de périls et conservés jusqu'à présent que pour vous ménager plus de loisir de vous convertir à lui? pourquoi changeriez-vous ses desseins de miséricorde en des desseins de colère, et emploieriez-vous des jours qu'il n'a prolongés que pour votre salut, à prolonger le cours de vos iniquités?

Eh! si, dans cette action où vous ne dûtes votre délivrance qu'à un prodige et dont vous-même crûtes ne jamais sortir, le glaive de la mort vous eût frappé; quelle eût été, mon Frère, votre destinée? quelle âme auriez-vous présentée au tribunal de Jésus-Christ? quel monstre d'ordures, de blasphèmes, de vengeances! N'êtes-vous pas effrayé de vous représenter alors sous le foudre d'un Dieu vengeur, tremblant devant sa face, et les abîmes éternels ouverts à vos pieds? Sa main toute-puissante vous délivra ; il vous couvrit de son bouclier; son ange détourna lui-même les coups qui, en décidant de votre vie, auroient décidé de votre éternité : et quel usage en avez-vous fait depuis? quelle reconnoissance envers votre libérateur ? quel hommage lui avez-vous fait d'un corps que vous tenez doublement de lui? vous l'avez fait servir à l'iniquité ; et d'un membre de Jésus-Christ, vous en avez fait un instrument de honte et d'infamie. Ah! vous avez bien su mettre le danger que vous courûtes alors à profit pour votre fortune; mais avez-vous su le mettre à profit pour votre salut? vous l'avez fait valoir auprès du prince; mais en a-t-il été question auprès de Dieu? vous en êtes monté d'un degré dans le service; et vous voilà toujours le même dans la milice de Jésus-Christ. Craignez, craignez que ce moment fatal ne revienne; que le Seigneur ne vous livre enfin à votre propre destinée; qu'il ne vous traite comme l'impie Achab; et qu'un coup parti de sa main invisible n'aille, à la première occasion, terminer enfin vos iniquités et commencer ses vengeances.

Que votre sort est à plaindre, Messieurs! La voie des armes, où les engagements de la naissance et le service du prince vous appellent, est, à la vérité, brillante aux yeux des sens : c'est le seul chemin de la gloire ; c'est le seul poste digne d'un homme qui porte un nom : mais en matière de salut, de toutes les voies, c'est la plus terrible. Voilà les périls ; voici les moyens de les éviter.

Car enfin le bras de Dieu n'est pas raccourci ; le salut n'est nulle part impossible ; le torrent n'entraîne que ceux qui veulent bien s'y prêter ; le Seigneur a ses élus partout; et les mêmes dangers qui sont des écueils pour les réprouvés, deviennent des occasions de mérite aux justes.

Et, pour entrer ici dans un détail qui vous le fasse sentir, quels sont, dites-moi, dans votre état, les écueils que la grâce ne puisse vous faire éviter? quels sont les maux qui n'aient en même temps leurs remèdes ?

Je sais que l'ambition est comme inévitable à un homme de guerre; que l'Évangile, qui fait un vice de cette passion, ne sauroit prévaloir contre l'usage qui l'a érigée en vertu ; et qu'en fait de mérite militaire, qui ne sent pas ces nobles mouvements qui nous font aspirer aux grands postes, ne sent pas aussi ceux qui nous font oser de grandes actions. Mais, outre que le désir de voir vos services récompensés, s'il est modéré, si seul il n'absorbe pas le cœur tout entier, s'il ne vous porte pas à vous frayer des routes d'iniquité pour parvenir à vos fins et établir votre fortune sur les ruines de celle d'autrui; outre, dis-je, que ce désir environné de toutes ces précautions, n'a rien dont la morale chrétienne puisse être blessée; qu'a-t-il, en vous offrant les espérances humaines, de si séduisant qu'il puisse l'emporter sur l'espoir des chrétiens et les promesses de la foi? Des postes, des honneurs, des distinctions, un nom dans l'univers? mais quelle foule de concurrents faut-il percer pour en venir là? que de circonstances faut-il assortir, qui ne se trouvent presque jamais ensemble? et d'ailleurs est-ce le mérite qui décide toujours de la fortune? le prince est éclairé, je le sais; mais peut-il tout voir de ses yeux? combien de vertus obscures et négligées? combien de services oubliés ou dissimulés? et d'autre part, combien de favoris de la fortune, sortis tout à coup du néant, vont de plain-pied saisir les premiers postes? et de là quelle source de désagréments et de dégoûts! On se voit passer sur le corps par des subalternes, gens qu'on a vus naître dans le service, et qui n'en savent pas encore assez même pour obéir, tandis qu'on se sent soi-même sur le penchant de l'âge, et qu'on ne rapporte de ses longs services qu'un corps usé, des affaires domestiques désespérées, et la gloire d'avoir toujours fait la guerre à ses frais. Eh! qu'entend-on autre chose parmi vous, que des réflexions sur l'abus des prétentions et des espérances? vous-même, qui m'écoutez, quelle est là-dessus votre situation? Et cependant on sacrifie l'éternité à des chimères; on se flatte toujours qu'on sera du nombre des heureux; et on ne s'aperçoit pas que la Providence ne semble laisser au hasard et au caprice des hommes le partage des postes et des emplois, que pour nous faire regarder avec des yeux chrétiens les titres et les honneurs, et nous faire rapporter au Roi du ciel, aux yeux de qui rien n'échappe, et qui nous tiendra compte de nos plus petits soins, des services que nous rendons aux rois de la terre, qui souvent ou ne peuvent les voir, ou ne sauroient les récompenser.

Mais quand même votre bonheur répondroit à vos espérances; quand même les douces erreurs et les songes sur lesquels votre esprit s'endort deviendroient un jour des réalités; quand même, par un de ces coups du hasard qui entrent toujours pour beaucoup dans la fortune des armes, vous vous verriez élevé à des postes auxquels vous n'oseriez même aspirer, et que vous n'auriez plus rien à souhaiter du côté des prétentions humaines: que sont les félicités d'ici-bas, et quelle est leur fragilité et leur rapide durée? Que nous reste-t-il de ces grands noms qui ont autrefois joué un rôle si brillant dans l'univers? ils ont paru un seul instant, et disparu pour toujours aux yeux des hommes: on sait ce qu'ils ont été pendant ce petit intervalle qu'a duré leur éclat; mais qui sait ce qu'ils sont dans la région éternelle des morts? les chimères de la gloire et de l'immortalité ne sont là d'aucun secours : le Dieu vengeur, qui du haut de son tribunal pèse leurs actions et discerne leur mérite, n'en juge pas sur ce que nous disons et sur ce que nous pensons d'eux ici-bas; et tous ces grands traits, qui font tant d'honneur à leur mémoire, et qui enrichissent nos annales, sont peut-être les principaux chefs de leur condamnation, et les traits les plus honteux de leur âme aux yeux de Dieu.

Hélas! Messieurs, que sont les hommes sur la terre? des personnages de théâtre : tout y roule sur le faux; ce n'est partout que représentation; et tout ce qu'on y voit de plus pompeux et de mieux établi n'est l'affaire que d'une scène : qui ne le dit tous les jours dans le siècle? Une fatale révolution, une rapidité que rien n'arrête, entraîne tout dans les abîmes de l'éternité; les siècles, les générations, les empires, tout va se perdre dans ce gouffre; tout y entre, et rien n'en sort : nos ancêtres nous en ont frayé le chemin, et nous allons le frayer dans un moment à ceux qui viennent après nous : ainsi les âges se renouvellent; ainsi la figure du monde change sans cesse; ainsi les morts et les vivants se succèdent et se remplacent continuellement : rien ne demeure, tout s'use, tout s'éteint.

Dieu seul est toujours le même, et ses années ne finissent point; le torrent des âges et des siècles coule devant ses yeux; et il voit avec un air de vengeance et de fureur de foibles mortels, dans le temps même qu'ils sont entraînés par le cours fatal, l'insulter en passant, profiter de ce seul moment pour déshonorer son nom, et tomber au sortir de là entre les mains éternelles de sa colère et de sa justice.

Eh! faisons après cela des projets de fortune et d'élévation : nourrissons notre cœur de mille espérances flatteuses : prenons à grands frais des mesures infinies pour nous ménager un instant de bonheur; et ne faisons jamais une seule démarche pour atteindre à une félicité qui ne finit point. C'est une fureur dont on ne croiroit pas l'homme capable, si l'expérience de tous les jours n'y étoit.

Et d'ailleurs cet instant même de bonheur est-il tranquille? les soupçons, les jalousies, les craintes, les agitations éternelles et inévitables aux grands emplois, le sort journalier des armes, la faveur des concurrents, la fatigue des ménagements et des intrigues, les caprices de ceux de qui on dépend, et tant de revers à essuyer; le vide même des prospérités temporelles qui, de loin, piquent et attirent le cœur, mais qui, touchées de près, ne peuvent ni le fixer ni le satisfaire; est-il de félicité que tout cela ne trouble et n'altère? et ceux que vous regardez comme les heureux du siècle, sont-ils toujours tels à leurs propres yeux? O Seigneur, à qui seul appartient la gloire et la grandeur, l'homme ne comprendra-t-il jamais qu'il n'est point pour lui de félicité durable et tranquille hors de vous; que tout ce qui plaît ici-bas peut amuser le cœur, mais ne sauroit le satisfaire; que la gloire et les plaisirs ne piquent presque que dans le moment qui les précède; que les inquiétudes et les dégoûts qui les suivent sont des voix secrètes qui nous appellent à vous; et que quand même on pourroit se promettre une fortune paisible, ce ne seroit qu'une vapeur dont un instant décide, et qu'on voit naître, s'épaissir, monter, s'étendre, s'évanouir dans un moment?

Et ce qu'il y a ici de plus déplorable pour vous, Messieurs, c'est que dans une vie rude et pénible, dans des emplois dont les devoirs passent quelquefois la rigueur et les travaux des cloîtres les plus austères, vous souffrez toujours en vain pour l'autre vie, et très-souvent pour celle-ci. Ah! du moins le solitaire dans sa retraite, obligé de mortifier sa chair et de la soumettre à l'esprit, est soutenu par l'espoir d'une récompense assurée et par l'onction secrète de la grâce qui adoucit le joug du Seigneur. Mais vous, au lit de la mort, oserez-vous présenter à Jésus-Christ vos fatigues et les désagrémens journaliers de votre emploi? oserez-vous le solliciter d'une récompense? et qu'a-t-il dû mettre sur son compte dans toutes les violences que vous vous êtes faites ? Cependant les plus beaux jours de votre vie vous les avez sacrifiés à votre profession : dix ans de services ont plus usé votre corps qu'une vie entière de pénitence. Eh ! mon Frère, un seul jour de ces souffrances, consacré au Seigneur, vous auroit peut-être valu un bonheur éternel ; une seule action pénible à la nature et offerte à Jésus-Christ, vous auroit peut-être assuré l'héritage des saints : et vous en avez tant fait en vain pour le monde !

Ah ! la mollesse et l'inutilité damneront ceux qui habitent les villes : mais pour vous, Messieurs, ce sera le méchant usage que vous faites de vos peines et de vos fatigues. Eh quoi ! vous prenez sur votre repos, sur vos plaisirs, sur vos besoins mêmes, quand il s'agit de votre devoir : eh ! voilà le plus difficile fait ; ce qui vous reste à faire pour le salut ne coûte plus rien : soutenez ces travaux avec une foi chrétienne ; offrez-les au Dieu juste comme le prix de vos iniquités ; et puisqu'il faut les souffrir, ne les souffrez pas sans mérite : si le prince vous manque, Dieu du moins ne vous manquera pas : c'est une ressource que vous vous assurez dans la mauvaise fortune : vos services ne seront, comme cela, jamais perdus ; et les fruits de la guerre seront pour vous des fruits de paix et d'éternité. Mais encore une fois vous souffrez tout ce qu'il faut souffrir pour le salut; et vous ne savez pas vous en faire honneur auprès du Père céleste

C'est ainsi, Seigneur, que votre loi se justifie devant les hommes; que vous paroissez vous-même juste dans vos jugements; et qu'au jour terrible de vos vengeances vous vous servirez de la vie rude et laborieuse d'un homme de guerre pour confondre la lâcheté du mondain et ses excuses sur la difficulté de vos préceptes; et que, d'autre part, l'amour du mondain pour les plaisirs condamnera le peu d'usage que l'homme de guerre a fait de ses souffrances. Voilà donc, Messieurs, comme l'ambition peut devenir elle-même une ressource de grâce.

Mais cette réputation de valeur, si essentielle à vôtre état, comment l'ajuster, me direz-vous, avec la douceur et l'humilité chrétienne? Mais qu'est-ce que la valeur, Messieurs? est-ce une fierté de tempérament, un caprice de cœur, une fougue qui ne soit que dans le sang, une avidité mal entendue de gloire, un emportement de mauvais goût, une petitesse d'esprit qui se fait des dangers de gaieté de cœur seulement pour avoir la gloire d'en être sorti? Quel siècle fut jamais plus corrigé là-dessus que le nôtre? Quel est le goût des honnêtes gens sur ce qui fait la véritable valeur? la sagesse, la circonspection, la maturité. n'y entrent-elles pour rien? Quel a été le caractère des grands hommes

18.

que vous avez vus dans ce siècle à la tête de nos armées, et dont les noms vous sont encore si chers? Les Turenne, les Condé, les Créqui, par quelle voie sont-ils montés à ce dernier point de gloire et de réputation au delà duquel il est défendu de prétendre? Le sage et vaillant général à qui cette province doit sa sûreté, et le reste du royaume sa paix et son abondance, lui dont vous recevez les ordres de plus près comme de votre propre chef, et sous le nom et les étendards de qui vous avez l'honneur de combattre, s'est-il frayé un chemin à l'élévation où le choix du prince et le bonheur de l'état l'ont placé, par une valeur indiscrète? et la sagesse, qui est comme née avec lui, a-t-elle jamais rien gâté ou à son mérite ou à sa fortune?

Mais c'est que nous nous faisons de fausses idées des choses. La valeur, lorsqu'elle n'est pas à sa place, n'est plus une vertu ; et cette noble ardeur qui, au milieu des combats, est générosité et grandeur d'âme, n'est plus, hors de là, que rusticité, jeunesse de cœur, ou défaut d'esprit. Mais quelle idée, me direz-vous encore, a-t-on, dans les troupes, d'un homme qui passe pour avoir quelque commerce avec la dévotion? Eh quoi! Seigneur, il y auroit donc de la gloire à servir les rois de la terre ; et ce seroit bassesse et lâcheté que de vous être fidèle? Et qu'y avoit-il autrefois dans les armées des empereurs païens de plus intrépide dans les périls que les soldats chrétiens ? Cependant, Messieurs, c'étoient des gens qui, au milieu de la licence des troupes, avoient leurs heures marquées pour la prière, passoient quelquefois les nuits à bénir tous ensemble le Seigneur, et qui, au sortir d'une action, savoient fort bien courir à l'échafaud et y répandre sans murmure leur sang pour la défense de la foi.

Il est vrai qu'on ne doit pas exiger de vous cette piété craintive et tendre, ni toute l'attention et la ferveur des personnes retirées, qui, libres de tout engagement avec le monde, ne s'occupent que du soin des choses du Seigneur. Mais cette droiture d'âme, ce noble respect pour votre Dieu, ce fonds solide de foi et de religion, cette exactitude de si bon goût aux devoirs essentiels du christianisme, cette probité inaltérable et si chère à l'estime des honnêtes gens, cette supériorité d'esprit et de cœur qui fait mépriser la licence et les excès comme peu dignes même de la raison ; qui peut vous dispenser de l'avoir ? et au jugement de qui est-il honteux d'en être accusé ?

Croyez-moi, Messieurs, la religion rassure l'âme, bien loin de l'amollir : on craint bien moins la mort quand on est tranquille sur les suites. Une conscience que rien n'alarme, voit le péril de sang-froid, et l'affronte courageusement, dès que le devoir l'y appelle. Non, rien n'approche de la sainte fierté d'un cœur qui combat sous les yeux de Dieu, et qui, en vengeant la querelle du prince, honore le Seigneur, et respecte sa puissance dans celle de son souverain.

Et en effet, la piété est déjà elle-même une grandeur d'âme. Rien ne me paroît si héroïque, ni si digne du cœur, que cet empire qu'a l'homme de bien sur toutes ses passions. Quoi de plus grand que de le voir tenir, pour ainsi dire, sans cesse son âme entre ses mains, régler ses démarches, mesurer ses mouvements, ne se permettre rien d'indigne du cœur, maîtriser ses sens, les ramener au joug de la loi, arrêter la pente d'une nature toujours rapide vers le mal, étouffer mille désirs qui flattent, mille espérances qui amusent, tenir contre les séductions du commerce et la force des exemples, et, toujours maître de soi-même, ne souffrir à son cœur aucune bassesse capable de déshonorer un héritier du ciel? Ah! il faut n'être pas né médiocre pour cela. La grâce a ses héros, qui ne doivent rien à ceux que les siècles passés ont admirés; et assurément celui qui sait vaincre ses ennemis domestiques, et qui, dès long-temps, s'est aguerri à mépriser tout ce que les sens offrent de plus cher, ne craindra pas les ennemis de l'état, et aura bien moins de peine à exposer avec intrépidité sa propre vie.

Et d'ailleurs, Messieurs, parut-on jamais plus détrompé qu'on l'est dans ce siècle de cette vieille erreur qui faisoit consister le courage à mépriser sa religion et son Dieu? C'est là aujourd'hui le partage des malheureux : les devoirs du christianisme entrent dans les bienséances du monde poli, et l'on donne au moins les dehors de la religion à l'usage.

Enfin, les Moïse, les Josué, les David, les Ézéchias, ont été de grands hommes de guerre et de grands saints, des héros du siècle et de la religion. Les siècles chrétiens ont eu leurs Constantins et leurs Théodoses, terribles à la tête de leurs armées, humbles et religieux aux pieds des autels. Nous vivons sous un prince qui, n'ayant plus rien à souhaiter du côté de la gloire, a cru que la piété devoit en être comme le dernier trait; qui, tous les jours, va humilier sous le joug de Jésus-Christ une tête chargée des marques de sa grandeur et de ses victoires; et qui, dans le temps que tout retentit de son nom et du bruit de ses conquêtes, sait répandre son âme devant le Seigneur, et gémir en secret sur le malheur des peuples et les tristes suites d'une guerre si glorieuse pour lui aux yeux de l'univers.

Répandez donc, ô Dieu des armées, sous un prince si religieux, des esprits de foi et de piété sur ces guerriers armés pour sa querelle. Bénissez vous-même ces étendards sacrés; laissez-y des traces de sainteté, qui, au milieu des combats, aillent aider la foi des mourants et réveiller l'ardeur de ceux qui combattent; faites-en des signes assurés de la victoire : couvrez, couvrez de votre aile cette troupe illustre qui vous les offre dans ce temple; détournez avec votre main tous les traits de l'ennemi ; servez-lui de bouclier dans les divers événements de la guerre; environnez-la de votre force; mettez à sa tête cet ange redoutable dont vous vous servîtes autrefois pour exterminer les Assyriens; faites-la toujours précéder de la victoire et de la mort; répandez sur ses ennemis des esprits de terreur et de vertige ; et faites sentir sa valeur aux nations jalouses de notre gloire.

Mais non, Seigneur, pacifiez plutôt les empires et les royaumes; apaisez les esprits des princes et des peuples; laissez-vous toucher au pitoyable spectacle que les guerres offrent à vos yeux. Que les cris et les plaintes des peuples montent jusqu'à vous ; que la désolation des villes et des provinces aille attendrir votre clémence ; que le péril et la perte de tant d'âmes désarment votre bras depuis si long-temps levé sur nous; que tant de profanations que les armes traînent toujours après soi, vous fassent enfin jeter des yeux de pitié sur votre Église. Écoutez les gémissements des justes, qui, touchés des calamités d'Israël, vous disent tous les jours avec le Prophète : Seigneur, nous avons attendu la paix, et ce bien n'est pas encore venu :

nous croyions toucher au temps de consolation, et voilà encore des troubles.

Ce sont nos iniquités, Chrétiens, souffrez que je vous le dise en finissant, qui ont attiré sur nous ces fléaux du ciel. Les guerres, les maladies, les autres calamités dont nous sommes frappés, sont des marques sûres de la colère de Dieu sur nos déréglements. En vain nous gémissons sur les malheurs du temps et sur l'accablement de nos familles ; eh ! gémissons sur nous-mêmes ; apaisons le Seigneur par le changement de nos mœurs ; rétablissons la paix de Jésus-Christ dans nos cœurs ; calmons nos passions et nos ennemis domestiques : et nous verrons bientôt l'Europe calmée, les ennemis de la France apaisés, la paix rétablie partout, et un repos éternel succéder à celui d'ici-bas.

Ainsi soit-il.

FRAGMENT D'UN SERMON

PRONONCÉ AUX QUINZE-VINGTS,

EN PRÉSENCE

DE MADAME LA DUCHESSE D'ORLÉANS.

Grand Dieu! c'est aujourd'hui qu'en faisant naître votre Fils d'une race royale, vous nous apprenez que vous ne rejetez pas les grands et les puissants, puisque vous êtes grand vous-même!

Répandez donc l'abondance de vos grâces sur la princesse pieuse qui est ici prosternée aux pieds de vos autels, et que vous avez réservée à un siècle où la vertu a besoin plus que jamais de grands exemples!

Laissez long-temps à votre peuple un modèle qui au milieu de la corruption de nos mœurs, honore encore la piété, et donne une nouvelle force aux vérités saintes que vous mettez dans nos bouches.

Faites passer à ses augustes enfants les vertus qui la rendent si respectable.

Sanctifiez le prince illustre qu'un lien sacré lui a uni! Rendez-lui des richesses de votre miséricorde les attentions et les soins infatigables qu'il donne sans cesse au soulagement des peuples, à la paix de l'Église, au salut de la monarchie!

Que les prières, grand Dieu! que nous vous offrons ici pour lui, trouvent auprès de votre trône le même accès, que les supplications des peuples trouvent tous les jours auprès d'un prince si humain et si bienfaisant!

Prodiguez en sa faveur les trésors de la grâce, comme vous lui avez déjà prodigué les talents et les trésors de la nature!

Rendez-le aussi saint qu'il est grand! aussi digne de vos bienfaits, qu'il est digne de nos cœurs! aussi immortel dans le livre de vie qu'il le sera dans nos histoires!

Faites d'un prince selon le cœur des hommes, un prince selon votre cœur!

Prolongez les jours de la princesse auguste à qui il doit la naissance!

Conservez aux peuples leur protectrice; à la cour celle qui en est l'ornement; à tous une maîtresse plus touchée de notre amour, que de nos hommages!

Et si les vœux d'un pécheur et d'un ministre

indigne pouvoient être exaucés, recevez, grand Dieu! ces dernières effusions de mon cœur; et que les souillures secrètes que vous y connoissez, n'ôtent rien devant vous à la force et au mérite de ma prière.

Ce court fragment est conservé à la Bibliothèque du Roi, en deux feuillets, de la main de Massillon. Les six dernières lignes se lisent encore, à quelques différences près, à la fin du Sermon pour le jour de Pâques; CARÊME, tom. IV, p. 393.

SERMONS

CONTENUS DANS CE VOLUME.

Pour la fête de la Purification de la Sainte Vierge. Des exemples des grands. page 1

Pour le premier dimanche de Carême. Sur les tentations des grands. 19

Pour le deuxième dimanche de Carême. Sur le respect que les grands doivent à la religion. 42

Pour le troisième dimanche de Carême. Sur le malheur des grands qui abandonnent Dieu. 67

Pour le quatrième dimanche de Carême. Sur l'humanité des grands envers le peuple. 88

Pour le jour de l'Incarnation. Sur les caractères de la grandeur de Jésus-Christ. 109

Pour le dimanche de la Passion. Sur la fausseté de la gloire humaine. 130

Pour le dimanche des Rameaux. Sur les écueils de la piété des grands. 149

Pour le vendredi saint. Sur les obstacles que la vérité trouve dans le cœur des grands. 175

Pour le jour de Pâques. Sur le triomphe de la religion. 197

Sermon sur les vices et les vertus des grands. 219

Discours prononcé à une bénédiction des drapeaux
du régiment de Catinat. 258
Fragment d'un Sermon prononcé en présence de
madame la duchesse d'Orléans. 282

FIN.

TABLE DES PENSÉES

CONTENUES

DANS LE PETIT CARÊME

DE MASSILLON,

PAR Mme WOILLEZ.

TABLE DES PENSÉES.

A.

Adulateur. L'adulateur, en prêtant aux grands les qualités louables qui leur manquent, leur fait perdre celles même que la nature leur avoit données ; il change en sources de vices des penchants qui étoient en eux des espérances de vertu, *page* 29. — L'ennemi qui veut nous perdre est encore moins à craindre que l'adulateur qui ne cherche qu'à nous plaire, 32. — S'il est vrai que ce sont d'ordinaire les adulateurs qui font les mauvais rois, il est encore plus vrai que ce sont les mauvais rois qui forment et multiplient les adulateurs, 171.

Adulation. Le fléau de l'adulation est une calamité pour l'état, qui en promet toujours de nouvelles, 26. — Par l'adulation les vices des grands se fortifient ; leurs vertus même se corrompent, 28. — L'adulation enfante l'orgueil, et l'orgueil est toujours l'écueil fatal de toutes les vertus, 29. — Est le vice le plus commun des cours, 31. — Est l'écueil des meilleurs princes, *ibid.* — Fait du sceptre un joug accablant, *ibid.* — A force de louer les foiblesses des rois, rend leurs vertus mêmes méprisables, *ibid.* — La même infamie qui punit la perfidie et la révolte devroit être destinée à l'adulation, *ibid.* — L'adulation la plus dangereuse est dans la bouche de ceux qui, par la sainteté de leur caractère, sont établis les ministres de la vérité, 32. — Ferme le cœur à la vérité, 34. — C'est l'adulation qui mène toujours les grands à la gloire insensée et mal entendue de l'ambition, 34. — Les adulations ne survivent jamais à leurs héros, 124. — Dégénère toujours en ingratitude, 212.

AFFABILITÉ. Est comme le caractère inséparable et la plus sûre marque de la grandeur, 92. — Il y a dans l'affabilité une sorte de confiance en soi-même qui sied bien aux grands, qui fait qu'on ne craint point de s'avilir en s'abaissant, 95. — Est comme une espèce de valeur et de courage pacifique, *ibid.* — L'affabilité, qui prend sa source dans l'humanité, n'est pas une de ces vertus superficielles qui ne résident que sur le visage : c'est un sentiment qui naît de la tendresse et de la bonté du cœur, 98. — Ne seroit plus qu'une insulte et une dérision pour les malheureux, si, en leur montrant un visage doux et ouvert, elle leur fermoit nos entrailles, *ibid.*

AMBITIEUX. Dans l'esprit de l'ambitieux, le succès couvre la honte des moyens, 37. — Tout ce qui le mène au succès est la seule gloire qu'il cherche, *ibid.* — Ne connoît de loi que celle qui le favorise, 38. — Le crime qui l'élève est pour lui comme une vertu qui l'ennoblit, *ibid.* — Ami infidèle, l'amitié n'est plus rien pour lui dès qu'elle intéresse sa fortune, *ibid.* — Mauvais citoyen, la vérité ne lui paroît estimable qu'autant qu'elle lui est utile, *ibid.* — Le mérite qui entre en concurrence avec lui est un ennemi auquel il ne pardonne point, *ibid.* — L'intérêt public cède toujours à son intérêt propre, *ibid.* — Sacrifie à ses jalousies le salut de l'état, *ibid.* — Verroit avec moins de regret les affaires publiques périr entre ses mains, que sauvées par les soins et par les lumières d'un autre, *ibid.*

AMBITION. Conduit à une fausse gloire par des moyens injustes qui font perdre la gloire véritable, 34. — Ver qui pique le cœur et ne le laisse jamais tranquille, 35. — Est un vice encore plus pernicieux aux empires que la paresse même, *ibid.* — Rend l'homme malheureux; de plus, elle l'avilit et le dégrade, 36. — Est le caractère d'un cœur lâche et rampant, 37. — Est le trait le plus marqué d'une âme vile, *ibid.* — Ne promet les royaumes du monde et toute leur gloire qu'à ceux qui se prosternent devant l'iniquité, *ibid.* — Est comme inévitable à un homme de guerre, 268.

AME. Les plus hautes places sont toujours au-dessous des grandes âmes; rien ne les enfle et ne les éblouit, parce que rien n'est plus haut qu'elles, 93.

ARTIFICE. On est moins en garde contre la fraude et l'artifice, quand on n'a jamais fait usage que de la droiture et de la simplicité, 165. — Est plus habile et plus persévérant que la défiance, 169. — Prend toutes les formes et met à profit tous les moments, *ibid.*

AUTORITÉ. Tout ce qui outre l'autorité l'affoiblit et la dégrade, 50. — N'est sûre et bien placée qu'entre les mains de ceux qui craignent Dieu, 60. — La protection des foibles est le seul usage légitime du crédit et de l'autorité, 100. — C'est l'usage de l'autorité qui en fait le plus doux plaisir; et le plus doux usage de l'autorité, c'est la clémence et la libéralité qui la rendent aimable, 104. — Tout ce qui rend l'autorité injuste et odieuse, l'énerve et la diminue, 119. — Les variations qui nous ramènent au vrai affermissent l'autorité loin de l'affoiblir, 170.

B.

BIEN. La joie de faire du bien est tout autrement douce et touchante que la joie de le recevoir, 104.

BIENFAIT. Le plaisir de faire du bien nous paie comptant de notre bienfait, 104.

BIENFAITEUR. L'orgueil souffre sans peine que nos bienfaiteurs soient en même temps nos supérieurs et nos maîtres, 120.

BONHEUR. N'est pas attaché à l'éclat du rang et des titres ; il n'est attaché qu'à l'innocence de la vie, 68. — Point de bonheur où il n'y a point de repos, et point de repos où Dieu n'est point, *ibid.*

C.

CALME. Le calme où nous nous croyons le plus en sûreté, si la main de Dieu ne nous y soutient, devient lui-même le gouffre qui nous voit périr sans ressource, 156.

CHRÉTIEN. Il faut être grand ou le devenir pour être chrétien, 53. — Tout chrétien est né grand, parce qu'il est né pour le ciel, *ibid.*

CITOYEN. Le citoyen obscur, en imitant la licence des grands, croit mettre à ses passions le sceau de la grandeur et de la noblesse, 5. — Le citoyen inutile n'est pas moins proscrit par l'Évangile que par la société, 35.

CŒUR. On n'est grand que par le cœur ; et le cœur vide de Dieu n'a plus que le faux et les bassesses de l'homme, 139. — La plaie qui blesse le cœur ne peut trouver son remède que dans le cœur même ; or la religion toute seule porte son remède dans le cœur, 203.

CONNOISSANCES. Les vastes connoissances, empoisonnées par l'orgueil, ont enfanté ces chefs et ces docteurs célèbres de mensonges, qui, dans tous les âges, ont levé l'étendard du schisme et de l'erreur, 140, 141.

CONQUÉRANT. Souvent le conquérant lui-même, s'il est humain, est forcé de verser des larmes sur ses propres victoires, 105. — Le titre de conquérant n'est écrit que sur le marbre; le titre de père du peuple est gravé dans les cœurs, 106. — Les conquérants ne sont bien souvent entre les mains de Dieu que des instruments de colère dont il se sert pour châtier les péchés des peuples, 261.

Conquêtes. Les plus glorieuses sont celles qui nous gagnent les cœurs, 18. — La gloire des conquêtes est toujours souillée de sang, 105. — L'appareil qui environne la gloire des conquêtes est funeste et lugubre, *ibid*.

Conscience. Une conscience que rien n'alarme voit le péril de sang-froid, et l'affronte courageusement dès que le devoir l'y appelle, 277.

Conseils. Les conseils agréables sont rarement des conseils utiles, 28.

Cour. *Voyez* Ville.

Courtisans. C'est le goût du prince qui décide presque toujours pour eux de la vérité et du mérite, 192. — Leur religion est toute, pour ainsi dire, sur le visage du maître, *ibid*. — N'ont rien de plus fixe dans leur culte que les caprices et les passions de l'idole qu'ils adorent, *ibid*. — Les railleries du maître deviennent bientôt des blasphèmes dans la bouche du courtisan, 193.

D.

Débauche. A toujours été l'écueil inévitable de l'élévation, 24.

Décorations. Ces décorations si magnifiques qui nous éblouissent, et qui embellissent nos histoires, cachent souvent les personnages les plus vils et les plus vulgaires, 145.

Défiance. C'est presque toujours notre propre obliquité qui nous instruit à la défiance, 165.

Délassement. Tout est délassement pour un cœur innocent, 77.

Délateur. D'ordinaire le délateur découvre plus ses propres vices que les vices de son frère, 166.

Délations. Les délations secrètes se proposent plus le renversement de la fortune d'autrui que le règlement de ses mœurs, 166.

Diadème. Le diadème qui orne le front auguste des rois n'est souvent armé que de pointes et d'épines qui le déchirent, 70.

Dieu. Exigera plus de ceux à qui il aura plus donné, 47, 48. — Ne prend pas sous sa protection ceux qui ne vivent pas sous ses ordres, 51. — La chair et le sang ne donnent aucun droit au royaume de Dieu, 53. — Dieu seul peut suffire à un cœur qui n'est fait que pour lui seul, 84. — Toute puissance vient de Dieu, et tout ce qui vient de Dieu n'est établi que pour l'utilité des hommes, 90. — Si Dieu élève quelques hommes, c'est pour être l'appui et la ressource des autres, *ibid.* — Se décharge sur les heureux du soin des foibles et des petits, *ibid.* — Dieu n'est point avec nous dans les situations qu'il ne demande pas de nous, 156. — La loi de Dieu ne doit-elle pas être écrite sur le front du souverain comme la première loi de l'empire? 160. — Dieu, qui ne veut pas que notre cœur s'attache où notre trésor et notre bonheur ne se trouvent point, fait quelquefois du plus haut point de notre élévation le premier degré de notre décadence, 202. — Lui seul ne change point, et seul a de quoi fixer les agitations et les désirs insatiables du cœur humain, 261.

E.

Église. Les troubles de l'église ne sont jamais loin de ceux de l'état, 57. — Ne doit compter sur rien dans un empire où le gouvernement n'a rien de fixe, 157.

Élévation. Plus l'élévation semble nous donner de licence par l'autorité, plus elle nous en ôte par les bienséances, 4. (Sallust.) — L'élévation, qui blesse déjà l'orgueil de ceux qui nous sont soumis, les rend des censeurs plus sévères et plus éclairés de nos vices, 23. — On est moins touché de son élévation quand on est né pour être grand, 93. — Quiconque est ébloui de ce degré éminent où la naissance et la fortune l'ont placé, n'étoit pas fait pour monter si haut, *ibid.* — S'il y a quelque chose de flatteur dans l'élévation, c'est d'y pouvoir devenir, en servant Dieu, la source des biens publics, 255.

Éloges. Les éloges mercenaires, loin d'immortaliser la gloire des princes, n'immortalisent que la bassesse, l'intérêt et la lâcheté de ceux qui ont été capables de les donner, 124.

Empires. Les gens de bien sont la seule source du bonheur et de la prospérité des empires, 59. — Ne peuvent se soutenir que par l'équité des mêmes lois qui les ont formés, 187.

Émulation. Il y a une noble émulation qui mène à la gloire par le devoir, 34. — Comme l'émulation donne des sujets illustres aux empires, il faut que les récompenses excitent l'émulation, 144.

Enfants. Les enfants des hommes illustres sont d'ordinaire les successeurs du rang et des honneurs de leurs pères, et ne le sont pas de leur gloire et de leurs vertus, 24. — Héritiers d'un grand nom, il leur paroît inutile de s'en faire un à eux-mêmes, 25. — Goûtent les fruits d'une gloire dont ils n'ont pas goûté l'amertume, 25. — Le sang et les travaux de leurs ancêtres deviennent le titre de leur mollesse et de leur oisiveté, *ibid.* — La nature a tout fait pour eux; elle ne laisse rien à faire au mérite, *ibid.* — Les enfants de la gloire et de la magnificence sont rarement les enfants de la sagesse et de la vertu, *ibid.*

ÉQUITÉ. On aime le devoir et l'équité lorsqu'il est utile ou glorieux de se déclarer pour elle, 184.

ÉTAT. Tout reprend sa place dans un état où les grands et le prince surtout, adorent le Seigneur, 6. — Nul n'est à sa place dans un état où le prince ne juge pas par lui-même, 154. — Les états où la multitude gouverne, et ceux où elle partage la puissance avec le souverain, sans cesse exposés à des révolutions, se départent aussi facilement des lois, que du culte de leurs pères, 157. — Ce qui met l'ordre dans l'homme peut seul le mettre dans les états, 165.

ÉTAT. (condition.) Si quelqu'un devoit être honteux de son état, seroit-ce le pauvre qui le souffre, ou le grand qui en abuse? 96. — Les devoirs changent avec l'état; plus il est élevé, plus ils se multiplient, 150.

ÉVANGILE. Il y a dans les maximes de l'Évangile une noblesse et une élévation où les cœurs vils et rampants ne sauroient atteindre, 53. — Quoique l'Évangile propose à tous la même doctrine, il ne propose pas à tous les mêmes règles, 150.

F.

FEMME. Une femme mondaine, et tout occupée de plaire, répand sur tout son domestique un air de licence et de mondanité , 228. — La maison d'une femme mondaine devient un écueil d'où l'innocence ne sort jamais entière , *ibid.*

Fier. C'est être foible et timide que d'être inaccessible et fier , 95.

Fierté. La fierté, qui d'ordinaire est le vice des grands, ne devroit être que comme la triste ressource de la roture et de l'obscurité , 91. — Prend sa source dans la médiocrité, où n'est plus qu'une ruse qui la cache , 93. — Est une preuve certaine qu'on perdroit en se montrant de trop près , *ibid.* — On couvre de la fierté des défauts ou des foiblesses , que la fierté trahit et manifeste elle-même, *ibid.* — Une sainte fierté sied bien à la vérité, 162.

Flatteur. Traite le remords de foiblesse , enhardit la timidité du crime, 26. — Il n'y a pas loin de la mauvaise foi d'un flatteur à celle d'un rebelle, 31.

Foi. Est le seul point qui peut fixer l'esprit humain, 191. — Nous laisse tout le mérite de la fermeté, et ne veut pas même en avoir l'honneur devant les hommes , 204. — Sacrifie à Dieu seul les sentiments de la nature , et ne veut, pour témoin de son sacrifice , que celui seul qui peut en être le rémunérateur , *ibid.* — Elle seule donne de la réalité à toutes les autres vertus parce qu'elle seule en bannit l'orgueil qui les corrompt, ou qui n'en fait que des fantômes, *ibid.*

Foiblesse. C'est une foiblesse de n'oser reculer, quand on sent qu'on nous a fait faire une fausse démarche , 170.

Fortune. La passion, le dieu des grands , c'est la fortune, 184.

Foule. La foule n'a point d'autre loi que les exemples de ceux qui commandent , 4.

Fraude. On est moins en garde contre la fraude et l'artifice, quand on n'a fait usage que de la droiture et de la simplicité, 165.

G.

GLOIRE. Il est presque plus rare de soutenir la gloire et les honneurs auxquels on succède, que de les acquérir soi-même, 25. — Le devoir tout seul peut nous mener à la gloire, 37. — Celle qu'on doit aux bassesses et aux intrigues de l'ambition porte toujours avec elle un caractère de honte qui nous déshonore, *ibid.* — La gloire de l'homme injuste ne descendra pas avec lui dans le tombeau, 52. — La gloire des conquêtes est toujours souillée de sang, 105. — C'est le carnage et la mort qui nous conduit à la gloire des conquêtes ; et il faut faire des malheureux pour se l'assurer, *ibid.* — Il faut mettre les hommes dans les intérêts de notre gloire, si nous voulons qu'elle soit immortelle, 120. — La gloire qui doit finir avec nous est toujours fausse. Elle étoit donnée à nos titres plus qu'à nos vertus, 123. — La plupart des hommes perdent la gloire en la cherchant, et croient l'avoir trouvée quand on donne à leur vanité les louanges qui ne sont dues qu'à la vertu, 131. — Ce sont souvent les plus vils ressorts qui nous font marcher vers la gloire ; et presque toujours les voies qui nous y ont conduits nous en dégradent elles-mêmes, 145. — La droiture du cœur, la vérité, l'innocence et la règle des mœurs, l'empire sur les passions, voilà la véritable grandeur, et la seule gloire réelle que personne ne peut nous disputer, 145, 146. — Tant que vous n'aurez que cette gloire où le monde aspire, le monde vous la disputera : ajoutez-y la gloire de la vertu, le monde la craint et la fuit ; mais le monde pourtant la respecte, 200. — La gloire des hommes, montée à son plus grand éclat, s'attire, pour ainsi dire, à elle-même des nuages, 202.

GLORIEUX. Il est encore plus glorieux d'avouer sa surprise que de n'avoir pas été surpris, 170.

GRAND. Nous n'avons de grand que ce qui nous vient de Dieu, 111. — Quand il ne faut être grand que certains moments, la nature ramasse toutes ses forces, et l'orgueil, pendant un peu de temps, peut suppléer à la vertu, 208. — On peut-être quelquefois plus fort ou plus heureux que ses ennemis; mais qu'il est grand d'être toujours plus fort que soi-même ! *ibid.*

GRANDEUR. La même grandeur qui favorise les passions les contraint et les gêne, 4. — Qu'on est à plaindre dans la grandeur! Les passions qui s'usent par le temps s'y perpétuent par les ressources, 13. — L'humanité envers les peuples est l'usage le plus délicieux de la grandeur, 90.

GRANDS. Leurs exemples roulent sur cette alternative inévitable : ils ne sauroient ni se perdre ni se sauver tout seuls, 3. — Ne semblent nés que pour les autres, 4. — Le même rang qui les donne en spectacle les propose pour modèles, *ibid.* Leurs mœurs forment bientôt les mœurs publiques, *ibid.* — Leur vie se reproduit pour ainsi dire dans le public, *ibid.* — Si leurs vices trouvent des censeurs, c'est d'ordinaire parmi ceux-mêmes qui les imitent, *ibid.* — Les exemples de dissolution dans les grands, en autorisant le vice, en ennoblissent la honte et l'ignominie, et lui ôtent ce qu'il a de méprisable aux yeux du public, 5. — Leurs passions deviennent bientôt dans les autres de nouveaux titres d'honneur, *ibid.* — Veulent être applaudis, 8. — On est sûr de leur plaire dès qu'on s'étudie a leur ressembler, *ibid.* — Sont ravis de trouver dans leurs imitateurs l'apologie de leurs vices, *ibid.* — Cherchent avec complaisance dans tout ce qui les environne de quoi se rassurer contre eux-mêmes, 8. — Leur exemple corrompt tous ceux que leur autorité leur soumet, *ibid.* — Répandent leurs mœurs en distribuant leurs grâces, *ibid.* — Les imitateurs des passions des grands insultent à leurs vices en les imitant, 9. — Tiennent ici-bas la place de Dieu, 10. — Si un amour outré de la gloire enivre les grands, tout leur souffle la désolation et la guerre, 11. — Sont en spectacle à tout l'univers, 13. — Rien n'est privé dans leur vie; tout appartient au public, *ibid.* — Ils vont se faire des imitateurs jusque dans les lieux où leur puissance leur forme des ennemis, *ibid.* — Le monde entier se sent de leurs vertus ou de leurs vices, *ibid.* — Sont citoyens de l'univers, *ibid.* — Sont chargés devant Dieu de la justice ou des iniquités des nations, 14. — Leurs vices ou leurs vertus ont des bornes encore plus étendues que celles de leur empire, *ibid.* — Ce n'est pas seulement aux hommes de leur siècle que les grands sont redevables ; leurs exemples ont un caractère de perpétuité qui intéresse tous les siècles à venir, 15. — Les dissolutions des grands ne meurent point; leurs exemples prêcheront encore le vice ou la vertu à nos plus reculés neveux, *ibid.* — Les regards des grands trouvent partout des crimes qui les attendent, 22. — Rien ne coûte et rien ne s'oppose aux passions des grands, *ibid.* — Ne font pas assez de cas des hommes pour redouter leurs censures, 23. — Les hommages publics qu'on leur rend, les rassurent sur le mépris secret qu'on a pour eux, *ibid.* — Ne craignent pas un public qui les craint et qui les respecte, *ibid.* — La distance qu'il y a d'eux au peuple le leur montre dans un point de vue si éloigné, qu'ils le regardent comme s'il n'étoit pas, *ibid.* — Presque toujours devenus les seuls objets de la censure publique, ils sont les seuls qui l'ignorent, 23. — Plus on est grand plus on est redévable au public, *ibid.* — Les grands se croient tout permis, et on ne pardonne rien aux grands, *ibid.* — Vivent comme s'ils n'avoient point des spectateurs, et cependant ils sont tout seuls comme le spectacle éternel du reste de la terre, 23, 24. — Leurs ancêtres ont travaillé pour eux, 24. — Se reposent de leur élevation sur leurs titres; tout le reste est pour les passions, *ibid.* — L'histoire des crimes et des excès des grands est en même temps l'histoire de leurs malheurs et de leur décadence, 52. — Là nature toute seule a environné leur âme d'une garde d'honneur et de gloire, 54. — Les premiers penchants dans les grands sont pour la vertu, et ils dégénèrent dès qu'ils les tournent en vice, *ibid.* — Plus on est grand, plus on vit malheureux si l'on ne vit point avec Dieu, 68. — Loin d'être les plus heureux, ne sont que les tristes témoins qu'on ne peut l'être sans la vertu, 70. — Un grand voluptueux est plus malheureux et plus à plaindre que le dernier et le plus vil d'entre le peuple, 71. — Au grand rien ne suffit, parce qu'il peut prétendre à tout, 73. — Ses désirs croissent avec sa fortune; tout ce qui est plus élevé que lui le fait paroître petit à ses yeux, *ibid.* — Il est moins flatté de laisser tant d'hommes derrière lui, que rongé d'en avoir encore qui le précèdent; il ne croit rien avoir s'il n'a tout, *ibid.* — Son âme est toujours aride et altérée; et il ne jouit de rien si ce n'est de ses malheurs et de ses inquiétudes, *ibid.* — Jaloux de la réputation d'autrui, la gloire qui ne leur appartient pas est pour eux comme une tache qui les flétrit, et qui les déshonore, *ibid.* — Jaloux des grâces qui tombent à côté d'eux, il semble qu'on leur arrache celles qui tombent sur les autres, *ibid.* — Jaloux de la faveur, on est digne de leur haine et de leur mépris, dès qu'on l'est de l'amitié et de la confiance du maître, 73, 74. — Jaloux même des succès glorieux à l'état, la joie publique est souvent pour eux un chagrin secret et domestique, 74. — Ne savent user sagement ni de la santé, ni des biens, ni des maux, inséparables de la condition humaine, 75. — Loin de la cour, ils croient vivre dans un triste exil ; sous les yeux du maître, ils se plaignent sans cesse de l'assujettissement des devoirs et de la contrainte des bienséances, *ibid.* — Ne peuvent porter ni la tranquillité d'une condition privée, ni la dignité d'une vie publique, *ibid.* — Tout est déjà usé pour eux à l'entrée même de la vie, 77. — Les grands, séparés de Dieu, ne sont plus que les tristes jouets de leurs passions, des événements et de toutes les choses humaines, 83. — Sont comme les témoins illustres de l'insuffisance des créatures, et de la nécessité d'un Dieu et d'une religion sur la terre, 83, 84. — Eux seuls prouvent au reste des hommes qu'il ne faut attendre de bonheur ici-bas, que dans la vertu et dans l'innocence, 84. — Ne jouissent proprement de leur grandeur, qu'autant qu'ils la rendent utile aux autres hommes, 89. — Seroient inutiles sur la terre, s'il ne s'y trouvoit des pauvres et des malheureux, 90. — Ne doivent leur élévation qu'aux besoins publics, *ibid.* Loin que les peuples soient faits pour eux, ils ne sont eux-mêmes tout ce qu'ils sont que pour les peuples, *ibid.* — Tout ce qu'il y a de réel dans leur grandeur, c'est l'usage qu'ils en doivent faire pour ceux qui souffrent, *ibid.* — Perdent le titre qui les fait grands, dès qu'ils ne veulent l'être que pour eux-mêmes, 91. — Mérite-t-on le nom de grand, quand on ne sait pas même sentir ce que valent les hommes ? 95. — A force d'être honorés, ils sont fatigués des honneurs qu'on leur rend, 96. — L'humeur est-elle donc le privilége des grands, pour être l'excuse de leurs vices? 97. — Sont comme le canal de communication, et le lien des peuples avec le souverain, 98. — La prospérité des grands qui ont été les oppresseurs du peuple, n'a jamais porté que la honte, l'ignominie et la malédiction à leurs descendants, 99. — Il semble que la grandeur leur donne un autre cœur, plus dur et plus insensible que celui du reste des hommes, 102. — Si leurs titres sont leurs uniques vertus; s'il faut rappeler les siècles passés pour les trouver dignes de nos hommages; leur naissance les avilit et les déshonore, même selon le monde, 111. — Se croient au-dessus des autres hommes, parce qu'il leur reste plus de débris domestiques de la rapidité des temps, 112. — Le premier écueil de la piété des grands, est de les retirer des soins publics et de les renfermer en eux-mêmes, 152. — Comme l'indolence et l'amour du repos est le vice ordinaire des grands, il devient encore plus dangereux et plus incorrigible quand ils le couvrent du prétexte de la vertu, *ibid.* — Les fonctions essentielles aux grands ne sont pas la prière et la retraite; elles doivent les préparer aux soins publics et non les en détourner, 155. — Tout doit être grand dans la piété des grands, 159. — C'est la piété elle-même qui ouvre souvent leurs oreilles à la malignité de la calomnie, 166. — Plus ils aiment la vertu, plus aisément on leur rend suspects de dissolution et de vice, ceux qu'une basse jalousie a intérêt de perdre, *ibid.* — Tout zèle qui cherche à nuire, doit leur être suspect, *ibid.* — Les grands comptent le reste des hommes pour rien, et ne croient être nés que pour eux-mêmes, 194. — Si la piété des grands est glorieuse à la religion, c'est la religion toute seule qui fait la gloire véritable des grands, 210. — De tous leurs titres le plus honorable, c'est la vertu, *ibid.* — La mort est presque toujours l'écueil et le terme fatal de leur gloire, 212. — Les vaines louanges, dont on les avoit abusés pendant leur vie, descendent presque aussitôt avec eux dans l'ombre du tombeau, *ibid.* — Sont proprement le jouet des passions des hommes, 213. — Leur gloire n'a point de consistance assurée, et elle augmente ou diminue avec les intérêts de ceux qui les louent, *ibid.* — Ne vivent point pour leur siècle seul, ils vivent pour les siècles à venir, et la durée de leur scandale n'a point d'autres bornes que celle de leur nom, 231.

GUERRE. Est le plus grand fléau dont Dieu puisse affliger un empire, 12. — Dans les guerres les plus justes, les victoires traînent toujours après elles autant de calamités pour un état que les plus sanglantes défaites, *ibid.* — C'est la vanité des grands qui les allume et qui les éternise sur la terre, 194. — La guerre même est une manière de culte religieux, 261.

H.

HÉRÉSIE. Se fortifie au milieu de la confusion des lois et de la foiblesse de l'autorité, 157. — Doit toujours sa naissance ou son progrès aux troubles et aux dissensions publiques, *ibid.* — Les règnes les plus foibles et les plus agités, ont toujours été les règnes funestes de son accroissement et de sa puissance, *ibid.*

HÉROS. C'est le hasard qui fait les héros; c'est une valeur de tous les jours qui fait le juste, 163. — Où sont les héros, dont la malignité, et peut-être la vérité, ne fasse des hommes ? 200. — Le bonheur ou la témérité ont pu faire des héros ; mais la vertu toute seule peut former de grands hommes, 207. — La grâce a ses héros, qui ne doivent rien à ceux que les siècles passés ont admirés, 278.

HEUREUX. Les heureux du monde n'en sont, pour ainsi dire, que les premiers martyrs, 84. — Qu'on est digne de mépris, dit saint Ambroise, quand on peut faire des heureux et qu'on ne le veut pas ! 101.

HISTOIRE. L'histoire des états et des empires, n'est-elle-même que l'histoire de la fragilité et de l'inconstance des choses humaines, 202. — Que sont les histoires des états et des empires, qu'un petit reste de noms et d'actions échappé de cette foule innombrable qui, depuis la naissance des siècles, est demeurée dans l'oubli ! 213.

HOMMES. Les hommes ordinaires ne semblent naître que pour eux seuls ; leurs vices ou leurs vertus sont obscurs comme leurs destinées, 3. — Les vices ou les vertus des hommes du commun meurent d'ordinaire avec eux ; leur mémoire périt avec leur personne, 15. — L'homme est né pour le ciel ; il porte écrits dans son cœur les titres augustes et ineffaçables de son origine ; il peut les avilir, mais il ne peut les effacer, 69. — Tout ce qui altère son union avec Dieu le rend irréconciliable avec lui-même, *ibid.* — Rien ne révolte plus les hommes d'une naissance obscure et vulgaire que la distance énorme que le hasard a mis entre eux et les grands, 91. — Les plus grands hommes ont toujours été les plus affables, 93. — Si les hommes se donnoient des maîtres, ce ne seroit ni les plus nobles ni les plus vaillants qu'ils choisiroient ; ce seroit les plus tendres, les plus humains, des maîtres qui fussent en même temps leurs pères, 107. — Les hommes croient être libres quand ils ne sont gouvernés que par les lois, 119. — Il faut être utile aux hommes pour être grand dans l'opinion des hommes, 119. Il faut mettre les hommes dans les intérêts de notre gloire, si nous voulons qu'elle soit immortelle ; et nous ne pouvons les y mettre que par nos bienfaits, 120. —Tous les hommes sont vains et n'agissent presque que pour eux, *ibid.*—D'ordinaire ils n'aiment pas à donner en pure perte des louanges qui les humilient et qui sont des aveux publics de la supériorité qu'on a sur eux, *ibid.* — La honte et l'opprobre seroient le prix de la vertu devant les hommes, qu'elle n'en paroîtroit que plus belle et plus glorieuse à l'homme de bien, 136. — La vie même de l'homme de bien seroit en péril, qu'il ne voudroit pas la racheter aux dépens de sa vertu, *ibid.* — Le secret et l'impunité ne sont pas pour l'homme de bien des attraits pour le vice, puisque Dieu est le seul témoin qu'il craint, *ibid.* — Il n'y a de grand dans les hommes que ce qui vient de Dieu, 145. — Tout ce que les hommes ne trouvent que dans eux-mêmes est sali, pour ainsi dire, par la même boue dont ils sont formés, *ibid.* — L'homme public n'est point vertueux, s'il n'a que les vertus de l'homme privé, 152. — L'homme vertueux tout seul a droit d'aller la tête levée, et de défier la prudence timide et incertaine de l'homme trompeur, 162. — L'homme de bien est capable de tout, dès qu'il a pu se mettre par la foi au-dessus de tout, 163. — Les hommes pour excuser leurs vices, cherchent à décrier la vertu, 165. — Le bonheur ou la témérité ont pu faire des héros ; mais la vertu toute seule peut former des grands hommes, 207. — Imitent toujours le mal avec plaisir, mais surtout lorsque de grands exemples le leur proposent, 226. — Que sont les hommes sur la terre? des personnages de théâtre, 271.

Humanité. L'humanité envers les peuples est le premier devoir des grands, 90. — L'humanité envers les peuples est l'usage le plus délicieux de la grandeur, *ibid.*

Hypocrisie. Se trahit toujours par quelque endroit, 10, 11. — Est du moins un hommage que le vice rend à la vertu, en s'honorant même de ses apparences, 11.

Hypocrite. Prend souvent auprès des grands la place de l'homme de bien, 167.

I.

Imitation. L'imitation est de tous les applaudissements le plus flatteur et le moins équivoque, 8.

Impie. Son élévation lui creuse elle-même son précipice, 51. — La fin de l'impie est presque toujours sans honneur, *ibid.* — La prospérité des impies n'a jamais passé à leurs descendants, 52.

Incrédulité. Est le vice des esprits foibles et bornés, 65.

Ignorer. C'est tout ignorer que de vouloir tout connoître, 65.

Ingrats. Nos bienfaits ne sauroient faire des ingrats de ceux que le devoir tout seul nous attache, 60.

Injustice. L'injustice a bien pu détrôner des souverains, mais elle n'a jamais affermi les trônes, 187.

J.

Jalousie. De toutes les passions que les hommes opposent à la vérité, la jalousie est la plus dangereuse parce qu'elle est la plus incurable, 177. — Est un vice qui mène à tout parce qu'on se le déguise toujours à soi-même, *ibid.* — Est l'ennemi éternel du mérite et de la vertu, *ibid.* — Tout ce que les hommes admirent l'enflamme et l'irrite,

177. Ne pardonne qu'au vice et à l'obscurité, *ibid.* — Il faut être indigne des regards publics pour mériter ses égards et son indulgence, *ibid.* — Tous les traits les plus odieux semblent se réunir dans un cœur où domine cette passion injuste, 178. — Est le vice et comme la contagion universelle des cours, *ibid.* — Est souvent la première source de la décadence des empires, 178, 179. — Il n'est point de bassesse que cette passion, ou ne consacre ou ne justifie, 179. — Elle éteint même les sentiments les plus nobles de l'éducation et de la naissance, *ibid.* — Dès que ce poison a gagné le cœur, on trouve des âmes de boue où la nature avoit d'abord placé des âmes grandes et bien nées, *ibid.* — Cette passion amère est comme une frénésie qui change tous les objets à nos yeux, 180.

Jaloux. La langue du jaloux flétrit tout ce qu'elle touche, 181.

Joie. Il faut moins de joie au dehors à celui qui la porte déjà dans le cœur, 78. — La joie de faire du bien est tout autrement douce et touchante que la joie de le recevoir, 104. — La joie de faire du bien est un plaisir qui ne s'use point; plus on le goûte, plus on se rend digne de le goûter, *ibid.*

Joug. On ne respecte guère le joug des puissances quand on est parvenu à secouer le joug de la foi, 57. — Tout est un joug pesant, à quiconque veut vivre sans joug et sans règle, 75.

Juste. La fortune du juste peut changer; mais sa vertu ne changera point avec sa fortune, 136. — Tous ceux qui en portent le nom devant les hommes, n'en ont pas le mérite devant Dieu, 137. — Le juste peut tomber; mais la vertu seule peut le défendre ou le relever de ses chutes, *ibid.* — C'est le hasard qui fait les héros ; c'est une valeur de tous les jours qui fait le juste, 163.

L.

Liberté. La liberté que les princes doivent à leurs peuples, c'est la liberté des lois, 117.

Lois. Les lois qui ont pourvu à la défense des foibles, ne suffisent pas pour les mettre à couvert de l'injustice et de l'oppression, 98. — La misère ose rarement réclamer les lois établies pour la protéger, *ibid.* — Le crédit souvent leur impose silence, *ibid.* — Ce n'est pas le souverain, c'est la loi qui doit régner sur les peuples, 118. — C'est la loi qui doit régler l'usage de l'autorité, *ibid.* — C'est par elle que l'autorité n'est plus un joug pour les sujets, mais une règle qui les conduit, 118, 119. — Les hommes croient être libres quand ils ne sont gouvernés que par les lois, 119. Les princes deviennent moins puissants dès qu'ils veulent l'être plus que les lois, *ibid.* — L'observance des lois de l'état doit préparer les voies à celles de l'Évangile, 157. — La loi de Dieu est toute la force et toute la sûreté des lois humaines, 186.

Louanges. Les louanges que nous donnons aux autres, se rapportent toujours par quelque endroit à nous-mêmes, 120. — C'est l'intérêt ou la vanité qui en sont les sources secrètes, *ibid.* — L'admiration secrète et les louanges réelles et sincères, on ne les donne qu'à la vertu et à la vérité, 207.

Lumière. On marche avec bien plus de sécurité, quand on ne veut marcher que dans la lumière, 162.

M.

Maitres. Quiconque flatte ses maîtres les trahit, 31. — La perfidie qui les trompe est aussi criminelle que celle qui les détrône, *ibid.* — La vérité est le premier hommage qu'on leur doit, *ibid.* — Si les hommes se donnoient des maîtres, ce ne seroit ni les plus nobles ni les plus vaillants qu'ils choisiroient ; ce seroit les plus tendres, les plus humains, des maîtres qui fussent en même temps leurs pères, 107.

Malheureux. Il semble que plus on est à portée de soulager des malheureux, moins on est touché de leurs misères, 102.

Mérite. N'a rien qui lui ressemble moins que l'orgueil, 93. — Dans un état où le prince ne juge pas par lui-même le mérite est négligé, parce qu'il est, ou trop modeste pour s'empresser, ou trop noble pour devoir son élévation à des sollicitations et à des bassesses, 139.

Ministres. Les ministres qui ont outré la puissance des rois, l'ont toujours affoiblie, 187.

Moeurs. Les mœurs des princes et des grands forment bientôt les mœurs publiques, 4. — La règle des mœurs est le premier principe de la félicité et de l'affermissement des empires, 117. — Les mœurs souffrent toujours de la foiblesse des lois, 157.

Monde. Le monde, toujours inexplicable, a de tout temps attaché également de la honte et au vice et à la vertu, 4. — Il donne du ridicule à l'homme juste; il perce de mille traits l'homme dissolu, *ibid.* — Les passions et les œuvres saintes fournissent la même matière à ses dérisions et à ses censures, *ibid.* — A trouvé le secret de rendre en même temps et le vice méprisable et la vertu ridicule, 5. — Favorise les passions, et il impose pourtant des bienséances qui les gênent, 22, 23. — Fait des leçons publiques du vice et de la volupté, et il exige pourtant le secret et une sorte de ménagement de ceux qui s'y livrent, 23. — Le monde qui semble mépriser la vertu, n'estime et ne respecte pourtant qu'elle, 207.

Mort. On craint bien moins la mort quand on est tranquille sur les suites, 277.

Mourir. Pour ne mourir jamais, même devant les hommes, il faut avoir vécu selon Dieu, 212.

N.

Naissance. Une haute naissance n'est qu'un titre, ce n'est pas une vertu : c'est un engagement à la gloire ; ce n'est pas elle qui la donne, 112. — Elle manque et s'éteint en nous, dès que nous héritons du nom sans hériter des vertus qui l'ont rendu illustre. La noblesse n'est plus que pour notre nom, et la roture pour notre personne, 112, 113.

O.

Orgueil. Est toujours l'écueil fatal de toutes les vertus, 29. — Plus l'orgueil est excessif, plus l'humiliation est amère, 74. — On fait de l'orgueil le supplément du mérite, et on ne sait pas que le mérite n'a rien qui lui ressemble moins que l'orgueil, 93. — L'orgueil lui-même se lasse des hommages, 102. — C'est un mauvais orgueil de croire qu'on ne peut avoir tort, 169.

P.

Passions. La même grandeur qui favorise les passions les contraint et les gêne, 4. — Les passions, déjà si favorisées par nos penchants, trouvent encore dans l'espoir de la récompense un nouvel attrait qui les anime, 8. — Les passions qui s'usent par le temps, se perpétuent dans la grandeur par les ressources, 13 ; *voyez* GRANDS. — Les passions qui nous éloignent de Dieu, nous rendent toujours injustes et odieux aux hommes, 50. — Il en doit moins coûter de vaincre les passions, à ceux qui sont nés pour remporter des victoires, 54. — Font tous nos malheurs ; et tout ce qui les flatte et les irrite augmente nos peines, 70, 71. — C'est sur le cœur des grands qui vivent dans l'oubli de Dieu, qu'elles exercent un empire plus triste et plus tyrannique, 74. — Tout ce qui augmente nos passions multiplie nos peines, 84. — Les passions peuvent nous placer bien haut, mais il n'y a que la vertu qui nous élève au-dessus de nous-mêmes, 163. — Il est bien plus aisé de conquérir des provinces et de dompter des peuples, que de dompter une passion, 207. — Rien ne me paroît si héroïque, ou si digne du cœur, que cet empire qu'a l'homme de bien sur toutes ses passions, 278.

PATRIE. On sert mal la patrie, quand on la sert aux dépens des règles saintes, 186, 187. — Les mœurs ou les motifs qu ne déshonorent que la personne, ne doivent pas ternir des succès qui ont honoré la patrie, 144.

PEUPLES. Le premier penchant des peuples est d'imiter les rois, 3. — Heureux le peuple qui trouve ses modèles dans ses maîtres, 7. — L'innocence de la joie et de la sérénité n'est que pour le peuple, 97, 98. — Ce sont les peuples tout seuls qui donnent aux grands le droit qu'ils ont d'approcher du trône, 99. — C'est pour les peuples tout seuls que le trône lui-même est élevé, *ibid*. — Les grands et le prince ne sont, pour ainsi dire, que les hommes du peuple, *ibid.*

Peuples. L'amour des peuples a toujours été la gloire la plus réelle et la moins équivoque des souverains, 105. — N'aiment guère dans les souverains, que les vertus qui rendent leur règne heureux, *ibid.* — Le titre de conquérant n'est écrit que sur le marbre; le titre de père du peuple est gravé dans les cœurs, 106. — Ce n'est pas le souverain, c'est la loi qui doit régner sur les peuples, 118. — Ce sont les peuples qui assurent toujours la gloire et la grandeur du souverain, 121. — Sont d'ordinaire la victime de l'ambition des princes et des rois, 193. — Le peuple regarde comme un bon air de marcher sur les traces des grands, 226. — Le plus grand crime des peuples, c'est la science des mœurs des grands et de leurs usages, 227.

Philosophie. Notre sainte philosophie n'est pas insensible aux peines; mais elle est supérieure à la douleur, 204.

Piété. Est en honneur dès qu'elle a de grands exemples pour elle, 6. — La piété véritable n'est pas une profession de pusillanimité et de paresse, 34. — La piété véritable est l'ordre de la société, 151. — Fait de l'état où Dieu nous a placés l'unique voie de notre salut, *ibid.* — Ne met pas une perfection chimérique dans des œuvres que Dieu ne demande pas de nous, *ibid.* — Ne sort pas de l'ordre de ses devoirs pour s'en faire d'étrangers, *ibid.* — Regarde comme des vices les vertus qui ne sont pas de notre état, *ibid.* — Il y a une piété, pour ainsi dire, propre de chaque état, 152. — Le premier écueil de la piété des grands, est de les retirer des soins publics et de les renfermer en eux-mêmes, *ibid.* — Une piété oisive et retirée ne sanctifie pas le souverain; elle l'avilit et le dégrade, 156. — Tout doit être grand dans la piété des grands, 159. — La piété véritable élève l'esprit ; ennoblit le cœur, affermit le courage, 163. — A ses erreurs comme le vice, 165. — La véritable piété, ou ne croit pas facilement le mal, ou, loin de le publier, le cache du moins et l'excuse, 220. — Rien n'est plus rare que la piété environnée de grandeur et de puissance, 220. — Devient comme un bon air pour le peuple, dès que l'exemple des grands l'autorise, 243. — Est déjà elle-même une grandeur d'âme, 278.

PLACES. Plus nos places nous rendent redevables au public, plus elles exigent de vertus publiques, 150.

PLAISIR. Le premier écueil de notre innocence, c'est le plaisir, 21. — Est le premier trait empoisonné qui blesse l'âme, 22. — C'est de lui que coulent ensuite tous les autres vices, *ibid.* — Est le premier écueil des grands, 25. — Corrompt le cœur par le vice, 25, 26. — Les plaisirs doux et permis qu'offre la nature, fades et ennuyeux pour l'homme dissolu, conservent tout leur agrément pour l'homme de bien, 77. — Il n'y a que les plaisirs innocents qui laissent une joie pure dans l'âme, *ibid.* — Le long usage qui endurcit le cœur à tous les plaisirs, le rend tous les jours plus sensible à celui de faire du bien, 104. — Le plaisir de faire du bien nous paie comptant de notre bienfait, *ibid.*

PRINCES. *Voyez* Rois.

PROBITÉ. La probité humaine, sans la crainte de Dieu, est presque toujours fausse, ou du moins n'est jamais sûre, 133.

PROSPÉRITÉ. La prospérité est comme une persécution continuelle contre la foi, 48. — Plus la prospérité multiplie nos plaisirs, plus elle nous en détrompe, 78. — On s'accoutume à sa prospérité propre, et on y devient insensible ; mais on sent toujours la joie d'être l'auteur de la prospérité d'autrui, 104. — Les plus grandes prospérités ont toujours ici-bas des retours à craindre, 202.

Providence. Quelle affreuse providence si toute la multitude des hommes n'était placée sur la terre que pour servir aux plaisirs d'un petit nombre d'heureux qui l'habitent, et qui souvent ne connoissent pas le Dieu qui les comble de bienfaits ! 90.

Puissance. Ne nous fait que des sujets et des esclaves : la vertu toute seule nous rend maîtres des hommes, 202.

R.

Race. Souvent l'époque glorieuse de l'élévation d'une race devient un moment après, elle-même, sous un indigne héritier, le signal de sa décadence et de son opprobre ; 25.

Raison. La raison une fois sortie de la règle, ne trouve plus rien qui l'arrête, 191. — Quand la raison n'a plus de frein, l'erreur aussi n'a plus de bornes, *ibid.*

Récompense. A l'homme vertueux et qui aime l'état, les services tiennent lieu de récompense, 183.

Régner. Ce n'est pas régner de ne vivre que pour soi-même. 72. — Est-il pour les princes une gloire plus pure et plus touchante que celle de régner sur les cœurs ? 105. — On n'est pas digne de régner quand on ne règne pas sur soi-même, 172.

Religion. N'abat et n'amollit point le cœur, elle l'ennoblit et l'élève, 35. — Elle seule sait former de grands hommes, *ibid.* — La religion qui fait les grandes âmes, ne paroît faite que pour elles, 53. — Est la fin de tous les desseins de Dieu sur la terre, 55. — La religion toute seule assure la vertu, parce que les motifs qu'elle nous fournit sont partout les mêmes, 136. — Désavoue les œuvres les plus saintes qu'on substitue aux devoirs, 152. — La religion elle-même n'est-elle pas nécessairement liée à l'ordre public? elle tombe ou s'affoiblit avec lui, 157. — Dès que l'harmonie civile se dément, toute la religion elle-même chancelle, *ibid.* — La religion seule met les princes et les grands à couvert de ces écueils inévitables, et où toute la gloire humaine vient d'ordinaire échouer, 199. — Elève les princes et les grands au-dessus des événements et de l'envie, *ibid.* — Assure aux princes et aux grands après leur mort, la gloire que la malignité leur avoit peut-être refusée pendant leur vie, *ibid.* — Il n'est que la religion qui puisse nous mettre au-dessus des événements, 203. — La religion toute seule porte son remède dans le cœur, *ibid.* — Le monde se vante de faire des heureux; mais la religion toute seule peut nous rendre grands au milieu de nos malheurs mêmes, 205. — Nous élève au-dessus de nos passions; et c'est le plus haut degré où l'homme puisse ici-bas atteindre, *ibid.* — Ne veut pas qu'on désespère, 264.

Repos. Point de bonheur où il n'y a point de repos, et point de repos où Dieu n'est point, 68.

Réputation. C'est de tout temps qu'on a vu la réputation la plus brillante échouer contre les mœurs du héros, 207.

Rois. Quand le ciel les donne au monde, on peut dire que ce sont des bienfaits ou des châtiments publics que sa miséricorde ou sa justice prépare aux peuples, 1. — Leurs exemples roulent sur cette alternative inévitable : ils ne sauroient ni se perdre ni se sauver tout seuls, 3. — Le premier devoir des rois est de donner de saints exemples aux peuples, *ibid.* — Les princes ne semblent nés que pour les autres , 4. — Le même rang qui les donne en spectacle les propose pour modèles , *ibid.* — Leurs mœurs forment bientôt les mœurs publiques, *ibid.* — Leur vie se reproduit, pour ainsi dire, dans le public, *ibid.* — Si leurs vices trouvent des censeurs, c'est d'ordinaire par ceux mêmes qui les imitent, *ibid.* — Dieu ne leur a confié le glaive que pour la sûreté de leurs peuples, et non pour le malheur de leurs voisins, 12. — Doivent rendre leur règne immortel, par la félicité de leurs peuples plus que par le nombre de leurs conquêtes, *ibid.* — Ne doivent pas mesurer sur leur puissance la justice de leurs entreprises, *ibid.* — Tout parle au souverain de sa puissance, et personne n'ose lui montrer même de loin ses foiblesses, 13. — L'amour des sujets est le véritable trésor des souverains, 14. — Ce n'est pas seulement aux hommes de leur siècle que les princes sont redevables, leurs exemples ont un caractère de perpétuité qui intéresse tous les siècles à venir, 15. — Leurs regards trouvent partout des crimes qui les attendent, 22. — Dès qu'ils se livrent aux vices, ne connoissent plus d'autre frein que leur volonté, et leurs passions ne trouvent pas plus de résistance que leurs ordres, *ibid.* — Ne font pas assez de cas des hommes, pour redouter leurs censures, 23. — Les hommages publics qu'on leur rend, les rassurent sur le mépris secret qu'on a pour eux, *ibid.* — Ils ne craignent pas un public qui les craint et qui les respecte, *ibid.* — La distance qu'il y a d'eux au peuple le leur montre dans un point de vue si éloigné, qu'ils le regardent comme s'il n'étoit pas, *ibid.* — Presque toujours devenus les seuls objets de la censure publique, ils sont les seuls qui l'ignorent; *ibid.* — Les princes se reposent de leur élévation sur leurs titres ; tout le reste est pour les passions, 24. — Ce qui flatte les souverains fait d'ordinaire le malheur des sujets, 28. — Un seul sujet fidèle décide souvent de la félicité d'un règne et de la gloire du souverain, 29. — Il ne faut qu'un seul adulateur pour flétrir toute la gloire du prince et faire tout le malheur d'un empire, *ibid.* — Les princes naissent d'ordinaire vertueux, la naissance nous les donne tels qu'ils devroient être ; l'adulation toute seule les fait ce qu'ils sont, 30. — Eux seuls ignorent dans leur état ce qu'eux seuls devroient connoître, *ibid.* — Les discours flatteurs assiégent leur trône, s'emparent de toutes les avenues, et ne laissent plus d'accès à la vérité, *ibid.* — On joue le souverain à force de le respecter : il ne voit plus rien tel qu'il est ; tout lui paroît tel qu'il le souhaite, *ibid.* — Il est aussi criminel d'attenter à la bonne foi des princes qu'à leur personne sacrée, 32. — L'amour des peuples est l'éloge le moins suspect du souverain, 33. — Les bons et les mauvais princes ont été également loués pendant leur vie ; il semble même que les basses flatteries ont été encore plus prodiguées à ces derniers, *ibid.* — Un prince ambitieux passe comme un torrent pour ravager la terre, et non comme un fleuve majestueux pour y porter la joie et l'abondance, 39. — Les princes ne sont grands que parce qu'ils sont les images de la gloire du Seigneur et les dépositaires de sa puissance, 43. — Ils doivent soutenir les intérêts de Dieu, dont ils représentent la majesté, et respecter la religion, qui seule les rend eux-mêmes respectables, *ibid.* 43. — Les princes dominés par les passions, sont toujours des maîtres incommodes et bizarres, 50. — La sagesse et la piété du souverain toute seule peut faire le bonheur des sujets, 51. — Le roi qui craint Dieu est toujours cher à son peuple, 51. — Les trônes et les successions royales ont manqué sous des princes fainéants et efféminés, 52.— Les princes affermissent leur autorité en affermissant l'autorité de la religion, 58. — Les princes ne trouveront d'amis fidèles que ceux qui sont fidèles à Dieu, 60. — Le diadème qui orne le front auguste des rois, n'est souvent armé que de pointes et d'épines qui le déchirent, 70. — Les rois ne sont que les conducteurs des peuples, 72. — Nos annales n'ont pas daigné même compter les années de la vie des rois fainéants ; il semble que n'ayant pas régné eux-mêmes, ils n'ont pas vécu, *ibid.* — Heureux le prince qui ne se propose d'aller à la gloire que par la vertu, 85. — Loin que les peuples soient faits pour eux, ils ne sont eux-mêmes tout ce qu'ils sont que pour les peuples, 90. — Les plus grands rois ont toujours été les plus affables, 93. — Le souverain n'est que le père et le pasteur des peuples, 98, 99. — Les grands et le prince ne sont, pour ainsi dire, que les hommes du peuple, 99. — Que seroit la puissance des rois, s'ils se condamnoient à en jouir tout seuls? une triste solitude, l'horreur des sujets, et le supplice du souverain, 104. — Les grands talents ne les rendent aimables à leurs sujets qu'autant qu'ils les rendent humains et bienfaisants, 105. — L'amour des peuples a toujours été la gloire la plus réelle et la moins équivoque des souverains, *ibid.* — Les peuples n'aiment guère dans les souverains que les vertus qui rendent leur règne heureux, *ibid.* — Est-il pour les princes une gloire plus pure et plus touchante que celle de régner sur les cœurs ? *ibid.* — Un roi cher à une nation valeureuse n'a plus rien à craindre que l'excès de ses prospérités et de ses victoires, 107. — Les souverains ne sauroient rendre leurs sujets heureux qu'en les tenant soumis à l'autorité, et leur rendant en même temps l'assujettissement doux et aimable, 117. — La liberté que les princes doivent à leurs peuples, c'est la liberté des lois, *ibid.* — Ce n'est pas le souverain, c'est la loi qui doit régner sur les peuples, 118. — Le roi n'est que le ministre et le premier dépositaire de la loi, *ibid.* — Les princes deviennent moins puissants, dès qu'ils veulent l'être plus que les lois, 119. — La source de leur puissance est dans le cœur de leurs sujets, *ibid.* — Quelque absolus qu'ils paroissent, ils perdent leur véritable pouvoir dès qu'ils perdent l'amour de ceux qui les servent, *ibid.* — Un prince qui n'a eu que des vertus militaires, n'est pas assuré d'être grand dans la postérité, *ibid.* — Un prince qui n'a eu que des vertus militaires, pourra passer pour un grand conquérant; mais on ne le regardera jamais comme un grand roi, 120, 121. — Ce sont les peuples qui assurent toujours la gloire et la grandeur du souverain, 121. — Pour connoître la grandeur véritable des souverains, il faut la chercher dans les siècles qui sont venus après eux, 124. — On ne compte pour rien les éloges donnés aux souverains pendant leur règne, s'ils ne sont répétés sous les règnes suivants, 124, 125. — Il faut que la vie d'un grand roi puisse être proposée comme une règle à ses successeurs, 125. — Le prince s'égare et se perd par la même voie qui auroit sauvé le sujet, 152. — Le souverain en lui peut devenir très-criminel, tandis que l'homme est irréprochable, *ibid.* — Ce sont les peuples qui, par l'ordre de Dieu, les ont faits tout ce qu'ils sont; c'est à eux à n'être ce qu'ils sont que pour les peuples, 153. — Comme la première source de leur autorité vient de nous les rois n'en doivent faire usage que pour nous, *ibid.* — Un prince établi pour gouverner les hommes doit connoître les hommes, 154. — Une piété oisive et retirée ne sanctifie pas le souverain ; elle l'avilit et le dégrade, 156. — La loi de Dieu ne doit-elle pas être écrite sur le front du souverain, comme la première loi de l'empire? 160. — Lorsque le souverain est ambitieux et médite des entreprises injustes, l'artifice et la mauvaise foi deviennent comme inévitables à ses ministres, 161. — Les princes ne doivent toucher à la religion que pour la protéger et pour la défendre, 167. — Rien n'est plus grand dans le souverain que de vouloir être détrompé et d'avoir la force de convenir soi-même de sa méprise, 169. — Rien n'est plus beau dans le souverain qui ne dépend de personne, que de vouloir toujours dépendre de la vérité, 170, 171. — C'est l'orgueil des rois tout seul qui autorise et enhardit les adulations et les mauvais conseils, 171. — S'il est vrai que ce sont d'ordinaire les adulateurs qui font les mauvais rois, il est encore plus vrai que ce sont les mauvais rois qui forment et multiplient les adulateurs, *ibid.* — C'est servir la gloire du prince que de ne pas servir à ses passions, 185. — Si les princes peuvent compter sur un ami fidèle, il faut qu'ils le cherchent parmi ceux qui les ont assez aimés pour avoir eu le courage d'oser quelquefois leur déplaire, *ibid.* — Sur le point de la religion, tout devient capital dans la bouche d'un souverain ; une simple légèreté va autoriser la licence et l'impiété, ou faire de nouveaux impies, 193. — Un prince qui craint Dieu et qui gouverne sagement ses peuples, n'a plus rien à craindre des hommes, 200. — La gloire toute seule d'un prince auroit pu faire des envieux ; sa piété rendra sa gloire même respectable, *ibid.* — Les victoires les plus éclatantes ne couvrent pas la honte de leurs vices, 207. — Combien de princes vantés pendant leur vie, n'ont pas laissé leur nom à la postérité ! 213. — Qu'ils vivent selon Dieu, et leur nom ne périra jamais de la mémoire des hommes, *ibid.* — Les princes religieux sont écrits en caractères ineffaçables dans les annales de l'univers, *ibid.* — Un prince pieux se démêle toujours de la foule des autres princes dans la postérité, *ibid.* — La gloire d'un prince pieux va même croissant en s'éloignant; et plus les siècles se corrompent, plus il devient un grand spectacle par sa vertu, *ibid. Voyez* MAÎTRES.

S.

SAGESSE. C'est à la sagesse humaine et corrompue à être incertaine et timide, 162. — La sagesse qui vient du ciel nous rend plus décidés et plus tranquilles, *ibid.*

SOUVERAINS. *Voyez* ROIS.

SUCCÈS. Quels sont les succès où les uns ne prêtent au hasard les mêmes événements dont les autres font honneur aux talents et à la sagesse ? 200. — Les bons et les mauvais succès semblent s'être partagé la durée des ans et des siècles, 202.

SUJETS. Le choix des sujets est la première source du bonheur public, et pour les choisir il faut les connoître, 154. *Voyez* PEUPLE.

T.

TALENTS. Les grands talents sont quelquefois les plus dangereux, si la crainte de Dieu ne sait les rendre utiles, 60. — Que sont les grands talents que de grands vices, si, les ayant reçus de Dieu, nous ne les employons que pour nous-mêmes? 139. — Tous les grands talents qui rendent les hommes illustres, s'ils sont donnés aux impies, c'est toujours pour le malheur de leur nation et de leur siècle, 140. — Rien n'est si dangereux pour soi, que les grands talents dont la foi ne règle pas l'usage, 142.

Trône. Qu'a la majesté du trône de plus délicieux que le pouvoir de faire des grâces? 104. — Il est rare que la vérité ait accès auprès du trône, 193.

V.

Vaincre. On est né pour de grandes choses quand on a la force de se vaincre soi-même, 163. — Il en coûte bien moins de remporter des victoires que de se vaincre soi-même, 207.

Valeur. Il n'est point de véritable valeur que celle qui prend sa source dans la religion et dans la piété, 261. — Lorsqu'elle n'est pas à sa place, n'est plus une vertu, 276.

Vanité. On est toujours petit quand on n'est grand que par la vanité, 35. — Presque toujours c'est la vanité qui donne des défenseurs à la vérité, 185.

Vérité. Est le premier hommage qu'on doit à ses maîtres, 31. — On ne tient plus à l'honneur et au devoir dès qu'on ne tient plus à la vérité, qui seule honore l'homme, et qui est la base de tous les devoirs, *ibid.* — Une sainte fierté sied bien à la vérité, 162. — Plus on aime la vérité, plus tout ce qui se couvre de ses apparences peut nous séduire, 165. — Presque toujours c'est la vanité qui donne des défenseurs à la vérité, 185. — On n'est pas digne de soutenir la justice et la vérité, quand on peut aimer quelque chose plus qu'elle, 185. — On ne mérite les réponses de la vérité que lorsque c'est le désir de la connoître qui l'interroge, 190. — C'est dans le cœur de ceux qui parlent et disputent plus sur la religion qu'elle est d'ordinaire plus effacée, *ibid.* — On a déjà trouvé la vérité quand on la cherche de bonne foi, *ibid.* — Il ne faut pour la trouver, ni creuser dans les abîmes, ni s'élever au-dessus des airs ; il ne faut que l'écouter au dedans de nous-mêmes, *ibid.* — Les doutes et les recherches que forme l'orgueil, loin de la rapprocher de nous, ferment les yeux à la lumière, *ibid.* — Elle aveugle les sages et les juges orgueilleux de ses mystères, et ne se communique qu'à ceux qui font gloire d'en être les disciples, *ibid.*

Vertu. Les empires et les monarchies et le monde entier ne subsistera que tant qu'il y aura de la vertu sur la terre, 60. — La honte et l'opprobre seroient le prix de la vertu devant les hommes, qu'elle n'en paroîtroit que plus belle et plus glorieuse à l'homme de bien, 136. — C'a été de tout temps l'injustice du monde, d'attribuer à la vertu les foiblesses de l'homme, 137. — Le juste peut tomber ; mais la vertu seule peut le défendre ou le relever de ses chutes, *ibid.* — Elle seule marche sûrement, parce que les principes sur lesquels elle s'appuie sont toujours les mêmes, *ibid.* — Les occasions ne l'autorisent pas contre le devoir, parce que les occasions ne changent jamais rien aux règles, *ibid.* — La lumière et les regards publics sont pour elle comme la solitude et les ténèbres, *ibid.* — Ne compte les hommes pour rien parce que Dieu seul, qui la voit, doit être son juge, *ibid.* — Tout ce qui trouble l'harmonie publique est un excès de l'homme, et non un zèle et une perfection de la vertu,

151, 152. — On peut rougir d'un vice ; mais on se fait honneur de ce qu'on croit une vertu , 152. — Finit toujours où l'excès commence, 163. — Les passions peuvent nous placer bien haut ; mais il n'y a que la vertu qui nous élève au-dessus de nous-mêmes, *ibid.* — Les hommes, pour excuser leurs vices, cherchent à décrier la vertu , 165. — La vertu, simple et sincère , juge les autres par elle-même , 165. — La puissance ne nous fait que des sujets et des esclaves : la vertu toute seule nous rend maîtres des hommes, 202. — Le monde, qui semble mépriser la vertu , n'estime et ne respecte pourtant qu'elle , 207. — Le bonheur ou la témérité ont pu faire des héros ; mais la vertu toute seule peut former de grands hommes, *ibid.* — La vertu timide est souvent opprimée, parce qu'elle manque ou de hardiesse pour se montrer, ou de protection pour se défendre , 249. — La vertu obscure est souvent méprisée, parce que rien ne la relève aux yeux des sens, et que le monde est ravi de pouvoir faire un crime à la piété de l'obscurité de ceux qui la pratiquent, *ibid.*

Vertus humaines. Nées le plus souvent dans l'orgueil et dans l'amour de la gloire , elles y trouvent , un moment après , leur tombeau, 137. — Formées par les regards publics, elle vont s'éteindre le lendemain, comme ces feux passagers , dans le secret et dans les ténèbres , *ibid.* — Les tristes fruits de l'amour-propre, elles sont toujours sons l'inconstance de son empire , *ibid.* — Le foible ouvrage de l'homme , elles ne sont comme lui à l'épreuve de rien , 137, 138. — Rien n'est sûr dans les vertus humaines, si la vertu de Dieu ne les soutient et ne les fixe, 138.

Vice. S'il est si malaisé de se défendre du vice qui plaît,

qu'il est difficile de ne pas s'y livrer lorsque de plus il nous honore! 8. — Les vices des grands et des puissants renaissent, pour ainsi dire, de leurs cendres, passent d'âge en âge, sont gravés dans les monuments publics, et ne s'effacent plus de la mémoire des hommes, 232.

Victoires. Les victoires traînent toujours après elles autant de calamités pour un état que les plus sanglantes défaites, 12. — Où sont les victoires qui n'aient une de leurs faces peu glorieuse au vainqueur? 200. — Il en coûte bien moins de remporter des victoires que de se vaincre soi-même, 207.

Vie. Quelle est la vie la plus brillante où l'on ne trouve des taches? 200.

Ville. Croiroit dégénérer en ne copiant pas les mœurs de la cour, 5. — Croit se faire honneur en prenant tout le mauvais de la cour, 226.

FIN DE LA TABLE DES PENSÉES.

www.ingramcontent.com/pod-product-compliance
Lightning Source LLC
Chambersburg PA
CBHW052133230426
43671CB00009B/1226